# 金瓶梅溯源

刘自贤　著

长江出版传媒｜崇文书局

图书在版编目（CIP）数据

金瓶梅溯源 / 刘自贤著. -- 武汉 : 崇文书局,
2019.12
ISBN 978-7-5403-5789-4

Ⅰ. ①金…
Ⅱ. ①刘…
Ⅲ. ①徐渭—人物研究②《金瓶梅》—小说研究
Ⅳ. ①K825.6 ②I207.419

中国版本图书馆 CIP 数据核字（2019）第 248246 号

金瓶梅溯源

责任编辑 陈春阳 童欣怡
封面设计 杨 艳
责任校对 董 颖
责任印制 李佳超
出版发行 长江出版传媒 | 崇文书局
地 址 武汉市雄楚大街 268 号 C 座 11 层
电 话 (027)87293001 邮政编码 430070
印 刷 武汉中科兴业印务有限公司
开 本 710mm×1000mm 1/16
印 张 20
字 数 248 千
版 次 2019 年 12 月第 1 版
印 次 2019 年 12 月第 1 次印刷
定 价 38.00 元

# 序

批判社会，揭露人性，记录世情，惊世骇俗的小说《金瓶梅》就是这么一部百科全书式的宏篇巨制，真实记录了明代光怪陆离的社会生活，历来受到文人关注和重视，毁誉者均有之。鲁迅评价最高，最具代表性，在《中国小说史略》中将《金瓶梅》置于“明之人情小说”之首，论述说“诸世情书中，《金瓶梅》最有名”，并认为“同时说部，无以上之”。

小说作者兰陵笑笑生究竟是谁，至今尚无定论，主要有四大假说：王世贞说、屠隆说、李开先说和徐渭说。这四种说法都有学者发表了大量论文和专著，流传广泛，影响深远，争论热烈，广为人知。

“徐渭说”，最早由英国人亚瑟·韦利（Arthur Waley）于上世纪 30 年代提出。《万历野获编》曾记述，麻城刘承禧（延伯）家藏《金瓶梅》全书抄本，是从其妻家徐文贞处抄来的。而徐渭字文长，恰为徐文贞的排行兄弟。于是他就把《金瓶梅》看成徐渭的手笔。此说的可疑之处是，明代内阁首辅徐阶谥号文贞，此文贞非彼文贞，徐阶与徐渭也并非兄弟。因此，韦利的论据站不住脚，其观点自然受到冷落。

不过，随着研究的深入，“徐渭说”逐渐脱颖而出，引人注目。1999 年，潘承玉出版专著《金瓶梅新证》，提供了新的视角和证据，初步构成了一个比较完整的论述体系。此后“徐渭说”得到了胡令毅、邢慧玲等学者的丰富与发展。

《金瓶梅新证》从西门府所在地就是绍兴，《金瓶梅》所写年代是由佛教长期失势转而得势、道教长期得势转失势的时代，小说作者是一位生平跨越嘉靖、隆庆、万历三朝的人，既是位小说家，还是一位娴熟的戏曲作家、画家和善于写作官场应用文的幕客来探讨，比较全面地发展了“徐渭说”。2000 年 10 月，吴敢教授在第四届国际《金瓶梅》学术研讨会上发表论文赞扬说：“潘承玉所作《金瓶梅新证》是所有《金瓶梅》作者研究成果中逻辑最为严谨、推论最为精微、行文最为典训、结构最为周到的一种。”

我友刘自贤对《金瓶梅》潜心研究十多年，所写文章汇成《金瓶梅溯源》一书，有对《金瓶梅》小说版本流传的分析，有对小说创作艺术成就的欣赏，有对小说中的瑕疵和矛盾之处的质疑，有对小说中俗语的理解，对地名的溯源等等，内容看似芜杂，但实际上还是围绕一条主线，即小说作者兰陵笑笑生是谁，从方方面面来做文章，进行考察、论证，锁定其成书的历史时空直至追踪到个人，卓有可观，将“徐渭说”研究再次推上了一个新台阶。

作为一名资深记者，刘自贤从具体问题入手，展开深入研究，独辟蹊径，眼光独到，结论原创。有些考证观点让人耳目一新。比如，他首创小说次要人物安进士安忱的原型是明代万历时期治水能臣潘季驯，此一说有理有据。又如他以小说中出现“土豆泡茶”的文字，挖掘出徐渭最早以诗歌形式记载了万历早期土豆由西番僧传入种植的情况，将其引入的时间比公认的提前了十年，颠覆了通常历史结论，并将徐渭与《金瓶梅》小说无缝对接。还有，小说为何要写贩卖盐引一事，为何潘金莲怀疑李瓶儿生的官哥儿不是西门庆的血脉等问题，他都以文字资料为依据，进行了背景分析和解答。凡此种种，启迪读者，发人深省，让人豁然开朗。他认为《金瓶梅》小说实际上是徐渭据实撰写的那个时代的报告文学，徐渭是那个时代杰出的文字“记者”，观点新颖，值得阅览了解。

刘自贤多年殚思竭虑，能够拨云见日，主要是采取了“深度挖掘，本底调查，详细比对，一一证实”的实证方法。从隐藏在小说文本中的问题入手，从徐渭的人生履历、思想观点、亲历的个人和社会重大事件等考察，看其是否与《金瓶梅》小说的情节、特色、文风、背景、心理等吻合一致，条分缕析，将观点建立在可靠的史料基础上，避免主观臆测，这样得出“徐渭说”结论才能让读者心悦诚服，才能经得起历史检验。读者不见得都完全认同书中观点，但这种考证方法是可靠可取的。

文艺创作来源于生活。每个小说作者的人生经历是独特的，不能复制，没有雷同。其心理特征、思维方式、思想感情和艺术表现等也是独特的，其文学作品必然带有浓厚的个人特色，留下深刻的个人生活、情感经历、社会重大历史事件的印记。本书从《金瓶梅》小说文本入手探求小说作者，不失为一条路径。愿本书能起到抛砖引玉的作用，进一步将“徐渭说”引向深入。

晓辰

目录

# 版本源流篇

# 小说的版本顺序

小说开始以手抄本的方式传播，书名叫《金瓶梅》。我们现在见到的存世最早版本出版于万历四十八年（1620 年）左右，书名为《新刻金瓶梅词话》，东吴弄珠客在丁巳年冬季为此书作《金瓶梅序》，附《新刻金瓶梅词话》词及四贪词。在小说正文前面还附了《金瓶梅词话序》和《跋》，这说明我们现在见到的存世最早版本不是首版版本。首版版本书名为《金瓶梅传》，廿公作跋，已失传。其后，又出版过《金瓶梅词话》，欣欣子于明贤里作序，同样失传。《新刻金瓶梅词话》是因循《金瓶梅传》《金瓶梅词话》版本而来。出版于崇祯初年的《新刻绣像批评金瓶梅》紧随《新刻金瓶梅词话》之后，对文本作了很大的改动，是谓绣像本《金瓶梅》，或崇祯本《金瓶梅》。

《新刻绣像批评金瓶梅》是清初文人张竹坡的评点底本。他在文字上略有修改，加上其回评、夹批，并在卷首附有《竹坡闲话》《金瓶梅读法》《金瓶梅寓意说》等专论，即形成了《张竹坡批评第一奇书金瓶梅》，在清代广为流传，而词话本反而默默无闻了。实际上，词话本插有大量的诗词曲赋和韵文，含有说唱色彩，语言叙事朴质，原汁原味，最贴近原著。

为什么说《金瓶梅》是最早书名？主要是手抄本都是以此来命名的。例如袁宏道的兄弟袁中道在《游居柿录》中载道，他去会见董齐昌，董齐昌对他说："近有一小说名《金瓶梅》者，极佳。"《万历野获编》中说："袁中郎（袁中道）《觞政》以《金瓶梅》配《水浒传》为外典，予恨未得见。"《味水轩日记》中说："万历四十三年乙卯，五日，伯远（沈德符之弟）携其伯景倩（沈德符）所藏《金瓶梅》小说来，大抵市诨之极秽者。"屠本畯在《山林经济籍》中说："相传嘉靖时，有人为陆都督炳诬奏，朝廷籍其家。其人沈（沉）冤，托之《金瓶梅》。"袁宏道在《与谢在杭》中说："仁兄近况何似？《金瓶梅》料已成诵，何久不见还也？"凡此种种，这些当时文人的记载说明在手抄本流传过程中，一直是以《金瓶梅》为书名的，没有一处出现《金瓶梅传》。东吴弄珠客所作的《金瓶梅序》，开头即说："《金瓶梅》，秽书也。"这也可以为证。

欣欣子所作的序，开头即说："窃谓兰陵笑笑生作《金瓶梅传》，寄意于时俗，盖有谓也。"可见这时流行的书名已经不是《金瓶梅》，而是《金瓶梅传》了。还有廿公为《金瓶梅传》所作的《跋》，开头即说："《金瓶梅传》为世庙时一钜公寓言，盖有所刺也。"这些说明《金瓶梅传》可能是小说出版的最初版本。

对于再版的书籍，出版界的做法有一通例，就是对于前版序跋之类都以回溯的方式收录进来，让读者能溯本穷源，知道该书出版的来龙去脉。这在《新刻金瓶梅词话》中体现得较好，该书收录了欣欣子所作的《金瓶梅词话序》，廿公为《金瓶梅传》所作的跋，东吴弄珠客所作的《金瓶梅序》，还加上了这次出版时的《新刻金瓶梅词话》词及《四贪词》，让我们对该书正式出版后的源流有了一个清晰的了解。

有必要指出的是，欣欣子所作的《金瓶梅词话序》中说："吾友笑笑生为此，爰罄平日所蕴者著斯传，凡一百回。……吾故曰：笑笑生作此传者，盖有所谓也。"很多人会认为，欣欣子与作者兰陵笑笑生是同时代人，相交甚厚，或者认为，他这篇序是为《新刻金瓶梅词话》而作，《新刻金瓶梅词话》是最初的版本，与作者同属于一个时代，这就大错特错了。其实，这篇序应为欣欣子为《金瓶梅词话》出版所作的序言，后来出版《新刻金瓶梅词话》时，编者将这篇序言收录进来罢了。

有些人对于小说版本是一笔糊涂账，硬说《新刻金瓶梅词话》与《新刻绣像批评金瓶梅》是两个平行的系统，谁先谁后，谁借鉴谁，还不能作出明确的判断。我们仅举出一个小例子就一目了然，说明绣像本《金瓶梅》在后。第五十八回《怀妒忌金莲打秋菊　乞腊肉磨镜叟诉冤》中，倪秀才举荐的同窗好友温必古来了，他是怎样一副形象？词话本中，作者写道："年纪不上四旬，生的明眸皓齿，三牙须，丰姿洒落，举止飘逸。"这是谁？这正是徐渭自画像（见流传下来的徐谓老年像，三牙须明显）。当然，说到这个秀才的精神气质就更明确了：

> 虽抱不羁之才，惯游非礼之地。功名蹭蹬，豪杰之志已灰；家业凋零，浩然之气先丧。把文章道学，一并送还了孔夫子；将致君泽民的事业及荣身显亲的心念，都撇在东洋大海。和光混俗，惟其利欲是前；随方逐圆，不以廉耻为重。峨其冠，博其带，而眼底旁若无人；席上阔其论，高其谈，而胸中实无一物。三年叫案，而小考尚难，岂望月桂之高攀？广坐衔杯，遁世无闷，且作岩穴之隐相。

这段话就是徐渭当时人生经历的真实写照。如"家业凋零，浩然之气先丧"是说经过一场官司后，家财一扫而光，从此生活陷入困顿之中。"三年叫案，而小考尚难，岂望月桂之高攀"是说自己自从艰难地考上秀才后，多次应试屡屡落榜，科举及第与他沾不上边，再也不指望什么高中进士、状元之类了。"把文章道学，一并送还了孔夫子"，说明他不再以儒学为研习对象，而是三教九流，兼收并蓄。

我们且看崇祯本的改动："年纪不上四旬，生的端庄质朴，落腮胡，仪容谦仰，举止温恭。"原来的"三牙须"改成了"落腮胡"，原来的

“明眸皓齿，丰姿洒落，举止飘逸”，改成了“端庄质朴，仪容谦仰，举止温恭”，从一个风度翩翩又落魄失意的沉沦帅哥形象，变成了一个温恭谦让的“落腮胡”典型儒生。这说明了绣像本改编者已对小说作者茫然不知，擅自根据自己的想象臆断随意更改小说人物形象——作者自画像，让该书符合自己对秀才形象的理解，大大篡改、损害了作品原意，当然也说明了崇祯本在词话本之后出版。

1931 年冬，北平文友堂在山西介休县收购到一套木刻大本《新刻金瓶梅词话》，十卷，无插图，无评语。经专家鉴定，确认它是早于崇祯本《金瓶梅》的早期刻本。1933 年，北大教授孔德、学校图书馆主任马廉先生等二十人出资，以“古佚小说刊行会”的名义对该书在北平和日本东京分别同时影印 104 部和 300 部，该书两函 21 册，正文 20 册，200 幅插图辑为一册。

1941 年，日本日光市的轮王寺慈眼堂发现了一部百回《新刻金瓶梅词话》，共 16 册，缺少封面与扉页，内文缺 5 页，卷首有欣欣子序和明万历丁巳东吴弄珠客序，与我国在 1931 年冬于山西省介休县发现的《新刻金瓶梅词话》版式相同，可能刊刻时间有先有后，正文旁圈点有异。该书破损严重，盖有“天海藏”书章，系江户前期一位天台宗僧侣（1536 年—1643 年）所有。因此，《新刻金瓶梅词话》传入日本的下限可定为 1643 年，即明亡前一年。

1962 年，日本山口县德山毛利氏家栖息堂又发现一部《新刻金瓶梅词话》，共 18 册，亦缺封面扉页，内文缺 3 页。此本与北平图书馆购藏本和慈眼堂本的最大不同，是第五回末页异版，有十行文字明显不同。

慈眼堂藏本的文字：

当下那妇人干嚎了半夜。次早五更，天色未晓，西门庆奔走讨信。王婆说了备细。西门庆取银子把与王婆，教买棺材津送，就呼那妇人商议。这婆娘过来，和西门庆说道：“我的武大今日已死，我只靠你做主。大官人休是网巾圈儿打靠后。”西门庆道：“这个何须你说费心。”妇人道：“你若负了心怎的说？”西门庆道：“我若负了心，就是你武大一般。”王婆道：“大官人且休闲说。如今只有一件事，要紧地方。天明就要入殓，只怕被仵作看出破绽来怎了？团头何九也是个精细的人，只怕他不肯殓。”西门庆笑道：“这个不妨事，何九我自吩咐他，他不敢违我的言语。”王婆道：“大官人快去分付他，不可迟了。”西门庆把银子交付与王婆买棺材，他便自去对何九说去了。正是：

三光有影遣谁概，万事无根只自生。

毕竟西门庆怎的对何九说，要知后项如何，且听下回分解。

雪隐鹭鸶飞始见，柳藏鹦鹉语方知。

而栖息堂藏本的文字：

当下那妇人干号了半夜。次早五更，天色未晓，西门庆奔走讨信，王婆说了备细。西门庆取银子把与王婆，教买棺材津送，就呼那妇人商议。这婆娘过来，和西门庆说道：“我的武大今日已死，我只靠你做主。”西门庆道：“这个何须得你说。”王婆道：“只有一件事最要紧：地方上团头何九叔，他是个精细人，只怕他看出了破绽不肯殓。”西门庆道：“这个不妨。我自吩咐他便了，他不肯违我的言语。”王婆道：“大官人便用去分付他，不可迟误。”正是：

青竹蛇儿口，黄蜂尾上针。

两般犹未毒，最毒妇人身。

毕竟不知后来如何，且听下回分解。

1963年，日本大安株式会社以栖息堂本为主，采用慈眼堂507个单面页出版“配本”，并采用中土本第九十四回两个单面页印成精装5册《金瓶梅词话》300套。这是一个百衲本，是用现存三套词话本拼凑出来的，基本保存原刻的素洁面貌，而无后人描润涂改失真之弊。并列出印刷不鲜明、不清楚的汉字386个，标出正体及其回目出处，为学术界和读者界所重。

# 首版书名叫《金瓶梅传》

《新刻金瓶梅词话》刊印本在正文之前有二序、一跋、一词话、四贪词。在廿公书的《跋》中，首句为“金瓶梅传为世庙时一钜公寓言，盖有所刺也”。如果对该书背景理解有分歧，则对这句话的标点断句就绝然不同。

香港太平书局出版的《金瓶梅词话》收录有刘辉1993年4月写的《叙言》，谈到了这个问题，说北京人民文学出版社出版的删节本是这样加注标点的：“《金瓶梅传》，为世庙时一钜公寓言，盖有所刺也。”但有人认为应这样断句：“《金瓶梅》，传为世庙时一钜公寓言，盖有所刺也。”刘辉倾向于后者，并引用屠本畯的说法：“相传嘉靖时，有人为陆都督炳诬奏，朝廷籍其家，其人沈（沉）冤，托之《金瓶梅》。”还有谢肇淛所言：“相传永陵中有金吾戚里，凭怙奢汰，淫纵无度，而其门客病之，采摭日逐行事，汇以成编，而托之西门庆也。”廿公跋正是承接以上说法而写成这样的跋语的。

不过，香港太平书局对该书《跋》的断句，还是“《金瓶梅传》，为世庙时一钜公寓言，盖有所刺也”。人民文学出版社2008年8月出版的《金瓶梅词话》也是这样标点的，并没有采纳刘辉的观点。这无疑是正确的。

事实上，《金瓶梅》一书问世时，是以手抄本形式在社会上传播，因其由《水浒传》中潘金莲与西门庆的故事演绎而来，慢慢与《水浒传》分野，故当时又被称为《水浒传》外典，其手抄本书名叫作《金瓶梅》。首版时书名为《金瓶梅传》，这在该书《金瓶梅词话序》中留下了印记。欣欣子为序文，其首句说“窃谓兰陵笑笑生作《金瓶梅传》，寄意于时俗，盖有所谓也”。其实，不只这一处，其文中还说“吾友笑笑生为此，爰罄平日所蕴者著斯传，凡一百回”，更有煞尾句“吾故曰：笑笑生作此传者，盖有所谓也”。这些都说明首版书名是《金瓶梅传》。欣欣子一而再、再而三强调笑笑生作斯传，说得这么清楚，怎么还是有人质疑呢？

我们现在的版本是《新刻金瓶梅词话》，根据该书前有二序、一跋、一词话、四贪词来看，该书应该不是最早的刊印本。此前有《金瓶梅传》《金瓶梅词话》出版，只不过已失传。过去出书，为使读者了解书籍版本流传有序，一般将前已出版的书籍序言附上，让读者知晓源流，即书籍面世的来龙去脉。该书正文前有二序、一跋、一词话、四贪词，说明该书的名称一开始时就没有确定，可能经历了《金瓶梅》《金瓶梅传》《金瓶梅词话》到《新刻金瓶梅词话》这么一个过程。

原汁原样保留原书是一种真实，将原书的错讹订正也是一种真实，并且是更加的真实。《新刻金瓶梅词话》是占主导地位的版本，自发现以来多次印刷。笔者却发现一处明显的错误，至今没有更改过来，不能不为一小憾事。诸序言中有《新刻金瓶梅词话》词曰：“……野花绣地，莫也风流”，这怎么能读得通，理解得了呢？明显为“野花绣地，草也风流”才对。特此标识。

# 谢肇淛的《金瓶梅跋》

《金瓶梅》一书，不著作者名代。相传永陵中有金吾戚里，凭怙奢汰，淫纵无度，而其门客病之，采摭日逐行事，汇以成编，而托之西门庆也。书凡数百万言，为卷二十，始末不过数年事耳。其中朝野之政务，官私之晋接，闺闼之媟语，市里之猥谈，与夫势交利合之态，心输背笑之局，桑中濮上之期，尊罍枕席之语，驵驓之机械意智，粉黛之自媚争妍，狎客之从臾逢迎，奴佁之稽唇淬语，穷极境象，駥意快心。譬之范工抟泥，妍媸老少，人鬼万殊，不徒肖其貌，且并其神传之。信稗官之上乘，炉锤之妙手也。其不及《水浒传》者，以其猥琐淫媟，无关名理。而或以为过之者，彼犹机轴相放，而此之面目各别，聚有自来，散有自去，读者意想不到，唯恐易尽。此岂可与褒儒俗士见哉？此书向无镂版，钞写流传，参差散失。唯弇州家藏者最为完好。余于袁中郎得其十三，于丘诸城得其十五，稍为厘正，而阙所未备，以俟他日。有嗤余诲淫者，余不敢知。然溱洧之音，圣人不删，则亦中郎帐中必不可无之物也。仿此者有《玉娇丽》，然而乖彝败度，君子无取焉。

以上是谢肇淛所作的《跋》，没有收入《金瓶梅》崇祯本中，而是载于其《小草斋文集》卷二十四。该《跋》提供了较多的史料，值得重视。

谢肇淛与《金瓶梅》小说关涉颇深。谢肇淛在《跋》中自述“余于袁中郎得其十三”，这能从袁宏道给他的书信中得到印证。袁宏道在其信中说：“仁兄近况何似？《金瓶梅》料已成诵，何久不见还也？”另外，谢肇淛说“从丘诸城得其十五”，说明他看到的该书，来源有两个方面。丘诸城即丘志充，他家还收藏有《玉娇丽》。可能谢肇淛还看过他收藏的这本书，因而拿这本书与《金瓶梅》作比较，认为其文学水准不可与后者同日而语。谢肇淛家中的《金瓶梅》抄本尽管有两方面的来源，但仍然不是全本，还缺20回左右。

笔者推测，谢肇淛是十分想出版该书的：一是他从袁中郎处拖着很久不归还，估计是在抄录之中；二是他认为小说写作水平高，艺术性强，值得出版。所以他愿意对这个缺本进行订正、修改，并写下该《跋》。无奈受所缺章回限制，没法搜集到空缺章回进行补充，使之成为全本，出版这事就搁置下来了，这就是他在《跋》中所说“阙所未备，以俟他日”。事实上，他所空缺的这20回中，第五十三回至五十七回这5回是完全遗失，再也找不回来了，这应是他无限期搁置出版该书的原因之所在，总不能将一部中间截断的残缺小说拿来付印吧。

而词话本之所以能得以出版，主要原因也是书商找当时的文人对这遗失的5回进行了补写。要知道，补写是件十分艰难的事情，在某种程度上甚于原始创作。补写与命题作文无异，必须将小说的前头后尾衔接上，才能勉强对付过去。将这5回续上，要花大量的时间与精力对遗失的小说情节进行梳理，对作者的创作意图进行揣摩，对各个人物的形象进行拿捏。而补写者生活经历不同，头脑学识不一，写作水平有高下，对小说的脉络理解有差异，文风也不会与原创者或其它补写者一致，故而改写的这5回显得斑驳杂乱、粗制滥造、文采低劣，是决不可能还原的，相形之下，一看即知是“陋儒”所为。从实际情况来看，这5回情节处理与形象塑造都过渡得非常不自然，多有变形走样，十分生硬，是小说的“败笔”，降低了艺术水准。但话又说回来，无论怎么贬低，这5回总算将小说连接起来，起到了前后贯通的“桥梁”作用，小说分离的两部分终于形成为一个整体，可以付梓面世了，这一基本作用是不能抹杀的。对这5回进行补写，这种难事可能谢肇淛想都不会想，但别人做到了，故而他早早拟就的该《跋》就只存留在他的文集中，没有与小说会合。

我们可以推定该《跋》写定的时间很早。其中开门见山所说书名是《金瓶梅》，而不是《金瓶梅传》，这说明该《跋》写成时间在小说创作完成后进入传抄的早期阶段。该书的题名在万历年间大致经历了《金瓶梅》《金瓶梅传》《金瓶梅词话》到《新刻金瓶梅词话》这么一个过程。因此，笔者估计该《跋》写成时间大约在万历三十年之前。有人说该《跋》写于万历四十四年，不知有何依据，聊存此说。

吉林大学文学院教授王汝梅认为，谢肇淛厘正抄本和评改《金瓶梅》约在万历三十四年（1606年）至天启四年（1624年）他去世时这18年间，那该《跋》也就在这段时间写就。《金瓶梅》崇祯本在谢肇淛生前未刊印。他还认为，《金瓶梅词话》刊本五卷，崇祯本分十卷。崇祯本以词话本为底本加以改写，它们之间是父子关系。《金瓶梅词话》刊本印出后，谢肇淛才在以前多年研究基础上对词话本边改写边评点，完成了评改这一具有历史意义的重大工程。

由于《金瓶梅》崇祯本与词话本相比面目全非，不仅在篇章结构上作了重大调整，在文字数量上作了大量压缩，对一些情节和描写文字也作了很大的改动，几乎可以说是篡改，而不仅仅是修改、订正而已。谢肇淛跋文所述的“稍为厘正”与崇祯本实际不符，故而崇祯本未收录这篇跋文。当然，由于这篇跋文写作时间很早，时过境迁，比如说该小说“向无镂版”，但实际上词话本已经出版，这种说法也与实际不符。诸如此类的因素都导致了小说崇祯本出版未收录其跋文。

《金瓶梅》崇祯本出版时，谢肇淛已经去世数年。小说这么大的改动，绝不可能是谢肇淛所为。他应该只是做了基础性的校正、修改而已，即如同他所说的“稍为厘正”，大量的改动工作肯定是与其有密切联系的后人所为，这些人对该小说的编辑做法与他只想“稍为厘正”是不一样的。因此，不能认定谢肇淛是崇祯本出版的操刀手。事实上，在词话本已经面世的情况下，他本人也不见得会同意这么大动干戈。因此，认为是他“完成了评改这一具有历史意义的重大工程”，是不会得到学者、读者完全认同的。

# 《金瓶梅》与《菜根谭》

《菜根谭》是明代中晚期一部为人处世的格言集，书中警句字字玑珠，发人深省，尽管在历史上差点佚失，近年来却日益受到重视，其价值被人们重新审视，广为传播。它与市井人情小说《金瓶梅》大体产生于同一时期。笔者阅读小说时，发现其中有《菜根谭》警句作为章回之首。

第九十八回《陈经济临清开大店　韩爱姐翠馆遇情郎》，这一回回首是这样的五言律诗：

心安茅屋稳，性定菜根香。
世味怜方好，人情淡最长。
因人成事业，避难遇豪强。
今日峥嵘贵，他年身必殃。

该诗脱胎于《水浒传》第三十八回《及时雨会神行太保　黑旋风斗浪里白跳》的回首诗：

心安茅屋稳，性定菜羹香。
世味薄方好，人情淡最长。
因人成事业，避难遇豪强。
他日梁山泊，高名四海扬。

"菜羹"变成了"菜根","薄"变成了"怜",最后一句"他日梁山泊，高名四海扬"变成了"今日峥嵘贵，他年身必殃"。

"青出于蓝而胜于蓝"，该诗写得很好，表达了作者怀才不遇但悲天悯人、安贫乐道的宽广胸怀，同时也是对这一回内容的概括和总结。该回及以后写了陈经济由落难到被春梅解救后东山再起，与人合伙当上谢家大酒店老板的事。他与张胜的小舅子刘二——收保护费的地痞流氓发生纠纷，与春梅商量利用丈夫周秀的权力除掉张胜，其密谋不料被张胜听到，反被其杀死。"今日峥嵘贵，他年身必殃"，暗示陈经济在春梅扶持下发达富贵，但不知持满，欲将当初的恩人张胜置于死地，反受其殃，反映了纷繁复杂的人际关系中，在利益驱使下敌友转化的血淋淋现实。

《菜根谭》一书，据日本学者中村樟八、石川力山考证，约成书于万历后期三十五年至四十一年间。《新刻金瓶梅词话》据考证出版于明万历四十八年左右，相隔几年时间。《水浒传》中有相似内容，《菜根谭》又刚问世不久，《新刻金瓶梅词话》编辑出版沿袭其内容，略加修改，完全正常，也较贴切。

《菜根谭》起初并非单行本，而是附录在《雅尚斋遵生八笺》丛书中，后者成书于明万历十九年，在最初版本中并没有收录《菜根谭》。《菜根谭》写成后，由于其内容与《遵生八笺》的意旨相符，很快被人附载其中，刊行于世。该书前后两集，不分卷，共360条，标"洪自诚著"，前有三峰主人于孔兼的题词。此版本在我国已佚失，后由人于1915年从日本携回国内，刊行流传。这是一种版本系统。另一个版本系统是在国内流传的，有常州天宁寺刻本和《还初道人著书二种》本等，标"洪应明著"，分前后两卷。此版本系统与日本版本系统最大的区别是内容做了分类，即分为"修省""应酬""评议""闲适""概论"五类；条目数也相差甚远，上卷182条，下卷201条，共计383条，且有近半数条目与日本版本系统不同。现在还没有充分的证据来判断这两个版本孰优孰劣。但日本传入的版本因有与作者同时期的于孔兼的题词，一般认为更接近于原著。

洪应明画像

洪应明，字自诚，号还初道人，著有《仙佛奇踪》，卷首分别冠有了凡道人袁黄的《消摇墟引》（仙引）和真实居士冯梦祯的《寂光境引》（佛引），两人对其褒奖有加，说明关系非同一般，是同时代人。于孔兼、袁了凡、冯梦祯皆有文名。于孔兼《明史》有传，系江苏金坛人，万历八年（1580年）进士及第，授九江推官，因王家屏、赵南星事数度触怒神宗，贬官后归里居家二十年，闭门读书。袁了凡《明史》无传，然《明史·艺文志》著录其著作多种，系浙江嘉善人，早年入仕，后逃儒归释，有《了凡四训》享誉于世，在明代佛教史上也有一笔。冯梦祯祖籍高邮，明初移居浙江秀水，万历五年（1577年）会元，历任翰林院庶士、同修，南京国子监司业，后以祭酒致仕，归隐后筑庐于故里秀水，栖心禅寂。

据考证，洪应明系现今江苏金坛人，从《菜根谭》本身的内容及《仙佛奇踪》，还有朋友于孔兼等人的记载中，可知他早年热衷仕途功名，晚来皈依佛门，归隐山林，洗心礼佛，广事交游。万历三十年（1603年）前后曾居住在南京秦淮河一带，潜心著述，《菜根谭》大概写于此时。

书名取自宋儒汪革语："人就咬得菜根，则百事可成。"意思是说，一个人只要坚强适应清贫的生活，不论做什么事情，都会有所成就。于孔兼认为："谭以菜根名，固自清苦历练中来，亦自栽培灌溉里得，其颠顿风波，备尝险阻可想矣。洪子曰：'天劳我以形，吾逸吾心以补之；

天厄我以遇，吾高吾道以通之。’其所自警自力者又可思矣！”看来，洪应明是以菜根之清苦，来比喻自己历经沧桑后所获得的一种超逸、通达之品格。而清乾隆年间三山通理在序文中称：“菜之为物，日月所不可少，以其有味也。但味由根发，故凡种菜者必要厚培其根，其味乃厚。”他认为作者将菜味比作世味，须培本固根、静心沉玩方能领悟其中妙旨。该书文本采用俪句，文辞优美，对仗工整，含义深邃，耐人寻味，是作者结合自身体验阐明的一套出世入世的法则，有益于人们陶冶情操、磨炼意志、奋发向上。

《金瓶梅》和《菜根谭》虽然都是同一时期的作品，都为人们所重视和喜爱，但一个是以小说揭露社会黑暗，令人触目惊心而深省；一个则是以格言教导人们如何立世处身，意境深远。《金瓶梅》以其恢宏的构筑、细腻描绘社会众生相而成为文学珍品；《菜根谭》则以孤高的道德说教流传于文人学子之间。事业成功者爱读它，失意者亦爱读它；企业界、商界的人爱读它，政界、学术界的人也爱读它，俨然一部经典。

这里有必要谈到《雅尚斋遵生八笺》的作者高濂。高濂，又名士深，字深甫，又作深父，号瑞南，或作瑞南道士，别号湖上桃花渔，浙江钱塘（今杭州）人，据说曾在京师任鸿胪寺官。《遵生八笺》屠隆序文说他：“少婴羸疾，有忧生之嗟，交游湖海，咨访道术。”吕天成《曲品》：“高瑞南才誉腾于仕籍。”《浙江文献丛考》说他“卒年七十五”。其所著《四时幽赏录》，序言作于万历八年（1580 年），选择春、夏、秋、冬四季，西湖周围山山水水间最可游玩之所，条录一册。书中有《山满楼观柳》一节，高濂自为该楼题额曰“浮生燕垒”，并解释说：“色身幻影，是即风里杨花。”玩味书中所写，估计作者至少当在中年。而《雅尚斋遵生八笺》出版于万历十九年，这说明高濂生卒年代与徐渭相若，大体生活在同一时期。由此得出结论，《金瓶梅》小说作者徐渭晚年思想受到了高濂、洪应明的影响，由早年谤佛转而崇佛。

第十三回 李瓶儿隔墙密约 迎春女窥隙偷光

高濂还创作了戏剧《玉簪记》，内容取材于陈妙常与张于湖故人潘法成私通情洽，潘密告张于湖，张于湖以计断为夫妇的故事，即《于湖记》。在万历二十五年（1597年）金陵万卷楼刊印的《国色天香》中收录了《张于湖传》，万历时期福建书贾余象斗编的《万锦情林》作《张于湖记》，而《于湖记》出现在《金瓶梅》小说前的欣欣子序言里。欣欣子认为，《金瓶梅》一书虽市井之常谈，闺房之碎语，但洞洞然易晓，理趣文墨，卓有可观，远在当时一般小说、戏曲之上，是《于湖记》等作品所不能望其项背的。欣欣子是笑笑生的挚友，拿《金瓶梅》和《于湖记》做比较得出结论，说明他具有高度的鉴赏力。同时他说小说作者（兰陵）笑笑生“罄平日所蕴者，著斯传，凡一百回”，其小说创作阶段应在万历早中期。

崇祯本将第九十八回标题改为《陈敬济临清逢旧识　韩爱姐翠馆遇情郎》，回首诗改为

教坊脂粉洗铅华，一片闲心对落花。
旧曲听来犹有恨，故园归去已无家。
云鬟半挽临妆镜，两泪空流湿绛纱。
今日相逢白司马，樽前重与诉琵琶。

这首替换的诗所指的对象已经变为韩爱姐了，只是对这一回内容做个引导，显然没有了原诗的评判功能，较原诗大为逊色，是一败笔。这种“篡改”是不可取的，没有忠于原作，强行加上了编者的观点和视角。

# 谁创作了《歌代啸》?

《歌代啸》是一部幽默、戏谑的轻松滑稽剧，产生于明代，内容是写两个和尚师兄弟贪利图色的故事，展现了佛教清规戒律与人性的矛盾，讽刺佛教徒表里不一，“口里不似心里”，至今读来，仍然让人捧腹大笑，爱不释手。每读每有新知，每有新笑，剧作者的思想和文才如光似电，四射夺目。这部剧作如今归于徐渭名下，收录在1983年出版的《徐渭集》中。虽然至今没有证据证明是徐渭所作，但风格与徐渭的《四声猿》剧作合集相近。

《歌代啸》与《金瓶梅》产生于同一时期，其内容又有千丝万缕的联系。如能破解《歌代啸》作者，对考证《金瓶梅》小说作者可起到一定作用。

徐渭文集里的文稿都对这出杂剧只字未提，就是谈到剧作，也没有点到《歌代啸》。如在《徐文长逸稿》卷八中有七言绝句三首，标题为《倪某别有三绝见遗》，徐渭就倪某批评他创作的杂剧做出回应。其中说自己著有《渔阳三弄》《红莲剧》，还有四剧合集《四声猿》。《渔阳三弄》笔者没有见识，不知存世否。《红莲剧》即《四声猿》合集中的《玉禅师翠乡一梦》，可能刚开始时徐渭命名为《红莲剧》，并入《四声猿》中后改为此名。这里，倪某没有提到《歌代啸》，也有可能倪某提出批评时，《歌代啸》还没有创作出来。但问题是在徐渭所有的文章中都没有提到这部作品，就很不寻常了，是不是他没有创作这部剧呢?

不言而喻，这部剧作带有徐渭的文风特征。剧名《歌代啸》与剧中内容没有什么内在联系，只是反映了作者的心情，以示作者创作这出剧是用来抒发自己的郁郁不平之气。正如该剧最后四句结语所言："传来久几句市井谈，莫须有如许蹊跷事。啸不尽聊且付歌词，扮出来大家打杂剧。"《歌代啸》这个题名与《四声猿》相近，都是反映作者的心情。这不能不让人联想，将剧作者往徐渭身上靠。

还有一点，徐渭日常生活有个癖好——喜欢长啸。陶望龄在其所作的《徐文长传》中说："渭貌修伟肥白，音朗然如唳鹤，常中夜呼啸，有群鹤应焉。"将自己创作的杂剧作为另一种形式的呼啸也在情理之中。

多年前，盛鸿郎先生经过研究，认为该剧是徐渭的亲戚与至交萧鸣凤所作，引起大家关注。萧鸣凤大徐渭 40 来岁，进士出身，做过监察御史，因官场得罪人过多，遭嫉恨和怨恨被"去世"，实际上直到万历初他才辞世。这几十年来他归隐于老家山阴，有充裕的时间写小说剧本。而且他与徐渭相从甚密，经常切磋和探讨创作问题，导致文风和思想相近。两人的密切关系从以下几个方面反映出来。

一，徐渭所作的极为简洁的《畸谱》中，萧鸣凤数次出现。在《师类》中，他引萧鸣凤为人生的第二个老师，"萧先生鸣凤，弘治十七年甲子解元，正德九年进士，嘉靖八年己丑郑守漳故，归自东府，余始见之"。在《纪知》中，"萧公鸣凤"是他的首个知己。在谈到另一个老师何鳌时，他说，有一次，他的老师季本拿出他作的文章《代白滚书》给何看，何看了后大加赞赏，说是"西汉文字也，好如萧子雝（即萧鸣凤）"。不仅如此，徐渭还与萧鸣凤的儿子、侄子和女婿都是好友。

二，萧鸣凤在徐渭考秀才时出过大力。嘉靖十九年夏，徐渭 19 岁时，未能通过童试。他不服，到杭州作《上提学副使张公书》，"托书自陈"，次日，"而渭试文之日，适王运使在焉，文宗大人指渭而语运使曰：‘考此儒生，非有他，昨来上书，萧先生见之，称其才’。”明日，又作《上萧宪副书》谢之，始得入山阴县学为诸生，为当年乡试取得资格。萧宪副即萧鸣凤，两人由亲戚进而为相知，各有诗词相唱和，交往始终不渝。

这里不能不提到另一个人——薛应旂（1500年—1573年）。他号方山，江苏武进人，嘉靖十四年（1535年）进士，官至南京考功郎中，因对严嵩不满，被贬为建昌通判，后官浙江提学副使。在浙江当提学副使时，与当过广东提学副使的萧鸣凤是同僚、好友。嘉靖三十二年，他有可能受内阁首辅徐阶的指使，征得萧鸣凤默许，为萧作《静庵萧先生墓表》，收入其《方山先生文录》，列卷二十一《墓表·墓碣铭·墓志铭》之首篇，谓萧死于嘉靖十三年。这样公诸天下，将其“去世”，不知背后何因。盛鸿郎认为这是为避免世人追究他作《金瓶梅》一书的责任而为，姑存一说。徐渭能补为诸生即秀才，除了萧鸣凤、张公出力外，薛应旂起了很大作用。这一点在陶望龄所作的《徐文长传》中说得最清楚：“渭为诸生时，提学副使薛公应旂阅所试论，异之，置第一，判牍尾曰：‘句句鬼语，李长吉之流也。’”

萧鸣凤署名留下来的作品大多散佚，给我们了解分析其创作思想、文风、特点带来了困难，不能不说是一大憾事。

关于《歌代啸》，最早的版本序言中说，“《歌代啸》不知谁作，大率描景十七，离词十三，而呼照曲折，字无虚设，又一一本地风光，似欲直问王、关之鼎。说者谓出自文长”。这说明，初次出版时，大家对该剧评价甚高，认为作者才华直追王实甫、关汉卿。但作者是谁并不确定，疑为徐渭所作。在脱士所作的序言中，开始即说，“世盛行徐文长氏《四声猿》，闻其外又有《歌代啸》四出”，也是不能肯定之辞。无奈之下，出版者采纳了陶望龄的意见，“姑另刻单行之，无深求”。随后有慧业发僧在《歌代啸题辞》中说，“文长先生溟渤文场，嵩华艺苑。

田水月自会稽架，见赏于公安；《歌代啸》从帐中藏，流行于山史”，终于将《歌代啸》与徐渭捆绑在一起了，是以 1983 年出版的《徐渭集》中收录这部剧作。但溯其源流，这是不妥的，因为当时知情者陶望龄就不同意这样做。

陶望龄是对《歌代啸》《金瓶梅》最知情的人物，徐渭去世前后，陶望龄在他身边，徐渭所遗书稿由他保存，可能后事也是他料理的。那时陶望龄 30 岁左右，已经是新科探花，徐渭对他特别赏识，尽管年轻却称之为陶君，如同对状元张元忭一样。陶望龄对他特别敬重，曾受托转交友人致送徐渭的人参等礼物。这两本书是谁所著，他心里是十分清楚的，只是出于当时的原因不说而已。他不说，历史上就成了谜。

陶望龄在其所作的《徐文长传》中谈到徐渭的著作，“所著文长集、阙篇、樱桃馆集各若干卷，今合刻之。注庄子内篇、参同契、黄帝素问、郭璞葬书各若干卷，四书解、首楞严经解各数篇，皆有新意。”其中并未包括《歌代啸》。在出版《歌代啸》时，他建议不与徐渭的著作放到一起，而另出单行本。这说明陶望龄不认同或不想让世人知晓该剧作是徐渭所著，而且他还要大家不要去深究《歌代啸》作者，似有回避这个问题的嫌疑，让人费解。

笔者推测，陶望龄不想让《歌代啸》作者冠上徐渭名字，有两个原因：一是怕人们联想到《金瓶梅》作者，因为《歌代啸》与《金瓶梅》的精神实质是一脉相承的，尽管一个是剧作，一个是小说。《金瓶梅》是《歌代啸》的进一步发展，两者都是揭露人性和批判社会之作，而《金瓶梅》在手抄本流传时就有很多文人学者持有非议，谓为诲淫之作，犯人子弟，流毒人间。陶望龄不想让作者背上恶名，故不署名。二是这部杂剧有谤佛之嫌，这在徐渭去世之时已经十分不利，那时社会上已经由崇道抑佛转而崇佛抑道，主流思潮已经发生了重大改变。尽管这部杂剧才华横溢，但其内容已经与社会主流思潮相抵触，不合时宜，若署上真名，则对其作者造成不良影响。这两点可能是陶望龄决定不署名徐渭的真正原因。

这两部作品内容相近，风格一致，经历也相同，都是先以手抄本流传，而多年后分别出版。作者若不是同一个人，岂非咄咄怪事？

# 创作鉴赏篇

# 解析武松

武松与潘金莲的关系是喜欢《水浒传》和《金瓶梅》的读者所津津乐道的话题。

有人认为，武松对潘金莲还是存在爱的，只是在情与理的选择上，武松选择了后者。初相识时，潘金莲对武松是“剃头挑子——一头热”，这是大家的共识。而武松对潘金莲的真实心理，则莫衷一是。《新刻金瓶梅词话》中对武松没有过多心理描写，这样一千个读者就有一千种解读。作为一名女性，田晓菲在其《秋水堂论金瓶梅》中认为，武松与潘金莲是一个硬币的两面，有很多相似的特征，两人心理有异曲同工之妙，都以“金子”自诩：潘金莲对自己嫁了武大有一肚子怨气，“买金偏碰不着卖金的”，武松的到来对潘金莲来说如同拾了个金元宝似的；而武松劝武大的话也被武大当成是“金石之言”。他们俩人都不爱财：潘金莲将自己的钗环当掉赁房，武松将打虎所得的赏赐30两银子散与众猎户。两人都称自己“男子汉”：武松称自己是顶天立地的男子汉，潘金莲则称自己是不带头巾的男子汉。两人都能杀人：潘金莲毒杀武大郎，武松手刃潘金莲。两者可谓旗鼓相当，不相上下。这两个人碰在一起，由于名分上的叔嫂关系，就产生了极为别扭的张力。

更重要的是他们互相“挑逗”。田晓菲认为在“大雪诱叔”一节中，潘金莲问武松为何没有回家吃早饭，武松答早间有一朋友相请，又补上一句：“却才又有作杯，我不耐烦，一直走到家里来。”难道走到家里来就耐烦么？田认为武松没有必要这么说，这么说说明武松是愿意呆在哥嫂家里的，可能对潘金莲有点意思。当武松被叫到炭盆前烤火时，武松问哥哥去哪儿了，田也认为武松问得稀奇，哥哥卖炊饼去了，还明知故问，有点没话找话说。当潘金莲让了两杯酒后，武松也就“筛一杯酒，递与妇人”。潘金莲欲心如火，这时武松已知了八九分，自己只把头来低了，却不来兜揽。武松到此有三次在嫂嫂面前低头。田说，可见，在武松心中有妖娆的妇人在，不止是一个嫂嫂也。后来一起吃饭，潘金莲一直注视着他，“武松吃他看不过，只得倒低了头”。这种低头，田认为并不是老实，正好说明武松不是天真未泯的淳朴之人。只要想想武松诱骗、打倒孙二娘，就知道武松是个“坏小子”，与其他好汉迥然不同。潘金莲将自己喝下的半杯残酒递与武松，武松“匹手夺过来泼在地下”，就已经说明态度了，没有必要“把手一推，争些儿把妇人推了一跤”。武松推潘金莲的肩与潘金莲捏武松的肩形成对照，武松夺潘金莲的酒与潘金莲夺武松的火箸形成对照，武松告诫嫂嫂要“心口相应，却不要心头不似口头”，这也与潘金莲挑逗武松“只怕叔叔口头不似心头”相对照。金圣叹认为这些“恰与前言相照得好”。

没有人责怪潘金莲爱上“身材凛凛、相貌堂堂”的武松，但同样也没有人责怪武松不屈从于金莲的魅力攻势——唯有绣像本评点直言不讳地说，“吾正怪其不近人情”——然而在情欲方面表现得不近人情处，正是在兄弟伦理上近人情的表现。田这样评论。

通读该书第一、二回，作为男性读者，笔者没有发现武松对潘金莲这个嫂嫂有任何挑逗的行为，而是面对热情过份、超出界限的嫂嫂保持了应有的克制和避让态度。武松雪里回家，与潘金莲搭话，只有二人在场，完全是一种尴尬的社交行为，确实有“没话找话”说的处境，也许这就是田晓菲所说的“武松心中都有一个妖娆的妇人在”。

先从武松低头三次说起。

第一次低头是首次相见，双方行礼后吃茶时，武松见妇人十分妖娆，只把头低着。这是正常的，面对自己的嫂嫂——强过哥哥不知多少，身材相貌根本不相称的嫂嫂，武松初次相见还能说什么呢。与她热情洋溢，谈笑风生？这不是小叔子应有的态度，否则会引起哥哥武大的忌惮。设身处地地想，你是武松，也只有这样低头才是。

第二次低头是在做好了饭菜后，哥嫂弟三人在一起就餐。潘金莲不断地给武松夹菜，吃了几杯酒一双眼睛只看着他身上，“武松吃她看不过，只低了头，不理她”。我们从男人的角度看，对于妖娆而又热情的女人，一般是两种截然不同的态度。要么投之以桃，报之以李，很热情地予以回应；要么是对之心里产生厌恶、反感，保持适当的距离，冷淡应对，泼灭对方这盆火。眼前是自己的嫂嫂，热情接待武松，是正常的表现，就算有点出格，作为小叔子的武松也不好说什么。武松即便对嫂嫂有厌恶之情，在这样首次相见，哥哥在场的场合下也不能形之于色。基于这种两难处境，武松低头不说话是很明智的，不会产生尴尬，引起矛盾冲突，打乱和谐局面。毕竟，武松是客人，是晚辈，不应对嫂嫂的酒后过分热情或者说是暧昧过分认真，同时也不能对嫂嫂过分冷淡，以礼相待是适宜的。

此后，在嫂嫂的热情邀请下，武松在哥哥家里住了下来，过了一段时间，武松特意送了一匹彩色缎子与嫂嫂，作为对她操劳、接待的报答，这也是合理的，合乎人情的。

过了一月有余，天下大雪，潘金莲冷冷清清立在帘儿下看他归来。她早已在家准备了炭火和酒菜，并叫迎儿关好门，两人一起进餐。她酥胸微露，鬓发半散，堆下笑脸，由远及近地“闲谈”，问武松是否在外有了相好，同时不断劝酒。加之自己也吃了几杯，潘金莲春心按捺不住。武松这时才明白了八九分，原来这个嫂嫂对自己有意。试问这时武松就是对此厌恶至极，又好发作么？所以“自己只把头来低了，却不来兜揽”。这是他第三次低头。

应该说，这种保持恰当距离的做法是对嫂嫂错爱的明智应对，潘金莲应该见拒即止，但她已经喝多了酒，情不自禁。当她用手在武松肩上捏，问“叔叔只穿这么少，不寒冷么”时，武松就有几分不自在了，不理她。而妇人更进一步挑拨地说：“叔叔，你不会簇火，我与你拨火，只要一似火盆来热便好。”这时武松便有八九分焦躁，仍然只不做声，他已经完全看穿了这个妇人的真面目，并不是个“品性端良”的嫂子，但仍然压住了怒火。在潘金莲更进一步呷了一口酒，将半杯给武松，说“你若有心，吃我这半杯儿残酒”的时候，话已挑明，武松已是怒不可遏，劈手将酒杯夺下，泼在地上，说道：“嫂嫂，不要恁的不识羞耻！……武二是个顶天立地的噙齿戴发的男子汉！不是那等败坏风俗伤人伦的猪狗！嫂嫂休要不识羞耻，为此等的勾当。倘有些风吹草动，我武二眼里认的是嫂嫂，拳头却不认的嫂嫂。”潘金莲吃他这么一呛，通红了面皮，只好自己下台阶说：“我自作要子，不值得便当真起来，好不识人敬！”这是潘金莲为自轻自贱的轻浮行为而追悔——伤了自尊啊。

笔者觉得要理解武松对嫂嫂的这种做法，包括后来杀死她为哥报仇，必须从武松的思想和性格中去发掘，从其生活经历、生活环境去考察，才能找到其行为的必然性。

### 首先，武松知书达礼

武松是个有一定文化知识的男子汉，具备社会“主流价值观”。作为一条好汉，他以实际行动坚决捍卫他认定的“主流价值”。武松没了爹娘，只有一个“三寸丁谷树皮”的哥哥。小时读了书没有，我们不清楚，但他的确识字。在《水浒传》第三十一回《张都监血溅鸳鸯楼　武行者夜走蜈蚣岭》中，武松中秋月夜将合伙谋害他的蒋门神、张都监、张团练一起杀死后，在白粉壁上，大写下“杀人者，打虎武松也”这八个字。这种“认领”杀人的行为可以认为是武松展示其“好汉做事好汉当”的英雄气概，也从另一方面说明武松是个识字之人，不是“扁担一横不知是一字”的文盲。他懂得处世做人的基本道理，遵从社会的伦理道德规范。当嫂嫂产生与他“相好”的想法时，他坚决不干。他不能做对不起哥哥的事，批评嫂子“恁地不识羞耻”，说自己是个“噙齿戴发”的男子汉。“噙齿戴发”是人有别于动物、先进于动物的文明标志，那种“扒灰”“叔嫂通奸”等乱伦行为是武松所不齿的，只有猪狗才不分名分乱交、杂交。武松认可、接受了这些社会基本价值观，决不当那等败坏风俗、伤害人伦的猪狗！如果我们只说武松在性爱关系上接受这一公认的社会准则的话，那还不全面。在为人处事上，他同样心中有一杆秤。比如，武松往孟州牢城服刑时，结识了监狱长的儿子施恩，施恩待他很好，不仅没给他一顿“杀威棒”，反而好酒好肉相待。但这是有目的的，施恩看武松是一条好汉，想请他帮忙为自己出气，夺回被蒋门神出面霸占的酒店。武松对此有自己的认识，他听施恩讲完事情原委后说：“我却不是说嘴，凭我胸中本事，平生只要打天下硬汉，不明道德的人……”这说明武松确有是非观念，有武功而不乱用，要看事情对错才决定是否帮忙，不是那种不讲正义公理与否，就“两肋插刀”的哥们义气。更重要的一点是武松即使犯罪落魄，仍然有回归主流社会，接受“招安”的意愿。宋江杀死“小三”阎婆惜，官府发文追捕，他欲投老朋友清风寨知寨小李广花荣，在孔太公庄上碰到了行者武松。分别时，宋江要武松与他同往清风寨，武松不干，说他自己犯罪深重，遇赦不宥，又做了头陀，怕连累了宋江和花荣。算起来，武松杀死西门庆、潘金莲、张都监、张团练、蒋门神等，有十几条人命案在身，几乎没法回归社会了。但他仍然说：“天可怜见，异日不死，受了招安，那时却来寻访哥哥未迟。”宋江说：“兄弟既有心归顺朝庭，皇天必佑。若如此行，不楞苦谏，你只相陪我住几日了去。”

再住了几日，两人在瑞龙镇分别，各奔东西。武松欲投二龙山宝珠寺花和尚鲁智深。临别之时，武松还要送宋江一程，宋江说："自古道：'送君千里，终有一别。'兄弟，你只顾自己前程万里，早早的到了彼处。入伙之后，稍戒酒性。如得朝庭招安，你便可撺掇鲁智深、杨志投降了。日后但是去边上，一刀一枪，博得个封妻荫子，久后青史上留得一个好名，也不枉为人一世。我自百无一能，虽有忠心，不能得进步。兄弟，你如此英雄，决定得做大官，可以记心，听愚兄之言，图个日后相见。"就笔者所见，这是《水浒传》中由武松第一次提到招安，得到宋江认同。后来宋江坐上梁山第一把交椅后，将这一想法确定为全体起义军追求的政治路线、政治目标，百折不挠，身体力行。应该说，武松是梁山整个起义军招安的始创者。

### 其次，武松智勇双全

田晓菲认为武松是从女性角度所说的"坏小子"。武松的智慧表现在解递孟州道十字坡酒店时，识破店家计策，没有被害。该酒店乃母夜叉孙二娘与其丈夫张青开的人肉包子黑店。过往行人来住店时，孙二娘在酒里下蒙汗药，将旅客迷昏，做成馒头卖给旅客吃。不过，武松与押送他的公差来时，他早有风闻："大树十字坡，客人谁敢那里过？肥的切做馒头馅，瘦的却把去填河。"因此提高了警惕。

当两个公差吃了下有蒙汗药的酒被迷倒后，武松也佯装迷倒了。于是，孙二娘唤来两个傻汉将两个公差扛去剥皮，且喜又有几天的"黄牛肉"卖，赚得不少金银。武松躺在地上，两个傻汉扛不动，孙二娘脱去绿纱衫儿，解去红绢裙子，赤膊着将武松轻轻提将起来。武松就势当胸抱住那妇人，拘将起来，却把那妇人下半截只一挟，压在妇人身上，那孙二娘便杀猪似的嚎叫起来。两个傻汉欲过来，被武松大声喝住。孙二娘只有叫"好汉饶我"的份，武松一脚踏在孙二娘身上，两手握成拳头。这时，她丈夫张青砍柴回来方才解围。张青也是一条好汉，武松此次竟然与这对夫妻结为好友，从张青处听到拳头打死镇关西的花和尚鲁智深在二龙山宝珠寺落草，和青面兽杨志占山为王。武松后来杀死蒋门神、张都监等一干人后，便投奔二龙山，归在鲁智深手下。这是其一。

其二，武松训斥了对他起爱心的嫂子潘金莲后，预感到她妖娆风流，可能红杏出墙，给哥哥惹来杀身之祸，便先做防备。在为知县押送财宝去东京之前，他特意来到哥哥武大家里，晓喻哥嫂，要武大迟出早归，凡事不与人计较、争执，一切等他回来再说。武大将这些话听了进去。然后武松又对嫂子说："表壮不如里壮，嫂子把持得家定，我哥哥烦恼作甚么？岂不闻古人云：'篱牢犬不入。'"听了这话，潘金莲便紫涨了面皮，大骂武大，说自己是个拳头上立人、胳膊上走马、人面上行走的男子汉，不是那等腲脓血搠不出来鳖老婆。自从嫁了武大，真个蝼蚁不敢入屋里来，有甚么篱笆不牢，犬儿钻得入来？她还要武松注意点，说话要像砖头，句句有下落。武松笑道，如此甚好，只怕嫂子心头不似口头。若得这样，请嫂子饮酒。可潘金莲却一手推开，跑下楼梯去了，并对武松发了火，说："是亲不是亲，便要做乔家公。自是老娘晦气，偏撞着这许多鸟事！"联想到后来，潘金莲帘下竹竿误打西门庆结识他后，在王婆撮合下偷情成奸，共同设计毒死武大的事，不能不佩服武松有先见之明。只是人算不如天算，灾祸要来，人就是算尽了机关，也躲不掉，无法回避。

武松服刑的过程中，充满坎坷、传奇，终于等到了云开日出。原来太子立东宫，当储君，祭天大赦。武松遇赦回家，带着施恩给他的一百两银子，回到清河县当差，重新做了都头。而这时西门庆已经贪欲身亡，潘金莲因与陈经济偷情，珠胎暗结，以药打胎，流产在厕所被人发现，吴月娘知悉后，将她赶出家门暂栖王婆家，要王婆将她卖掉。

如何计诱潘金莲上钩，除掉她为哥哥报仇，武松着实动了脑筋。他到王婆家，说要以这一百两银子为赎身之费，娶潘金莲为妻，与侄女迎儿一起过活。潘金莲听到这话还对他存有一丝幻想：“这段姻缘，还落在他家手里。”不等王婆叫，她自己便跑出来见武松说：“既是叔叔还要奴家去看管迎儿，招女婿成家，可知好呢。”并且走到屋里，又浓点了一盏瓜仁泡茶，双手递与武松吃了，对武松说：“既要娶奴家，叔叔上紧些。”

武松这种诱骗手法，将潘金莲蒙在鼓里，也瞒过了王婆，却瞒不过吴月娘。王婆将 20 两银子送与她，吴月娘问是谁家要买娶潘金莲，王婆说：“兔子沿山跑，还来归旧窝。嫁了她小叔，还吃旧锅里粥去了。”吴月娘听了，暗中直跺脚，对三姐孟玉楼说：“那汉子杀人不斩眼，岂肯干休！”果然。

### 第三，武松对女性漠然

武松父母早亡，更没有听说有姐妹。他对女性的态度是不友好的，可能有天生的厌恶感，这或许与他成长的环境有关，他身边的亲人没有出现过女性。一般认为，在他这个成家立业的年龄应对女性产生天然的情愫，但在《水浒传》和《新刻金瓶梅词话》书里都没有反映出来。我们也没有看到武松流连烟花柳巷，所看到的是他不近女色，所看到的是他对女性的虐待、虐杀。

谈到虐待，有“河阳风月”酒店撒野一节。他找茬子闹事，不惜歪扳。酒店主人姓蒋，他说如何不姓李，而且要蒋门神的妾来陪他喝酒，酒保说她是主人家娘子，休胡说。武松道：“便是主人家娘子待怎地？相伴我吃酒也不打紧。”那妇人大骂：“杀才，该死的贼！”推开柜子，却奔出来。这武松脱下衣服，揣在腰里，把那酒桶一泼，抢入柜身子里，一只手接着那妇人，一只手揪住她的云髻，提将出来，望浑酒桶里只一丢，“扑同”一声，将她正好丢在酒桶里。

谈到虐杀，那就是《水浒传》里杀死玉兰。玉兰是孟州守御兵马都监张蒙方心爱的养娘，长得十分漂亮，酒席上被张都监唤出来唱曲。她唱了一曲苏轼的水调歌头“明月几时有”后，便过来给都监及家人、武松斟酒，武松一饮而尽。张都监说：“此女颇有些聪明伶俐，善知音律，极能针指。如你不嫌低微，数日之间，择了良辰，将来与你做个妻室。”武松起身再拜道：“量小人何者之人，怎么敢望恩相宅里之妻？枉自折武松的草料！”张都监笑道：“我既出了此言，必要与你，你休推故阻，我必不负约。”

武松酒醉后，突然有贼偷盗。武松提了哨棒径抢入后堂，这时玉兰慌慌张张走出来说：“一个贼奔入后花园里去了！”武松听后，赶紧提着哨棒直奔后花园，被人绊倒，反被认作贼，遭到暗算，被押到死囚监禁。

幸亏施恩想方设法营救，叶孔目刚正不阿，武松被刺配恩州牢城。一路到了飞云浦，得知四个公人想谋害他，他先下手将他们杀死。冤有头，债有主，虽然杀死了这四个贼人，但主谋蒋门神、张团练、张都监还没除掉，于是武松返回城里，演绎了“血溅鸳鸯楼”一幕。他偷偷来到马院杀了马槽，又到厨房杀死两个丫环，然后将正在楼上摆宴吃酒的张团练、张都监、蒋门神一齐杀死，下得扶梯来，又杀死两个亲兵，再杀死张都监的夫人。他将刀砍出了缺口，便丢了缺口刀，去门外取朴刀，再翻身下楼来。这时玉兰正引着两个小的，把灯照见夫人，看到被杀死在地下，叫声“苦也”。武松握着朴刀，向玉兰心窝里搠着，两个小的也被他一刀一个搠死。走出中堂，又寻着两三个妇人，也都被搠死在房里。这一节，他总的来说是杀红了眼，见人必杀，不管是否有仇，也不分男女，不管这些女性是否参与谋害他，基本上是“一锅端”。

按照一般情况，武松应对玉兰手下留情，虽然武松被诬陷为盗贼，是玉兰指引他到后花园，但还不能说是玉兰知悉了张都监的阴谋。这一场血腥残杀，武松杀得一时兴起，将张家满门抄斩，在场者一个不留。他并没有对玉兰为他唱歌、斟酒有丝毫情意，也未对她可能成为他的妻室存有一份情感而将她放走。事实上他完全可以刀下留情，留她一条活命。对女性铁石心肠，这就是武松。

铁石心肠还表现在他残忍杀死潘金莲上。武松的残忍嗜杀，让人惊怵。一是剥光潘金莲的衣服，羞辱她，这是对她风流债的惩罚；二是掏出她的心肝五脏，看她的心究竟是黑还是白；三是将其头颅割下，让她尸首分离，决无再生可能，并用以祭祀武大，告慰大哥：弟弟已经替你报仇了。

从今天的观念来看，武松这种做法实在是太过了。对于一个有血债的女人，只要以命换命，将其弄死就行了，最多将其头颅割下。但武松不止于此，而是尽其所能折磨、羞辱、肢解她，超出了正常的行为界限。之所以如此，笔者认为，这是武松没有将男女区别对待，以惩罚男人的方式惩罚女人，也说明武松对女性没有应有的大度、宽容情怀。武松当然不是虐待狂，事实上，他从来没有沾过女人，烟花柳巷他没有任何兴趣，不是那种“牡丹花下死，做鬼也风流”的情场老手。在这方面可以说他是地道的正人君子。但我们再看一下，武松一生没有对女人产生过正常的爱恋，对女人的情感是一片空白。在他眼里男人与女人是一回事，有一样的思想、情感和行为方式，这是武松男女性别认知上的最大失误。这么缺乏两性情感的英雄好汉，你能指望他对潘金莲产生暗恋？那是不可能的。潘金莲一腔热情，却碰上了个感情上的“二楞子”，能不被浇了一盆冷水？

武松一生没有女人缘，没有家室，没有子嗣，亲人缺乏，这与他对女性的漠然态度有直接的必然联系。

梁山好汉天罡星36员、地煞星72员。天伤星行者武松排在天罡星系列第14位，在天孤星花和尚鲁智深之后。步兵头领11员，鲁智深居首，武松第二，也就是相当于陆军副司令职务。他在义军招安后攻打方腊的战斗中立下了赫赫战功。进攻苏州城，守城三大王方貌引了五七百铁甲军夺路杀出南门，被黑旋风李逵这一伙杀得四散奔走。到小巷子里又碰上鲁智深抡起铁禅杖打将来，方貌抵挡不住，重新回到府来。方转到乌鹊桥下，武松赶上一刀，掠断了马脚，方貌从马上摔了下来，被武松再复一刀砍了，提首级径到中军参见先锋宋江请功。在攻打乌龙岭的战斗中，鲁智深与武松一起与郑彪交手。武松提两口戒刀直取郑彪，对方包天师从剑鞘中掷出玄天混元剑，砍中武松左臂，武松流血晕倒。鲁智深一条禅杖打将过去，夺得那口剑，救得武松，但武松左臂已经砍得伶仃将断。武松醒来，便自己将左臂割断，自此成了独臂头领。鲁智深生擒方腊后，在杭州六和寺安歇。八月十五日潮信到来之时，他想起师父智真长老说给他的四句偈语，“逢夏而擒，遇腊而执，听潮而圆，见信而寂”，便焚起一炉好香，坐在禅床上圆寂了。鲁智深的圆寂，使武松深有感触，他对前来看视的宋江说：“小弟今已残废，不愿赴京朝觐，尽将身边金银赏赐，都纳此六和寺中陪堂公用，已作清闲道人，十分好了。哥哥造册，休写小弟进京。”宋江便说：“任从你心。”武松自此在六和寺中出家。

宋江征方腊，阵亡正偏将佐59员，病故10员，坐化1员，不愿恩赐出家1员，旧在京出家1员，不愿恩赐辞职4员，旧留京师5员，最后朝觐正偏将27员。108人中只剩下1/4，各有赏赐，封官授爵；有子孙者承袭官爵。对于武松，朝庭鉴于其不愿做官，便封赠清忠祖师称号，赐钱十万贯。

纵观武松一生，不近女色，行侠仗义，征讨建功，个人英雄本色尽情展现，这源于他的天生秉赋和思想理念；与女性无缘，孤独度过一生，又是其人生不足之处。他不愿被授以官爵，无儿无女，于六和寺出家，从假头陀到真头陀，也属人生必然。好在避过了政坛风云和世事纷扰，得以享年八十，比起其它梁山好汉来，可谓善终，结局比较圆满。

# 人伦与情爱

## ——武松与潘金莲分道扬镳

小说开篇第一回《景阳岗武松打虎　潘金莲嫌夫卖风月》，将情节从《水浒传》中引出，武松和潘金莲，一男一女上场，演绎出一场惊心动魄的人伦与情爱对决。7 年后，这出剧以潘金莲被武松剐心、枭首，在武大灵前祭祀告终，而潘金莲还自始至终对武松心怀好感！

武松是堂堂正正的男子汉，他在景阳岗打虎的壮举传遍东平府，清河知县对他恩宠有加。人们扛着死老虎，抬着武松坐的轿子到县衙来，知县亲自把酒款待，当即赏他 30 两银子，更提拔他当了巡捕都头，专捕盗贼。武松又展示出他仗义疏财的良好品质，当即将这 30 两银子分给了在场的各位猎户。

武松被人们簇拥着游街时，与逃荒来到清河谋生的一母同胞嫡亲哥哥武大相遇。武大特别高兴，弟弟当了都头，今后也有了靠山。他拉着弟弟的手来到在紫石街上租住的楼房，告诉娘子潘金莲。武松见了嫂嫂，倒身下拜，被潘金莲扶住，说折杀奴家，受用不起。相让到最后是两人平磕了头。叔嫂这些礼节很重要，说明武松讲礼节、重人伦，对嫂嫂敬重，不会对她存不良杂念。特别是后来潘金莲有意挑明心事，对武松表达情意，被武松断然回绝。

潘金莲催促武大早早出门去卖烧饼，自己在家里宴请小叔子，转弯抹角、由远而近，很隐晦曲折地传递自己的情愫，武松意识到这些，心里一直不舒服。当潘金莲自呷了一口酒，将剩下的大半盏递与武松喝，说道，“你若有心，吃我这半盏儿残酒”，武松终于忍无可忍，将杯子夺过来，酒泼在地下，呛白、正告潘金莲说：“嫂嫂，不要恁的不知羞耻！”又将手一推，差点让她摔了一跤，继续说道：“我武二是个顶天立地的男子汉，不是那等败坏风俗、伤人伦的猪狗！嫂嫂休要这般不识羞耻，为此等的勾当。倘有些风吹草动，我武二眼里认得的是嫂嫂，拳头却不认的是嫂嫂！再来休要如此所为。”

其实，武松对她心里早有看法，见面第一印象是十分妖娆，便存下心来，只把头低着。他这时的想法应该是这个嫂嫂有点不对劲，不像是良家妇女，但哥哥自身条件也不好，只要两人般配，安身立命就行了。女人嫁鸡随鸡，嫁狗随狗，只要不损哥哥就行。他是一心站在维护哥哥利益的角度着想。后来，他进一步体会到，她对我这个小叔子都想勾引，其它人就不必说了，因而又存了一份戒心。接受了知县要他押运金银财宝去首都东京的任务后，他临行前来和哥嫂告别，特地嘱咐武大做生意要迟出早归，不与人惹是生非，有事忍住，待他回来再与别人理论。同时劝嫂嫂要在家作主，把持家务，以古人言“篱牢犬不入”晓喻。武松意在哥嫂两人好好持家过活，也有侧面警告潘金莲的意味。但潘金莲听了这话以为羞辱自己，还有此前“话不投机”的情形，她当即涨红了脸，指着武大就骂：“你这个腌臜混沌！有什么言语在外人面前说了，欺负老娘！我是一个不戴头巾的男子汉，叮叮当当响的婆娘！拳头上站得人，胳膊上走得马，人面上行得人！不是那种压不出一个屁来鳖老婆！自从嫁了武大，真个是蝼蚁也不敢进屋里来！有什么篱笆不牢，犬儿钻得进来？你胡言乱语，一句句都要有下落！丢下个砖头瓦片儿，一个个都要着地！”

这段话写得十分精彩，把潘金莲一个泼辣“悍妇”的形象表现了出来。当武松要她心口如一，请她喝杯酒时，她一手推过，跑下楼去，在楼梯上发话道："既是你聪明伶俐，恰不道长嫂为母。我初嫁武大时，不曾听得有甚小叔，哪里走得来？是亲不是亲，便要做亲家公。自是老娘晦气了，偏撞着这许多鸟事！"对武松的逆耳忠言，潘金莲报以痛恨，从事情发展的进程看是合理的。

你不仅不解风情，还明显羞辱我，在我家作主，我怎么受得了？你一个小叔子还能管得了我长嫂？潘金莲想。武松可不管这些，在潘金莲走后，又背地里告诫哥哥"仔细门户"，其实就是要他防范媳妇惹出什么风流事儿来，给他"戴上绿帽子"。

人算不如天算，要发生的事想防也防不了。武松一走，便出现了西门庆邂逅潘金莲的事。潘金莲无意中帘下竹竿打着西门庆，西门庆见了她神魂颠倒，通过王婆撮合，与她勾搭成奸。随后事发，三人设计毒死武大郎。

武松是个义士，懂道理，行得正，坐得稳。朋友之妻不可欺，何况亲大嫂？他决不会"上钩"，做出对不起哥哥的事来！不仅如此，他还要防范嫂嫂与他人劈腿，叫哥哥吃亏受辱呢。我们看到，武松心中具有坚定的伦理观念，作为亲嫂嫂，他必须保持恰当的距离，这是原则和底线，是做人的起码要求。所以，他发现嫂嫂对自己有意后，只能闷在肚子里，直到他搬出紫石街，也没把这层纸向亲哥哥武大捅破。除了智勇双全之外，武松还展现出又一良好的品质——节操。

潘金莲是清河县城南门外一个姓潘的裁缝的女儿，排行第六，9 岁被卖到王招宣府里学弹唱，属于家养歌伎。主人死后，又被她妈妈"争将出来，30 两银子转卖于张大户家"。18 岁时被张大户暗中"收用"，为家主婆所不容。张大户将她白白送给租住在他家的武大郎做老婆，还常常送些银两给武大郎做生意当本钱，为的是图机会到他家里与潘金莲私会。武大郎只能睁一只眼，闭一只眼忍着。

潘金莲天生漂亮，聪明伶俐，既识字，又会弹琴唱曲，可谓才貌双全，本该成为男人心目中的梦中情人，但严酷的生存环境之下却被迫嫁给了武大郎，哪能甘心？那武大郎身材矮小，为人本分懦弱，除了做烧饼外，别无所长，只会喝酒。潘金莲看不上武大郎，成为她红杏出墙的主因。与武大郎过活是她一生最郁闷无聊的日子。

武松来到她身旁后，她心中的欲望被陡然激起。他“身材凛凛，相貌堂堂，身上恰似有千百斤气力”，更是个只身打虎的英雄好汉、县里的巡捕都头。真是要貌有貌，要名有名，要权有权，潘金莲心里寻思道，“奴若嫁得这个，胡乱也就罢了”，即能与武松结合，她也就心满意足了。今天看来，论外在条件，二人还蛮般配的。只可惜“剃头挑子一头热”，武松对这位大嫂绝无私心，无动于衷。

但这位亲嫂单相思，行动步步升级。她先是热情接待，要武松搬到家里来住，闲聊中了解武松的背景，吃饭时用筷子挑好吃的给他，吃了些酒后，眼睛只盯着他身上看，看得武松都不好意思，无奈低下头去。难怪，美女都喜欢肌肉男。武松走时，她再三叮嘱搬到家里来住，“是必上心”，她在家里“专候”。武松搬来后，她像是拾到一个金元宝样欢喜，为他烧汤做饭，端茶送水。潘金莲这样殷勤，武松想叫个土兵来帮忙，也被她拒绝。武松过意不去，送了一匹彩色缎子给她，她欢天喜地，服侍武松，不时拿些话来挑逗他。这反倒让武松坐卧不安起来。一个落花有意，一个流水无情。

一场大雪过后，潘金莲认为机会来了。她在家里烧起炭火，安排酒席，支走武大外出做烧饼生意，独自请武松吃酒。前后门上闩后，她酥胸微露，云鬓半亸，给他递酒劝酒，欲以性感撩拨武松。还假说武松在外面包了个说唱的女子，从远处说道来，继而动手动脚，往武松的肩上捏了一捏。武松只是不理她。她见武松不回应，就用火箸撩火，说“我与你拨火，只要一似火盆来热便好”。话中有话，就是要挑起武松的情欲，不怕武松不上她的船，乖乖就范。但武松还是不理睬。当潘金莲最后以喝同杯酒，并直接说“你若有心”来表达情意时，武松这才火了，与她摊牌彻底决裂。

应该说，潘金莲对武松是用心良久、用心良苦的，作为一个成熟的风情女人，她知道怎样去达到自己的目的。她对武松有真感情否？读者自有掂量，依笔者分析还是很有几分感情的。才貌相当，年龄相当，这是女人最看重的。一个心仪的对象突然出现在一个久渴的女子面前，她能不动心吗？她的感情通过步步升级的行动越来越明显地表露出来。只是她没有考虑到横亘在她面前的“人伦”障碍，也没有考虑到对方武松心里是怎样想的。她或许想：先拉武松下水，生米煮成熟饭，就是有小叔子这层关系又怎样，到时还不是顾不得了！但她想错了，正是在这点上，武松不买她的账，和她“三观不同”，想不到一块，在人伦和情欲之间选择了前者。大路朝天，各走一边，潘金莲为了情欲走下去，被残忍杀死，最终以悲剧收场。

# 潘金莲的恼恨和才情

商人的头脑在算计，眼睛盯着的是利益。西门庆就是这样，为了将富有的孟三姐娶到手，将潘金莲晾在一边，张罗与孟三姐的婚事，将整日思念他的潘金莲害苦了。

为了能见到西门庆，潘金莲使出了浑身解数。先是倚门盼望，不见他的影子，继而又叫王婆上门找他，门人多不理睬，后来又叫迎儿去街上寻他，也寻不着。她见到西门庆的小厮玳安来，写了一纸情书托他带去也杳无音信。到了西门庆生日临近时候，不能再等了，她由盼到恼，由恼到恨，快要发疯了。没办法，她只好再叫王婆来，好生招待，要她务必将西门庆请来。西门庆那天生日吃得醉醺醺的，在东街口勾栏里与朋友们逍遥自在，寻欢作乐。王婆从傅伙计那里打听到他的行踪，才在路上将骑着马的西门庆截住了，在他耳边低语了几句，这才将他请来了。

这就是第八回《潘金莲永夜盼西门庆　烧夫灵和尚听淫声》，后来修改的崇祯本叫《盼情郎佳人占鬼卦　烧夫灵和尚听淫声》。笔者认为崇祯本改得不好，“盼情郎佳人占鬼卦”没有“潘金莲永夜盼西门庆”来得贴切。

西门庆是潘金莲第一个实实在在的情郎，作为一个年轻的少妇，她思念西门庆是再自然不过的。可西门庆这个风月场上的老手对潘金莲并不十分在意。见不到西门庆，潘金莲彻夜难眠，经历了相思不得相见的痛苦难捱过程。这一回作者将潘金莲用情的曲折过程写得很到位，刻画了她的心理历程，成功塑造了她的形象。

她睡不着觉，了无心绪，先是骂西门庆为负心贼，继而打相思卦打发时光。一曲《山坡羊》道出了她的哀怨：

> 凌波罗袜，天然生下，红云染就相思卦。
> 似藕生芽，如莲卸花，怎生缠得些娘大！
> 柳条儿比来刚半扠。
> 他不念咱，咱想念他！
> 倚着门儿私下，帘儿悄呀。
> 空叫奴被儿里叫着他那名儿骂。
> 你怎恋烟花，不来我家。
> 奴眉儿淡淡教谁画？何处绿杨拴系马？
> 他辜负咱，咱念恋他。

火气无处发，她迁怒于迎儿。给西门庆准备了30个水角儿吃，谁知迎儿饿得慌，做好后偷吃了一个，她发现后痛骂痛打了迎儿一顿。她骂得可是够狠的："你偷了，如何赖我错数？眼看着就是个牢头祸根淫妇！有那王八在时，轻学重告，今日往那里去了？还在我跟前弄神弄鬼！我只把你这牢头淫妇，打下你下截来！"

"有那王八在时，轻学重告，今日往那里去了？"翻译成现代白话文是"你那戴绿帽子的老爹在时，好歹要你学好，守规矩，这些告诫你今天都丢到哪里去了？"自己吃了，还赖别人数错了固然不对，但迎儿是被潘金莲折磨成这样子，饿得慌才偷吃了一个，情有可原。这潘金莲指着迎儿骂武大当王八，可见其对武大的恶毒！是你偷西门庆，才让武大戴上绿帽子，还下砒霜将他害死，现在又当着女儿的面骂死去的丈夫是王八，如此可恶、狠毒，说明她对武大确实变心了，没有情，只有恨。

潘金莲痛打了迎儿后，又要她为自己打扇。这还不解恨，口中说道："贼淫妇，你舒过脸来，等我掐你这皮脸两下子。"那妮子真个舒着脸，被妇人尖指甲掐了两道血口子，才饶了她。由爱生恨，潘金莲展现出女性虐待狂的一面。

对西门庆相思用情，发泄到一个孤女上，是一种变态的行为。这种变态见证了她既感情细腻，又炽烈奔放。从玳安那里得知西门庆娶孟玉楼后，她不听便罢，听了由不得珠泪儿顺着香腮流将下来，说道："玳安，你不知道，我与他从前以往那样恩情，今日如何一旦抛闪了。"

无奈之下，她一面走入房中，取过一幅花笺，又轻拈玉管，款弄羊毛，须臾写了一首《寄生草》。词曰：

> 将奴这知心话，付花笺寄与他。
> 想当初结下青丝发，门儿倚遍帘儿下，
> 受了些没打弄的耽惊怕。
> 你今果是负了奴心，不来还我香罗帕。

写就，叠成一个方胜儿，封停当，付与玳安收了，要他交给西门庆。

西门庆还是没有来，几个月前他们两人在王婆家偷情时，西门庆从潘金莲那里得到的帕巾也没有还过来，就这样悬着。她又央求王婆找西门庆。完了后，她款剔银灯，睡不着，长吁短叹。正是：得多少琵琶夜久殷勤弄，寂寞空房不忍弹。于是她独自弹着琵琶，唱了几个小曲，其中之一是：

> 谁想你另有了裙钗，气的奴似醉如痴。

斜傍定帏屏故意儿猜，不明白。
怎生丢开？传书寄柬，你又不来。
你若负了奴的恩情，人不为仇天降灾。

这时，她已经从恼怒转变为憎恨了。西门庆被王婆叫来后，见面时，潘金莲说的风凉话，既哀怨又充满醋意："大官人，贵人稀见面！怎的把奴丢了，一向不来傍个影儿？家中新娘子陪伴，如胶似漆，那里想起奴家来！"

西门庆狡辩道："你休听人胡说，那讨什么新娘子来！因小女出嫁，忙了几日，不曾得闲工夫来看你。"

小女出嫁固然不假，可讨新娘子也是真！潘金莲早已从小厮玳安那里得知，西门庆骗不了她。她说："你还哄我哩！你若不是怜新弃旧，另有别人，你指着旺跳身子说个誓，我方信你。"

商人那里会相信什么誓言？发个誓不容易？能糊弄过去就行了。

这在西门庆看来是小菜一碟。他发誓道："我若负了你，生碗来大疔疮，害三五年黄病，匾担大蛆螬口袋。"

潘金莲听了更是生气，看出了他的虚伪人品，叫道："负心的贼！匾担大蛆螬口袋，管你甚事？"一手向他头上把一顶新缨子瓦楞帽儿撮下来，往地上只一丢。

她怒不可遏了，又向他头上拔下一根簪儿，拿在手里观看，却是一点油金簪儿，上面钑着两溜子字儿：金勒马嘶芳草地，玉楼人醉杏花天。这是新娶娘子孟三姐送给他的。潘金莲不看则已，一看又是别人的，气不打一处来，问道："你还不变心哩！奴与你的簪儿那里去了？"

西门庆再次狡辩说醉酒跌下马来，帽子落下，发簪丢了。这么大的东西怎么会丢？说给傻子都不相信。王婆对西门庆的回答也嘲讽道：

“大娘子，你休怪大官人，他离城四十里见蜜蜂儿搠屎，出门交獭象拌了一交，原来觑远不觑近。”

害得西门庆对王婆恼怒道：“紧自他麻犯人，你又自作耍。”叫王婆不要再添乱了。

潘金莲见他手中拿着一把红骨细洒金、金钉铰川扇儿，取过来迎亮处只一照，原来妇人久惯知风月中事，见扇儿多是牙咬的碎眼儿，就是那个妙人与他的。不由分说，两把折了。

西门庆十分可惜，叫道：“这扇子是我一个朋友卜志道送我的，一向藏着不曾用，今日才拿了三日，被你扯烂了。”这回就算是真的，扯烂了也收不回了。

潘金莲因情生恨，在西门庆身上这些撒娇弄泼的表现，我们看到了一个受伤的用情少妇是怎么精彩地发泄她的不满的。

吵闹过后，在王婆的提醒下，两人重归于好。潘金莲将她准备好的寿礼给西门庆呈了上来。那是一双玄色缎子鞋；一双挑线香草边阑、松竹梅花岁寒三友酱色缎子护膝；一条纱绿潞绸、水光绢里儿紫线带儿，里面装着排草梅桂花兜肚；一根并头莲瓣簪儿。这都是潘金莲亲手做的女工细活，更难得的是簪儿上绣的一首五言诗：

奴有并头莲，赠与君关髻。
凡事同头上，切勿轻相弃。

这首小诗将潘金莲的文才与用情集中体现出来，她把对西门庆的期望都寄托在其中，任何一个男人都不会对此无动于衷。

西门庆一见满心欢喜，把妇人一手搂过，亲了个嘴，说道：“知你有如此一段聪慧少有。”

潘金莲教迎儿执壶斟一杯与西门庆，花枝招飐，插烛也似磕了四个头。自此，两人重归于好，恩爱如初。

# 王婆遇雨

小说第六回写了王婆打酒遇大雨的情节：

且说婆子提着个篮子，拿着一条十八两秤，走到街上打酒买肉。那时正值五月初旬天气，大雨时行。只见红日当天，忽一块湿云处，大雨倾盆相似。但见：

乌云生四野，黑雾锁长空。刷剌剌漫空障日飞来，一点点击得芭蕉声碎。狂风相助，侵天老桧掀翻；霹雳交加，泰华嵩乔震动。洗炎驱暑，润泽田苗。洗炎驱署，佳人贪其赏玩；润泽田苗，行人忘其泥泞。正是：江淮河济添新水，翠竹红榴洗濯清。

那婆子正打了一瓶酒，买了一篮鱼肉鸡鹅菜蔬果品之类，在街上遇见这大雨，慌忙躲在人家房檐下，用手帕裹着头，把衣服都淋湿了。等了一歇，那雨脚慢了些，大步云飞来家。进入门来，把酒肉放在厨房下。走进房来，看妇人和西门庆饮酒，笑嘻嘻道："大官人和大娘子好饮酒！你看把婆子身上衣服都淋湿了，到明日就教大官人赔我！"西门庆道："你看老婆子，就是个赖精！"婆子道："我不是赖精，大官人少不得赔我一匹大海青。"妇人道："干娘，你且饮盏热酒儿。"那婆子陪着饮了三杯，说道："老身往厨下烘干衣裳去也。"一面走到厨下，把衣服烘干。那鸡鹅嗄饭切割安排停当，用盘碟盛了果品之类，都摆在房中，烫上酒来。

为什么要写这一段呢？我们知道，在文学作品中，没有用的东西决不会用累赘的篇幅来浪费纸墨。关于这一段，历来就有人注意到其“多余性”。

田晓菲在《秋水堂论金瓶梅》一书中说，理解和欣赏这一回的关键，在如何解读王婆遇雨。王婆为西门庆和金莲打酒买菜，回来的路上遇到大雨，衣服淋得精湿。其实写王婆不遇雨又何妨？本书帮闲多矣，遇雨又何必王婆？最令人迷惑的是为什么王婆遇雨被写入本回回目？回目通常是一回书之重要事件急结撮要。第六回的上半，关键情节是何九受贿，所以回目上半句是“何九受贿瞒天”，固其宜也。然而看看此回下半，中心人物是西门庆与金莲，尤以金莲弹琵琶唱曲、曲中雨唤梅香、西门庆饮“鞋杯”为二人“殢雨尤云”一幕中的高潮。何以回目的编排专门看中“王婆遇雨”这一“帮闲”之笔哉？

张竹坡也敏锐地注意到这一情节多余的问题，在总评、行评中特意指出：一，写王婆，实际上是在预写下一回为玉楼说媒的薛嫂：“何处写薛嫂？其写王婆遇雨处是也。见得此辈止知受钱，全不怕天雷，不怕鬼捉，昧着良心在外胡作，风雨晦明都不阻他的恶行。益知媒人之恶，没一个肯在家安坐不害人者也。则下文薛嫂，已留一影子在王婆身上。不然王婆必写其遇雨，又是写王婆子甚么事也。”二，“为武二来迟作证。武二来迟，以便未娶金莲又先娶玉楼，文字腾挪，固有如此。”盖下文第八回中，写武松去而复来，“路上雨水连绵，迟了日限”（张氏旁评：“方知王婆遇雨之妙”）。

现代美女评论家田晓菲的解释是，写王婆遇雨可以使文章摇曳多姿。

还有人认为，遇雨不仅是现实性的，更是抒情性的。一部小说里，尤其是一部长篇小说里，不能没有这种所谓的“闲笔”，不能没有这种抒情性的细节。一方面如上文所说，这是紧锣密鼓之间的中场休息，使得一部长篇小说保持节奏上快慢、松紧的平衡；另一方面，在散文性的叙事之间忽然作抒情笔墨，同样是为了造成交叉穿梭的节奏美感。此回颇似戏剧演出的中场休息，或者一场交响乐中间的插曲，又好似明朝长达数十出的传奇剧，往往在紧锣密鼓的重大戏剧化事件之间穿插一点插科打诨或者轻松的过场。

邪恶无耻之王婆，也写其避雨、湿衣，不知怎的这个人物便一下子很有人情味儿，这是因为小说作者把她也作为人来对待，不是像黑白分明的宣传性作品中刻画的妖魔鬼怪或者卡通人物那样单薄虚假。这是小说格外令人心动的地方，象征性地衬托了西门庆与潘金莲稍后的“殢雨尤云”。这一回的漫天黑云、倾盆大雨，也象征着西门庆鼎盛时期的临近、小说“正文”之序幕的揭开。

下一回是西门庆娶玉楼，收雪娥，嫁大姐，一连串重要事件发生，而西门庆遂置潘金莲于不顾达两个多月。在西门庆辜负潘金莲，给她造成前所未有的伤心之前，有这么一段短暂的时间，是西门庆与金莲二人最为恩爱美满的日子。

王婆“遇雨”与“瞒天”的确形成绝妙好对。由于她从中撮合，导致西门庆与潘金莲勾搭成奸，她后来参与设计害死武大，被武松报仇杀死，潘金莲则遭到武松剐心枭首。她一事而牵出三条人命，确实是小说非常重要的环节。小说作者在此暗示老天对王婆所作所为要施以报应，而报应是作者写《金瓶梅》的重要思想脉络。人命关天，人不畏抽象无形的天，而畏具体有形的从天上落下来的雨。小说作者似乎有微妙的感慨与讽刺。

以上的分析固然有一定道理，但是没有王婆遇雨细节的话，小说照样可以朝以后的情节发展，而作者不仅安排这一情节，还列入回目中，可见王婆遇雨这一“事件”在作者心中的份量。作者这一做法不是可有可无的，而有更为深沉的“寓意”。那就是除了小说过渡、发展、人物之间互相照应等需要外，还有作者的隐蔽思想，即对权倾朝野的奸臣严嵩和当朝首辅徐阶的无情抨击。这也就是欣欣子在该书序言中说“笑笑生作此传者，盖有所谓也”，以及该书跋中所说“盖有所刺也”。

“狂风相助，侵天老桧掀翻；霹雳交加，泰华嵩乔震动”是其中最重要的话。前一句实是作者骂徐阶，后一句则是骂严嵩。作者徐渭经常用双关语和谜语影射徐阶。如《徐渭集》竹枝词《雪竹》之二：“万丈云间老桧萋，下藏鹰犬在塘西。快心猎尽梅林雀，野竹空空雪一枝。”云间，指徐阶的籍贯松江。老桧，双关语，秦桧也，暗示徐阶就是秦桧一样的奸臣，害死了与岳飞一样的胡宗宪。塘西，代指杭州。梅林，那是胡宗宪的号。这一幅题画诗影射了徐阶同党对胡宗宪及其幕僚的残酷迫害。还有如他的《题雪压梅竹图》诗：“云间老桧与天齐，滕六寒威一手提。折竹折梅因底事？不留一叶与山溪。”同样表达了他对徐阶的痛恨。

为何徐渭痛恨徐阶？因胡宗宪是徐渭的恩人和知己。嘉靖四十一年，严嵩被免职，徐阶出任内阁首辅。在徐阶的策动下，胡宗宪受到参劾，于次年被逮捕至京（后来因平倭有功，只受到免职处分），徐渭离开了胡宗宪总督府。嘉靖四十四年，胡宗宪再次被捕入狱，死于狱中，胡的幕僚有好几人受到牵连。徐渭既对胡宗宪被陷害而死深感痛心，更担忧自己受到迫害，畏祸致狂。

而徐渭痛恨严嵩则是由于他的姐夫兼好友沈炼因参劾严嵩而惨遭杀害。沈炼考取进士后，有在朝廷锦衣卫任职的经历。不久，蒙古骑兵进犯京师，首相严嵩纵容奸党将领畏敌不前，使京师附近被焚掠，还任意残杀百姓，虚报战功，蒙骗朝廷。举朝默默之际，沈炼愤然上书嘉靖皇帝，历数严嵩纳贿误国、“贪婪之性疾入膏肓”等十大罪，请求皇帝罢免严嵩以谢天下。但沈炼的奏章未能撼动嘉靖皇帝对严嵩的信任，被贬谪的沈炼又著诗针砭时事。严嵩之子严世蕃下令，无论如何要铲除沈炼，对有功者给予重赏，“大者侯，小者卿”。沈炼被诬告为邪教白莲教首领而斩首，两个儿子也被杖杀，远在江南老家的长子沈襄被流放，下场悲惨。

徐渭比沈炼小 14 岁，由于沈炼是徐家女婿，两人交往甚密。沈炼平时对徐渭颇为照顾，经常介绍越中名士与之相往来，并对他的才能十分欣赏，曾夸奖他说：“关起城门，只有这一个。”徐渭年轻时与陈海樵等人相交往，被列为“越中十子”之一。沈炼对他有知遇之恩，而落得如此悲惨下场，徐渭对严嵩充满仇恨就在情理之中。其所作《四声猿》中的《狂鼓吏渔阳三弄》，用曹操影射严嵩，用黄祖影射其党羽杨顺、路楷，用祢衡影射沈炼。徐渭自己并不掩饰，他在《与诸士友祭沈君文》中说：“而公之死也，诋权奸而不已，致假手于他人，岂非激裸骂于三弄，大有类于挝鼓之祢衡耶？”

王婆遇雨这一并不十分重要的情节，其背后的大义在此，所以特意将其置于回目标题中。作者徐渭突出王婆遇雨情节而隐晦地大骂严嵩、徐阶，就不难理解了。

# “弹筝乱落桃花瓣”

## ——染指甲谈

我国女性染指甲，一般认为在唐代以前就开始了，有史记载的诗文就在唐代。张祜在《听筝》中曾形容美女演奏是“十指纤纤玉笋红，雁行轻遏翠弦中”。“玉笋红”就是染红了的漂亮指甲，这样的指甲轻扣筝弦，两手十指一起一落，就像是天空中的一排大雁一样此起彼伏，描述得非常传神。

明代王三聘在《古今事物考》卷六则说：“唐杨贵妃生而手足爪甲红，谓白鹤精也。宫中效之，此其始也。”但王三聘的这一说法不足以证明染指甲一定起源于宫人仿效杨贵妃。不过，此后这一习俗代代相传，成为女性美容又一个重要的靓丽领域。

“十尖尽换红鸦嘴，数点桃花汎水流”，元末明初诗人杨维祯多次写诗，描绘妇女染指甲。其一是《美人红指甲》：“金凤花开色更鲜，佳人染得指头丹。弹筝乱落桃花瓣，把酒轻浮玳瑁斑。拂镜火星流夜月，画眉红雨过春山。有时漫托香腮想，疑是胭脂点玉颜。”其二是《凤仙花》：“金盘和露捣仙葩，解使纤纤玉有暇。一点愁疑鹦鹉喙，十分春上牡丹芽。娇弹粉泪抛红豆，戏掐花枝缕绛霞。女伴相逢频借问，几番错认守宫砂。”这两首诗着意描写女性嫣红的指甲，其中“弹筝乱落桃花瓣”一句，形容女子弹筝时，红指甲上下翻动，好似桃花瓣落纷纷，与张祜的“雁行”有异曲同工之妙。

以上都是女性为美而染指甲，而将这一行为与增强女性魅力，增强“性感”联系在一起，还是在明代中后期。徐渭留下了一首《美人红甲》诗：“近日新妆处处施，玉纤染草学胭脂。并将樱颗销筠管，忽散桃花上柳眉。春色每从梢畔露，丽情半出袖边知。寒风昨夜吹胶折，抱得琵琶下手迟。”想一想，将绯红的桃花洒在柳叶眉上，与樱桃一般的指甲相映照，是多么协调！桃花瓣下秋波流转，红酥手里丽情半出，更增添了女性的妩媚和细腻情感。

古代女性究竟是如何染指甲的？

百度百科介绍，古代女性染指甲一般用颜色鲜艳的花作原料，凤仙花、千层红都可以。开花时摘下花瓣放在适当的容器里，捣成糊状，加上明矾搅拌过后，抹在指甲上，然后用布包裹一些时间，就能把指甲染成红色。也可将丝棉捏成与指甲一样的薄片，放入花汁，等到吸入水分后取出，放在指甲表面，连续浸染指甲三到五次，数月都不会褪色。

这种说法来源于李时珍的《本草纲目》等书。凤仙花花开之后，取其花、叶，放在钵里反复捶捣，捣碎以后，加入少量明矾，便可用来浸染指甲。

除凤仙花外，指甲花也是染指甲的一种上好材料。尽管在某些时候，凤仙花亦被混称为“指甲花”，但两者性质不同，产生的效果也不一样。李时珍《本草纲目》对此说得很详细：“指甲花，有黄白二色，夏月开，香似木犀，可染指甲，过于凤仙花。”清代李调元辑《南越笔记》中也有记载：“指甲花，似木犀，细而正黄，多须，一花数出，甚香，粤女以其叶兼矾石少许染指甲，红艳夺目，唐诗‘弹筝乱落桃花片’谓此。一种金凤花，亦可染，名指甲桃，叶小如豆，花四瓣，层层相对。一干辄有二种花，一深红，一黄边红腹，其蕊大者为凤头，小者凤尾，尾修长缕缕，又有两翅，粤女多折之作钗。二三月时栽之，与指甲花为一丛，儿童向街头卖者，多此二花。”

将凤仙花等花采来，加入明矾捣碎成汁，再涂抹指甲，这是史上公认的美甲方法。但《金瓶梅》书中提到的美甲方法则不太一样，其中说到的是加入蒜汁，而不是明矾。

第八十二回《潘金莲月夜偷期　陈经济画楼双美》中，话说潘金莲与陈经济在佛像楼上干好事，被春梅无意中发觉后，她赶紧将春梅也搭进来，让她也当面与陈经济“巫山云雨”，饭都馊在一锅里，不让事情败露。一日晚上，天气十分炎热，春梅给潘金莲修剪指甲，放下纱帐子，炷香后，提议寻些凤仙花给她染指甲。潘金莲说：“你寻去。”春梅道：“我直往那边大院子里才有，我去拔几根来。娘叫秋菊寻下杵臼，捣下蒜。”潘金莲于是悄悄吩咐春梅：“你就厢房中请你姐夫晚上来，我和他说话。”春梅去了，顺便拔了几棵凤仙花来，整叫秋菊捣了半夜。妇人又与了她几钟酒吃，打发她厨下睡了。灯光下，潘金莲染了十指春葱，令春梅拿凳子放在天井内，铺着凉簟纳凉，等待陈经济到来。

可见，明代女性染指甲，也不一定用明矾，改用大蒜掺合凤仙花，捣成花泥来涂抹也行。

至于时间，肯定是夏天凤仙花开后才能染指甲。这一回染指甲，时间在农历六月三日晚上，这正是凤仙花花开旺盛之期，她们采摘来染指甲是可信的，符合实际生活。

凤仙花的花期为6至8月。农历七月七日，是牛郎织女相会的“七夕”夜晚，妇女聚集在一起，用她们自制的染料，将十个指甲染得通红。清代朱象贤《闻见偶录》记载：“七夕，妇女采凤仙花捣染指甲，红如琥珀可爱。”

# “一箭就上垛”

## ——西门庆娶富婆孟三姐

小说第七回《薛嫂儿说娶孟玉楼　杨姑娘气骂张四舅》，说的是西门庆娶第三房姨太太孟玉楼，这一回最能体现西门庆的“择偶观”。如果说他与潘金莲勾搭成奸是看上了其才色的话，那他想方设法娶孟玉楼则主要看上了她的财产，其逐利本性暴露无遗。所以，当他与潘金莲偷情一段时间腻了后，就把她晾在一边，迫不及待张罗起这门亲事。

薛媒婆看透西门庆，远远超过我们这些读者。她向西门庆介绍孟玉楼，只几句话就说到他心坎里去了。她先说的不是孟的人才相貌如何，而是“手里有一分好钱。南京拔步床也有两张。四季衣服，插不下手去，也有四五只箱子。金镯银钏不消说，手里现银子也有上千两。好三梭布也有三二百筒”。这些财产按现在来估算，也上千万元。然后她才说“这娘子今年不上二十五六岁，生的长挑身材，一表人物，打扮起来就是个灯人儿。风流俊俏，百伶百俐，当家立纪、针指女工、双陆棋子不消说”。更有一点是她“又会弹一手好月琴，大官人若见了，管情一箭就上垛”，即一见倾心。事实上，后来发生的事确实如此演绎，真个应验了。

能弹一手好月琴，固然让西门庆上心，这属于高品位的精神追求，但没有前面说的年轻富有、没生子女，能为他带来一大笔财产作铺垫，他能上心吗？所以，薛嫂一说完，他就急切地问：“既是这等，几时相会看去？”

亲事要办成，还得讲究方式方法。薛嫂叫他先不忙，又给他指点迷津，先从她姑娘即姑妈处入手，把姑妈说动了，这门亲事就成功了大半，这便是薛嫂说的“一拳将她姑娘打倒”。西门庆欢喜得不要不要的，“欢从额角眉尖出，喜向腮边笑脸生”。

于是，他们就依此操作，先上姑妈家探路求亲。要让姑妈松口同意，就必须抓住其软肋，正中其下怀。姑妈家穷，无子无女，要的是钱财。西门庆这事想得最开，他舍得下血本，送礼最大方。他取出6锭30两雪花官银，放在面前，说道：“这个不当甚么，先与你老人家买盏茶吃，到明日娶过门时，还给你七十两银子、两匹缎子，与你老人家为送终之资。其四时八节，只管上门行走。”100两银子按当时的市场行情可以买五间房子，普通小户人家居住绰绰有余，这礼也确实够份量的。

西门庆如此大方乃本性使然，看看他对潘金莲、对为他帮闲的王婆出手阔绰就知道；另外对方是富婆，我西门大官人也是这清河县的大财主，礼送少了别人会笑话，女方也会不满意；还有更重要的是这礼品都是“羊毛出在羊身上”。我西门庆送出去百多两银子，赚回来的是几千两银子，利润数十倍，这生意值得做。

钱能通神。这杨姑奶奶接了这么重的官银，又听到亲事办成后还许她七十两银子等等，那高兴劲儿就别提了。她对薛嫂道：“我家侄儿媳妇不用大官人相，保山，你就说我说，不嫁这样人家，再嫁甚样人家！”后来，她与阻拦这门亲事的张四舅吵架，让两人顺利成婚，证明她还是出了很大的力的。

把杨姑妈搞掂后，再与女方见面就好办了。西门庆很注重形象，去见杨姑妈时，只是骑着头口，小厮跟随，由薛嫂领着。这次呢，他打迭衣帽齐整，袖着插戴，骑着大白马，玳安、平安两个小厮跟随，薛嫂儿骑着驴子，出的南门外来，来到杨家门首。骑大白马那是什么概念？就是当今的宝马车。那时除了富贵显赫者，谁能骑得上大白马？该摆阔时就得摆阔，这样亮相才有面子，够身份。

西门庆听薛嫂介绍，对孟三姐是满意的，亲眼所见时就更满意了。孟三姐果然打扮得花枝招展、雍容华贵。他目不转睛地看着这位未来的三姨太，特别是薛嫂在孟三姐给西门庆端茶水时，悄悄撩起她的裙子，露出三寸金莲，这让有恋足癖的西门庆入迷。西门庆对孟三姐开口道："小人妻亡已久，欲娶娘子管理家事，未知尊意如何？"女方没有直接回答，而是问起年龄方面的问题。词话本小说上是这样写的——西门庆开口道："小人妻亡已久，欲娶娘子入门为正，管理家事，未知尊意如何？"这里既暗示他已经有妻妾了，又许诺让她做大老婆。事后来看，西门庆许诺的"入门为正"没有兑现，但让她管理家庭财务，因此她嫁到西门庆家后，在这个大家庭里还是有一定地位的。崇祯本小说则将"入门为正"四字删除，让孟三姐不明就里，以为西门庆是孤身一人。当然西门庆没有说假话，但说得不全，给孟三姐造成了错觉。还有后头的补充，那妇人偷眼看西门庆，见他人物风流，心下已十分中意，遂转过脸来，问薛嫂道："官人贵庚？没了娘子多少时了？"这很见功力，一是说明孟三姐爱上了风流倜傥的西门庆，这是她拒绝张四舅劝说，排除万难，决意嫁给他的关键；二是将女性的行为举止表现得恰到好处。词话本上是孟三姐直接对西门庆发问。初次见面相亲，以亡夫一年有余，年龄在 30 岁的少妇来说，这样发问未尝不可。但崇祯本上是写孟三姐向薛嫂发问，而不是直接对西门庆说，这样在细节上将孟三姐略带羞涩、又不直接表态的女性心理刻画得很到位。

话说完后，西门庆便送上见面礼，那时叫"插定"，即现在所谓的彩礼。他叫小厮玳安用方盒呈上锦帕二方、宝钗一对、金戒指六个，放在托盘内送过去。薛嫂一面叫妇人拜谢了，妇人因问官人行礼日期：

“奴这里好做预备。”至此，这门亲事完满地敲定下来。

西门庆告辞后，薛嫂留下来，做孟三姐的工作。孟三姐还是不放心，问他有没有房里人。这时薛嫂答得非常巧妙、隐蔽，她说：“好奶奶，就有房里人，那个是成头脑的？”意思是你不管他房里有没有人，只要你比她们强，有心计就行了。然后薛嫂继续突出西门庆的财富、声望和权势。小说作者安排薛嫂留下来，有几重意思：一是继续撮合这门亲事，让孟三姐死心塌地同意；二是关键人物她姑妈打发小厮安童来说已经同意了这门亲事，让孟三姐知道了薛嫂和西门庆已经去过她姑妈那里安排妥当，为孟三姐再嫁撑腰出力；三是她还要为工作做到了这份上在孟三姐这里收点酬金。

孟玉楼即孟三姐对这门亲事心里有底，就不怕来自张四舅的阻力了。

张四舅对孟三姐说了几点反对理由，在外人看来，是条条在理，个个属实，但个中人孟三姐已经鬼迷心窍，对西门庆一往情深，九头牛都拉不回，被她一一驳斥回去，让张四舅讨了个没趣。站在孟三姐立场上看，她说的道理是不是中肯呢？窃以为在那种多妻制的社会下，她只能这样。这样的社会现实，她改变不了，不能不顺从。她说：“自古船多不碍路。若他家有大娘子，我情愿让她做姐姐。虽然房里人多，只要丈夫作主，若是丈夫喜欢，多亦何妨。丈夫若不喜欢，便只奴一个也难过日子。况且富贵人家，那家没有四五个妻妾？你老人家不消多虑，奴过去自有道理，料不妨事。”这是第一件，她不在乎西门庆有一妻数妾。第二件，她行得正坐得稳，就不怕受西门庆的气，不会受他的打，说：“男子汉虽利害，不打那勤谨省事之妻。我到他家，把得家定，里言不出，外言不入，他敢怎的奴？”第三件，他家还有一个十四岁未出嫁的闺女，诚恐去到他家，三窝两块惹气怎了？孟三姐道：“四舅说哪里话，奴到他家，大是大，小是小，待得孩儿们好，不怕男子汉不欢喜，不怕女儿们不孝顺。休说一个，便是十个也不妨事。”第四件，张四舅说到西门庆行止欠端，专一在外眠花卧柳，里虚外实，欠很多外债，只怕受他坑陷。孟三姐又答道：“他少年人，就外边做些风流勾当，也是常事。奴妇人家，那里管得许多？若说虚实，常言道：世上钱财傥来物，那是长贫久富家？况姻缘事皆前生分定，你老人家到不消这样费心。”见招拆招，她处处将张四舅给顶了回去。

从孟三姐与张四舅的对话来看，孟三姐的长处并不在她有多少钱财，脸蛋多漂亮，身段有多好，而在于她会处理人际关系。她按现实情况来对待身边的人和事，能做到处事得体，是非常不容易的。

孟三姐不仅说得好，也是这样做的。财产是她再嫁问题的核心，她处理得还是蛮公正的。

出嫁动身那天，张四舅要拦住看厢笼里的东西，孟三姐哭着说：“众位听着，你老人家差矣！奴不是歹意谋死了男子汉，今日添羞脸又嫁人。他手里有钱没钱，人所共知。就是积攒了几两银子，都使在这房子上。房子我没带去，都留与小叔。家活等件，分毫不动。就是外边有三四百两银子欠帐，文书合同已都交与你老人家，陆续讨来家中盘缠。再有甚么银两来？”

这就是说，她将最主要的财产——不动产房子和家具留了下来，给小叔子杨宗保，还将外面的几百两银子债权给了张四，你张四还有什么话说的？她只能做到这样。

但张四舅还是不依，孟三姐搬东西过门时，他便阻止。于是发生了杨姑妈与他对骂的事。从开始好说讲理，到后来肆意谩骂，争吵不断升级，写得十分精彩。

杨姑妈开口道：“列位高邻在上，我是他亲姑娘，又不隔从，莫不没我说处？死了的也是侄儿，活着的也是侄儿，十个指头咬着都疼。如今休说他男子汉手里没钱，他就有十万两银子，你只好看他一眼罢了。

他（她）身边又无出，少女嫩妇的，你拦着不教他（她）嫁人做什么？”

这一番话得到了邻居看客的喝彩，认为老人家说得在理。

她又说道：“难道他（她）娘家陪的东西，也留下他（她）的不成？他（她）背地又不曾自与我什么，说我护他（她）也要公道。不瞒列位说，我这侄儿媳妇平日有仁义，老身舍不得他（她），好温克性儿。不然老身也不管着他（她）。”

孟三姐是没有给她多少，但西门庆早已给了她30两官银，还许诺事成后，再给70两银子。当然，孟三姐一个年轻的寡妇要再嫁，也是成理的。这个张四舅也知道，问题就是能不能带走财产。

那张四舅瞅了杨姑妈一眼，说道：“你好公平心儿！凤凰无宝处不落！”

只这一句话道着婆子真病，她登时怒起，紫涨了面皮，指定张四舅大骂道：“张四，你休胡言乱语！我虽不能是杨家正头香主，你这老油嘴，是杨家哪人入出来的？”

其意在我还是杨家人，而你根本不是杨家人，有什么资格插手杨家事，阻止孟三姐成行？

张四道：“我虽是异姓，两个外甥是我姐姐养的。你这老咬虫，女生外向，怎一头放火，又一头放水？”但张四这样影射杨姑妈“一头放火，又一头放水”没证据，完全是猜测。

杨姑妈骂道：“贱没廉耻老狗骨头！他（她）少女嫩妇的，你留他（她）在屋里，有何算计？既不是图色欲，便欲起谋心，将钱肥己。”杨姑妈说得有道理。

张四道：“我不是图钱，只恐杨宗保后来大了，过不得日子。不似你这老杀才，搬着大引着小，黄猫儿黑尾。”张四舅影射杨姑妈依仗西门庆，冠冕堂皇干不正当的事。

杨姑妈道：“张四，你这老花根，老奴才，老粉嘴，你恁骗口张舌的好淡扯，到明日死了时，不使了绳子扛子。”杨姑妈反击他说话不在理，是扯淡。

张四反骂道：“你这嚼舌头老淫妇，挣将钱来焦尾靶，怪不得你无儿无女。”他这是揭杨姑妈的短处，人身攻击。

杨姑妈急了，骂道：“张四，贼老苍根，老猪狗，我无儿无女，强似你家妈妈子穿寺院，养和尚，入道士，你还在睡梦里。”杨姑妈也骂得很恶，很绝，上升到乱骂了。

在这两个人吵架斗嘴的当儿，薛嫂领西门庆家小厮伴当，并来帮忙的一二十个狱警，七手八脚将妇人床帐、妆奁、箱笼，扛的扛，抬的抬，一阵风都搬去了。

经过这样的风波后，结局还是圆满的。西门庆给杨姑妈兑现了 70 两银子、两匹尺头。给送嫂子成亲的小叔子杨宗保答贺了一匹锦缎、一柄玉绦儿。他一顶大轿，四对红纱灯笼，将孟三姐娶了进来，孟三姐的两个丫头兰香、小鸾，小厮琴童都带了过来。西门庆给她取名玉楼，令家中大小都叫三姨，到晚上一连在她房中歇了三夜。正是：销金帐里，依然两个新人；红锦被中，现出两般旧物。

西门庆的妻妾在他死后大都得不到善终，惟有孟玉楼和吴月娘是例外。孟玉楼在清明节与吴月娘野外游玩时，被知县儿子李衙内看上，第三次结婚，两人情投意合。后来，发生过西门庆女婿陈经济以捡到她的发簪来要挟她的事情，公公痛打儿子李衙内，要休了孟玉楼。李衙内不肯，与她一起出走，回老家枣强县去，并生了一个孩子，两人都得以善终。她的人生经历看似偶然，其实是必然。

# 插科打诨　嬉笑怒骂

作客赴宴，有美酒能助兴，有美女越发助兴，如果还有幽默诙谐者从中插科打诨，逗得你开怀大笑，那氛围场景绝对是人生至乐之时。小说中，只要应伯爵与那些歌女一见面，碰到一起，就有好戏看，就少不了乐趣笑声。他们总是冤家对头，斗嘴斗智是常事，不取笑奚落、互损对掐，那反而不正常了。他们在一起打嘴巴仗，为酒席制造各种笑料，几百年来仍然让人捧腹不已。

第三十二回《李桂姐拜娘认女　应伯爵打诨趋时》中，李桂姐、郑爱香、吴银儿等歌女在吴月娘房里闲聊时，谈到张二官儿在祝麻子的介绍下要包养郑爱香的妹妹郑爱月，“妈妈”不干，他们俩个死皮赖脸不走。祝麻子跪在天井里，硬要见郑爱月一面不可。这情形被郑爱香讽刺挖苦了一顿，当作笑料。吴银儿揭了张二官儿的老底说，他曾和董猫儿相好。郑爱香说：“因把董猫儿虎口内烧了两醮，和他丁八着好一向了，这日只散走哩。”这里说的是张二官开始时把董猫儿包占着，好得不得了，在她虎口内烧了两个疤痕，作为定情的见证，可没过多少时分，就闹翻了，现在已有好一段时间了，这会子正乱走重新物色对象呢，便要找她的妹妹，她家里人才不干呢。“丁八”即“不”的拆字，“和他丁八着好一向了”，即和董猫儿分手有好一段时间了。

这种拆字道白与其它方式的隐语结合在一起，成为勾栏里的行话，没有多少外人能理解。就是对于现在的我们，也增添了不少难处。比如，就在这一回，郑爱香说，她到城外上坟时，碰到了周肖儿——李桂姐的“相好”，要她转告到李桂姐家找过她。李桂姐立马给她使眼色，要郑爱香不要说了，并说是来找她姐姐李桂卿的。郑爱香指出，你们俩个打得火热。李桂姐马上撇清道：“好日的刘九儿，把他当个孤老！什么行货子，可不呵碜杀我罢了！”译成现今白话就是“好个爱逼的叫花子，鬼才把他当成男友，什么东西！可不叫我恶心！”说他与她来往，又和别人打得火热，她才不傻呢！真是“硝子石望着南口儿丁口心”。其实，是李桂姐趋炎附势，主动认作西门庆的“干女儿”，高攀上西门庆，正一心想撇下原来的嫖客周肖儿，才这么敷衍过去。

亲朋好友们坐定后，郑爱香等歌女从后边来上席，准备为大家唱歌。应伯爵就挑起战火：“怎的三个零布在那里来？……”译成现在的话就是“怎么三个破烂货在那里上来？”首先将郑爱香等歌女损了一番。她们唱完了后，他又不满，叫道：“左右是这两套狗挝门的，谁待听？”说她们唱的就是几个老掉牙的曲子，像狗吠一样。说后又要她们递酒，郑爱香忍不住反击道：“应花子，你门背后放花子——等不到晚了？”放花子是指放鞭炮，要晚上放才好看，怎么那样猴急呢？应伯爵接话骂道：“怪小淫妇儿，什么晚不晚？你娘那毯！”说着就拿着她的手到席上来，要她递酒，说：“我实话和你说，小淫妇儿，时光有限了，不久青刀马过，递了酒罢，我等不的了。”谢希大便问：“怎么是青刀马？”伯爵道：“寒鸦儿过了，就是青刀马。”这些妓女和嫖客之间的荤话，至今无解，但席上宾客心照不宣，惹得轰场大笑。

李桂姐做了吴月娘的干女儿，不上席一起唱，只在后面给吴月娘等女眷们唱，应伯爵知道了偏不干，问西门庆，西门庆假意不知道。从吴银儿那里打听到情况后，他说：“我对你说罢，她想必和她鸨子计较了，见你大爹做了官，又掌着刑名，一者惧他势要，二者恐进去稀了。假着认干女儿往还，断绝不了这门亲。”真是一语中的！在应伯爵逼迫之下，西门庆让小厮玳安去教李桂姐出来递酒。李桂姐说："真个是你爹叫，我便出去；若是应花子，随问他怎的叫，我一世也不出去。"

李桂姐给乔大户倒酒，应伯爵便说："乔上尊，你请坐，交他侍。丽春院粉头，供唱递酒，是他的职分，休要惯了他。"乔大户说："二老，这位姐儿乃是大官府令翠，在下怎敢起动，使我坐起不安。"应伯爵直白说："你老人家放心，他如今不做婊子了，见大人做了官，情愿认做干女儿了。"那李桂姐便红了脸，说道："汗邪了你，谁恁胡言！"谢希大便要凑份子请客，应伯爵接着讽刺李桂姐说，"还是哥做了官好，自古不怕官，只怕管。这回子连干女儿也有了。到明日洒上些水，看出汁儿来。"西门庆骂道："你这贱狗才，单管这闲事胡说！"伯爵道："胡铁？倒打把好刀哩。"

这回该郑爱香来损应伯爵了。她正在给沈姨夫酌酒，见此便接话说："应二花子，李桂姐便做了干女儿，你到明日与大爹做个干儿子罢，吊过来就是个儿干子。"这话骂得很绝。应伯爵与西门庆本是结拜兄弟关系，这下被郑爱香损为父子关系，更绝的是，将"干儿子"吊过来就是"儿干子"，谐音即"二杆子"——夹生货、蠢材。李桂姐又要郑爱香替她骂应伯爵几句，郑爱香于是以勾栏里的黑话骂他道："不要理这望江南巴山虎儿，汗东山斜纹布！"

有人认为，"望江南巴山虎儿"是藏头隐语，"望巴"即"王八"；"汗东山斜纹布"也是藏头隐语，即"汗邪"，意思是"不要理这王八、汗邪货"。

郑爱香又用黑话笑着骂他："这应二花子，今日鬼酉上车儿——推丑。东瓜花儿——丑的没时了。他原来是个王姑来子。"一是骂他特丑，丑得没有下限；二是骂他是尼姑生子，不知道是谁的儿。伯爵被掐得没办法，只好在男女关系上挤兑她："这小歪刺骨儿，诸人不要，只我将就罢了。"

李桂姐对西门庆说："爹，你还不打与他二下子，你看他恁发讪！"西门庆打了伯爵一下后，伯爵便以此再损李桂姐说："贼小淫妇儿，你说你倚着汉子势儿，我怕你？你看她叫的爹那甜！"

应伯爵的嘻笑谩骂，既给大家带来了欢笑，又戳中了这些妓女们的痛处，因此她们都挺恨他，不想与他往来见面。郑爱月就说，"有应二花子，我不来。我不要见那丑冤家怪物"，"没有他才好。若有那怪攮刀子的，俺每不来"。但西门庆怎么少得了这个酒席上逢场作戏、给大家带来笑料的兄弟呢。因而，凡是西门庆请客，他们碰在一起，就互相戏骂不绝。妓女们骂他怪门神、白脸子、撒根基的货，骂他丑冤家、怪物劳……伯爵便对骂道："我把你这两个女又十撇，鸦胡石，影子布儿、朵朵云儿、了口恶心！"

"女又十撇"是"奴才"的拆字格。"鸦胡石，影子布儿、朵朵云儿、了口恶心！"有人解释为，"鸦胡石"是一种硬玉，隐"硬"；"影子布儿"是要皮影用的布，隐"要"字；"朵朵云儿""了口恶心"无确解。全句的意思大概是"我把你这两个奴才硬要……了。"

这些妓女、嫖客之间的黑话即伶坊中语，反映了当时的社会实际生活，也为我们留下了一份"青楼文化"遗产，在一般小说中很少见到。作为当时的实际语言，直接写进小说中，生动形象。这种嬉笑怒骂、插科打诨的场景生动传神，至今历历在目，如在眼前。小说作者能够做到这点，与其写作艺术观是分不开的。徐渭就说过"大俗"即"大雅"，越是日常生活中的语言，就越能表现人物的思想境界和身份等，人物形象就越丰满，越具有个性，也就越有感染力，放射出炫目的艺术光芒。他在其文集《佚草》卷二的《题评阅北西厢》中说，人物形象塑造得好，"正在方言、调侃语、伶坊中语、拆白道字与俚雅相杂、讪笑、冷语入奥而难解者"。这一总结其实就是其对《金瓶梅》小说人物形象塑造的高度概括，至今对小说创作仍然有指导意义。

# 偷　窥

偷窥是人们的一种常见行为。在乡下，人们将这称之为“听壁脚”，说的是悄悄地附在墙壁边、窗边，偷听、偷看房里边的人说话或干事，通常是一些隐私、阴私或不利于己的事。最典型的就是农村闹完洞房后，一些少年或成人悄悄藏身在新人房边，窃听新婚夫妇私语或亲热，以获得心理上的刺激，完全可以说是恶作剧。

偷窥满足了人们的好奇心，因其不能通过正常途径获得，所以要隐藏进行。偷窥这种社会现象古已有之，虽然运用场合有限，但又有其必然性。

性行为是人们的私密行为，性偷窥便成为文学作品表现人类生活的一个重要内容。文学作品反映、表现人们的性偷窥，能让读者获得极大的满足。文学作品描绘的偷窥使作者刻画的人物形象更加丰满，其人物心理和性格更加充实，还增加了故事情节的复杂曲折性，相应增强了情节的吸引力。这部小说就是如此。

第八回《潘金莲永夜盼西门庆　烧夫灵和尚听淫声》中，王婆根据女子“幼随父母，再嫁由己”的习俗，为西门庆与潘金莲两人出谋献策，要西门庆赶在武松回来之前将潘金莲娶回家，在灵满百日时做道场超度武大，随后一顶轿子将潘迎回家，就万事大吉。可西门庆与潘金莲烈火干柴，哪里等得及？在和尚做道场超度时，西门庆就与潘金莲搅在一起，饮酒交欢，如胶似漆，结果被和尚听了个仔仔细细。

佛教禁淫，但愈禁淫，和尚就愈对此感兴趣，乐不可支。给武大郎超度，在这里只是给左邻右舍、给社会一个交代、宣示。武大郎死了，她潘金莲为他超度后就可改嫁他人了。至于超度本身，和尚不在乎，潘金莲和西门庆更不在乎。从程序上讲，这是一场必需的闹剧，除了给读者以武大更加可悲之感外，就是增加了戏剧的笑料和噱头。

小说作者对于偷窥似乎特别感兴趣，在写李瓶儿勾搭西门庆成奸时，也写下了其丫头迎春偷窥的镜头。

李瓶儿本来对丈夫花子虚醉卧花柳、夜不归宿就十分不满，见到风流潇洒的西门庆对她很有情意，当然乐意上钩。花子虚与堂兄弟打官司争财产西门庆做了不少事，李瓶儿十分感谢。一天晚上，她将花子虚及其狗肉朋友支走，叫西门庆悄悄来相会。她说家里再无一人，两个丫头及冯妈都是其心腹，前后门都关了。这都给西门庆以暗示，心照不宣：她俩偷情没有任何障碍了。于是李瓶儿叫丫头摆案设宴，款待西门庆，两人吃到酒足饭饱，淫心萌动，水到渠成。李瓶儿叫丫鬟撤去酒席，拽上门，两人交欢。作者写道：

> 原来大人家有两层窗寮，外面为窗，里面为寮。妇人打发丫鬟出去，关上里面两扇窗寮，房中掌着灯烛，外边通看不见。这迎春鬟头，今年已十七岁，颇知事体，见他两个今夜偷期，悄悄向窗下，用头上簪子挺签破窗寮上纸，往里窥觑。

偷窥，不用作者来正面写李瓶儿与西门庆两人的交媾情况，而是通过丫鬟看到的来写，更增加了现场感，情节的真实性和故事的吸引力倍增。

再如西门庆与月娘手下佣人宋惠莲到藏春坞雪洞儿内偷情一节。

……掩上双扉，两个上床就寝。……却不防潘金莲打听他两人入港，已是定了，在房中摘去冠儿，轻移莲步，悄悄走来花园内，听他两个私下说甚话。到角门首，推了推，开着，遂潜身徐步而入，也不怕苍苔冰透了凌波，花刺抓伤了裙褶，蹑足隐身，在藏春坞月窗下站听。良久，只见里面灯烛尚明，……只听老婆向西门庆闲说“你家第五的秋胡戏，你娶他来家多少时了？是女招的，是后婚儿来？”西门庆道：“也是回头人儿。”老婆说：“嗔道恁恁久惯老成！原来也是个意中人儿，露水夫妻。”

这金莲不听便罢，听了气的在外两只胳膊都软了，半日移脚不动，说道：“若教这奴才淫妇在里面，把俺每都吃他撑下去了。”待要那时就声张骂起来，又恐怕西门庆性子不好，逞了淫妇的脸。待要含忍了他，恐怕他明日不认。“罢，罢，留下个记儿使他知道，到明日我和他答话。”于是走到角门首，拔下头上一根银簪儿，把门倒销了，懊恨归房，宿歇一宿。

第二天，惠莲来到金莲房里。金莲正临镜梳头。惠莲小意儿，在傍拿抿镜、掇洗手水，殷情侍奉。金莲正眼也不瞧他。惠莲道：“娘的睡鞋裹脚，我卷了收了罢？”金莲道：“由他，你放着，叫丫头进来收。”便叫秋菊：“贼奴才，往那去了？”惠莲道：“秋菊扫地哩，春梅姐在那里梳头哩。”金莲道：“你别要管他，丢着罢，亦发等他每来拾掇。歪蹄泼脚的，没的展污了嫂子的手。你去扶持你爹，爹也得你恁个人儿扶侍他，才可他的心。俺每都是露水夫妻，再醮货儿，只嫂子是正名正顶，轿子娶将来的，是他的正头老婆，秋胡戏。”这老婆听了，正道着昨日晚夕他的真病，于是向前双膝跪下，说道：“娘是小的一个主儿，娘不高抬贵手，小的一时儿存站不的。当初不因娘宽恩，小的也不肯依随爹。就是后边大娘，无过只是个大纲儿。小的还是娘抬举多，莫不敢在娘面前欺心？随娘查访，小的但有一字欺心，到明日不逢好死，一个毛孔儿里生下一个疔疮。”金莲道：“不是这等说，我眼里放不下砂子的人。汉子既要了你，俺每莫不与争？不许你在汉子跟前弄鬼，轻言轻语的。你说你把俺每蹦下去了，你要在中间踢跳。我的姐姐，对你说，把这想心儿且吐了些儿罢！”惠莲道：“娘再访，小的并不敢欺心，到只怕昨日晚夕娘错听了。”金莲道：“傻嫂子，我闲的慌，听你怎的？我对你说了罢，十个老婆买不住一个男子汉的心。你爹虽故家里有这几个老婆，或是外边请人家的粉头，来家通不瞒我一些儿，一五一十就告我说。你问声，你六娘当时和他一个鼻子眼儿里出气，甚么事儿来家不告诉我？你比他差些儿！”说得老婆闭口无言，在房中立了一回，走出来了。刚到仪门夹道内，撞见西门庆，说道：“你好人儿，原来你是个大滑答子货！昨日人对你说的话儿，你就告诉与人，今日教人下落了我恁一顿！我和你说的话儿，只放在你心里，放烂了才好。想起甚么来对人说！干净你这嘴头子就是个走水的槽，有话到明日不告你说了。”西门庆道：“甚么话？我并不知道。”那老婆瞅了一眼，往前边去了。

潘金莲偷听的结果是打击了宋惠莲，同时由于宋惠莲不知道是潘金莲偷听到的，以为是西门庆说与潘金莲的，这让宋惠莲对西门庆大为恼怒，无意中离间了两人的感情。宋惠莲后来自杀身亡有很多原因，这也是其中之一。

小说中写得最好的一出偷窥，是潘金莲偷听到西门庆与李瓶儿交媾时的对话，得知西门庆爱李瓶儿，且她已经有身孕后，所产生的醋意。作者写道：

“不想金莲不曾往后边叫玉楼去，走到花园角门首，想了想，把花儿递与春梅送去，回来悄悄蹑足，走在翡翠轩槅子外潜听。良久，只闻得西门庆气喘吁吁，妇人莺莺声软，都被金莲在外听到了。”

随后，金莲与孟玉楼过来，西门庆说他等着丫头取那茉莉花肥皂来洗脸。金莲先发醋意道：“我不好说的，巴巴寻那肥皂洗脸，怪不的你的脸洗的比人家屁股还白！”那西门庆听了，也不在意。等到三个姨娘都坐定时，潘金莲放着椅儿不坐，只坐豆青磁凉墩儿。孟玉楼叫道：“五姐，你过这椅儿上坐，那凉墩儿只怕冷。”金莲道：“不妨事，我老人家不怕冰了胎，怕甚么？”

她对李瓶儿怀孕一事风凉话十足。西门庆要金莲弹琵琶、玉楼弹月琴，奏曲给他听时，潘金莲非要李瓶儿敲板子参与不可，李瓶儿参与了，她们三人就都拉平了，都是弹唱给西门庆听，否则就是弹唱给西门庆和李瓶儿两人听，这是潘金莲不乐意的。她不愿意李瓶儿居她之上！李瓶儿本来就比大家富有，加之有喜了，西门庆对她格外宠爱。母以子贵，李瓶儿有喜，就造成了她们之间更大的不平等。这成为潘金莲与李瓶儿的矛盾所在，成为潘金莲对她的潜在敌意。大家合声唱《雁过沙》后，潘金莲不住在席上只呷冰水，或吃生果子。玉楼道：“五姐，你今日怎的只吃生冷？”金莲笑道：“我老人家肚里没闲事，怕甚么冷糕么？”羞的李瓶儿在旁，脸上红一块白一块。西门庆瞅了他一眼，说道：“你这小淫妇，单管只胡说白道的。”金莲道：“哥儿，你多说了话。老妈妈睡着吃干腊肉——是恁一丝儿一丝儿的。你管他怎的？”

文学作品写性行为，不专为性行为本身，而通过性行为来反映事态的发展，揭示人际关系、人际矛盾，展示人物心理状态和真情实感，强化人物的性格特征和思想行为，更好地塑造有血有肉的丰满艺术形象。小说作者固然乐于自然主义的性描写，但其主旨是通过性行为来反映女性的心理特点、人际关系矛盾，这是女性社会生活方式的重要方面，任何作家都不能回避，无法回避，不能不涉及到。

# 托　生

小说中的主要人物死后都被安排有一个归宿——永福寺，那是他们共同的葬身之地。作者这样安排大有深意，那就是所有人都逃不脱生死这一规律，不管你生前为善为恶，做官做民，处富处贫，是智是愚，性刚性弱等等，前面总有一个黄土包——坟墓在等着你，在死亡面前人人平等。

但那时的人们还存有另一种佛教信仰——托生，即死后投胎转世，灵魂又附在另一个出生者身上，再过尘世生活。这可以理解为另一种形式的轮回，不是如一般人所说的转变成动物如猪狗牛马之类。

第一百回《韩爱姐湖州寻父　普静师荐拔群冤》中，作者对周秀、西门庆、陈经济、潘金莲、武大郎、李瓶儿、花子虚、来旺妻、春梅、张胜、孙雪娥、西门大姐、周义等人的托生分别做了讲述，其安排是大有讲究的，值得细细品味。

可以看到，一是除武大郎外，这些人都托生到了东京，即当时的首都皇城。二是这些人原来从事什么职业，处于什么阶层，托生后大体上仍从其旧。三是托生后性别不曾改变。例如，西门庆生前豪富，往东京城内，托生富户沈通为次子沈越；李瓶儿生前为蔡太师家侍女，乃花子虚之妻、西门庆之妾，往东京城内，托生到袁指挥家为女；李瓶儿的丈夫花子虚，在东京郑千户家托生为男；统制周秀的亲随张胜杀死陈经济后被周秀处死，往东京大兴卫贫人高家为男；西门庆妾孙雪娥生前就是贫家出身，死后往东京城外贫民姚家为女；西门庆之女、陈经济之妻西门大姐往东京城外，与番役钟贵为女。

“四楼长”曾在网上发贴，做过解释，说他们几乎全部都去京城托生，而且分别为富户、官家、普通人家、贫苦人家、番役，分布于各个社会阶层，东京城内、东京城、东京城外，占据了东京的内、中、外各个区域，主要是给读者以丰富联想，这些曾经生活在小城镇里，演绎了无数说不清道不明的恩恩怨怨的各色人物，在来生里，在皇城里，不知又要演绎出什么样的故事来，是不是还要产生另一部京城版的《金瓶梅》故事呢？或者，干脆就是一部类似于《红楼梦》式的上流社会情色故事？只有武大郎托生到相邻不太远的徐州府的乡下去，可能是因为他与其他人完全不属于同一个生活圈子，根本就是《金瓶梅》故事的局外人。他从没害过人，甚至也从未杀过生，所以要区别对待，另类处理。而他不仅不托生于京城那样的最大都市，反而连小城镇也去不得，去了乡下，也可能发自于这样的同情心：武大郎这样毫无自卫能力的善人，只有在淳朴民风的乡下，才能活得更好，才能和是是非非切割开来。最有趣者，是他托生在了范家，“范”字谐音“饭”字，看来托生后，还是免不了做卖炊饼的生意。

笔者觉得这个问题提得十分有趣。“四楼长”的解释有一定的道理，只是想象的成分似乎居多，理由不甚充足。例如，按佛理的投胎转世说，托生后应与现世的情况相反，如富的转世则贫，为官转世为民，生前作恶，转世为善等，但这里则不然，两者没有必然的相反关系。西门庆生前为豪强富户，死后照样托生在富家沈家。武大生前卖炊饼，死后托生到徐州乡民范家为男，境况也好不了多少。李瓶儿生前是富婆，托生到东京城内袁指挥家为女，也是军队高干的千金小姐，境况与前世不差分毫……

那作者为什么这样处理呢？这是作者的“影射”手法，即“暗指”。

众所周知，作者将西门庆及其妻妾一家人的曲折生活、兴衰际遇安排在清河县。清河县成为西门庆一家的生活舞台。但实际上，有多位学者考证书中的地理、寺庙等得出结论，其实际地点是明代的首都北京，而不是宋代的首都汴京。作者将其人物托生到东京，是还其本来面目。

在各人托生上，作者所费笔墨尽管极少，我们仍能从字里行间发现蛛丝马迹。且看死者周义，他 19 岁，是周秀的家人周忠的儿子。在丈夫周秀出征后，春梅按捺不住淫欲，引诱眉清目秀的周义与其勾搭成奸。周秀殁于王事，战死沙场后，春梅颐养之余，淫情愈盛，常留周义在香阁中终日不出，朝来暮往，淫欲无度，生出骨蒸痨病，虽逐日吃药，体瘦如柴，仍贪淫不已。一个夏天的早晨，她搂着周义在床上，一泄之后，鼻口皆出凉气，淫津流下一洼口，就呜呼哀哉，死在周义身上，亡年 29 岁。周义害怕，盗了些金银细软，带在身边外逃。周家二爷周宣得知，将其父亲周忠锁了，押着抓寻周义，在其姑姑家将其逮住，一条绳索拴将来。家丑不可外扬，否则春梅与周秀的独子金哥以后不可袭职，周家便 40 大棍将周义即时活活打死。周义死后被普静禅师荐拔，托生于东京城外高家为男，名高留住。“高留住”是“哥留住”的谐音。

顺着这样的思路来分析，为国捐躯、战死沙场的统制——军区司令周秀，托生于沈镜为次子，名为沈守善，就可得到解释。“沈镜”应是“慎进”的谐音，即对付金兵要切忌冒进，“沈守善”应是“慎守善”即“谨慎防守才好”的意思。这就是说，周秀托生后的名字是对其生前轻率冒进，招致覆亡的惨祸这一教训进行的总结。如果说有现实意义的话，那就是作者提醒明代朝庭、军政首脑，对付北方强悍的进犯者也应如此。

西门庆托生为东京城内富户沈通家内，为次子沈越，又作何解释呢？笔者认为，“沈通”即“慎通”，应谨慎与女性交往，特别是在性行为上；“沈越”即“慎越”，应谨慎，防止僭越。西门庆因贪欲溺血而死，这是老天对其淫欲无度的报应。窃以为作者对西门庆滥淫行为的严肃批评在当时或有所指，一般认为是对正德皇帝或首辅张居正甚至是胡宗宪的隐晦批评。西门庆有一妻五妾并不满足，还与丫环、侍女，下人的老婆，外面的妓女、歌女，官员的寡妇等宣淫，甚至闹出人命案来，在性行为上没有任何道德准则和限度。正德皇帝有三宫六院，还强行夜宿民女，荒淫无度；张居正有一妻五妾，据说是服用淫药过多而早亡。作者让西门庆托生，叫作沈越，即“慎越”，不正是对正德皇帝、首辅张居正等人同样的行为进行含蓄的批评吗？

第十六回 西门庆谋财娶妇 应伯爵庆喜追欢

# 武松打虎改在了清河

《金瓶梅》小说问世后，当时文人根据情节内容将它当作“水浒外典”来阅读，是《水浒传》的补充和延续。该书最初情节由《水浒传》中武松打虎、潘金莲嫌夫与西门庆偷情而生发开来，慢慢演绎成以西门庆、陈经济为主角，一个多妻妾家庭的聚合、兴盛到衰败、离散的故事，西门庆、潘金莲从《水浒传》里的配角变为主角，内容则由《水浒传》的“英雄气短”，转到《金瓶梅》中的“儿女情长”。主题分道扬镳，而且这种分野的过程也是不自然的，移花接木过渡得不顺溜，有些生搬硬套，特别是故事发生地突然转换，由阳谷县一下突变为清河县。作者将武松打虎故事的发生地转换到清河县去无疑是对《水浒传》的“篡改”，但从全书故事的展开来看，又必须如此，没办法两全，这种强行糅合、改动实在是一种遗憾、一种欠缺。

《水浒传》第二十三回《横海郡柴进留宾　景阳岗武松打虎》，说武松在路上行了几日，来到阳谷县地界。在“三碗不过岗”酒家一连喝了十五碗“出门倒”酒后，天色偏西，他提了哨棒，踉跄蹒跚地走上了景阳岗，在岗上见到一棵大树刮去了树皮，写有劝说客商不要独自过岗的文字，他不以为然，又在山神庙破墙上看到盖有印信的阳谷县令告示，这才相信，但已经没有退路，只能硬着头皮前行了。武松打死老虎，众乡邻称赞不已，先叫报知本县，又点起火把，将老虎抬下岗来。众人问起身世，他回答说：“小人是此间邻郡清河县人氏，姓武，名松，排行第二……”第二天众人让武松披红挂彩，把老虎一起扛到县城里来。知县知悉，派人迎接。大家将老虎抬到衙内甬道上，见过知县，武松将打虎过程禀报给知县，厅上厅下的人都听得惊呆了。知县就厅上赐了几杯酒，赏了他一千贯钱，武松不要，分给了众猎户。知县见他忠厚仁德，有意抬举他，参他为本县步兵都头。武松心想，本要从沧州来清河见哥哥武植，没想到在阳谷县打死老虎，做了县里的都头。自此上官见爱，乡里闻名。

我们且看《金瓶梅》小说第一回《景阳岗武松打虎　潘金莲嫌夫卖风月》，同一件事是这样叙述的：

> 山东阳谷县，有一人姓武，名植，排行大郎，因时遭荒馑，将祖房儿卖了，与兄弟武松分居，搬到清河县居住。武松因酒醉，打伤了童枢密，单身逃往沧州横海郡小旋风柴进庄上躲避。一年以后，疟疾病好，思念哥哥，便来到清河县地方，那时山东界上，有一座景阳岗，山中有一只吊睛白额虎。官司杖限猎户，擒捉此虎。冈子路上，两边都有榜文，叫结队过岗。武松看了呵呵大笑，就在路傍酒店内喝了几碗酒，壮着胆，大扠步走上岗来。于是出现打虎一幕。众乡邻问起壮士武松姓名、身世时，武松说道：“我行不更名，坐不改姓，自我便是阳谷县人氏，姓武名松，排行第二。”到了县衙，武松将县令赏赐的三十两银子散与众猎户后，县令有心抬举他，便道：“虽是阳谷县人氏，与我这清河县只在咫尺。我今日就参你，在我这县里做个巡捕的都头，专一在河东水西擒拿盗贼。你意下如何？”武松跪谢道：“若蒙恩相抬举，小人终身受赐。”知县随即唤押司立了文案，当日便参武松做了巡捕都头。武松心想，正要在阳谷找寻哥哥，不料又在清河县做了都头。

这里我们看到，故事在细节上很有一些变化。比如知县的赏赐从一千贯钱变成了三十两银子；武松的籍贯由清河县变成了阳谷县；武松打虎得官的头衔虽说都是都头，但一个是步兵都头，一个是巡捕都头，按现在来区分，前者是军队编制，后者是公安编制，虽说级别相同，但性质还是不一样的，一个类似武警分队长，一个是县公安局侦缉队长，属于政法部门基层官员。

但最重要的区别是作者将打虎的地点由《水浒传》中的阳谷县改成了清河县，这是非同小可的。要知道，从现实来看，景阳岗是在阳谷县境内，《金瓶梅》小说作者却将景阳岗划到清河县去了，改了行政区划，这是与现实情况不相符的。但小说终归是小说，不可当真追究。作者这么改动，自有他的道理。

笔者认为，作者是要在更广的层面上展开故事，阳谷县是不具备所需要的环境条件的。清河县境内，明代京杭大运河从中经过，这条最主要的水上交通命脉是南北物资、人员、信息、商务流通的大通道。清河县、邻近的临清市，当时官商来往络绎不绝，货船辐辏，相望不尽，十分繁华。只有在清河县，西门庆才能通过经商富起来，才能结交到京中权贵，继而又行贿、资助官员而获得理刑千户职位。事实上，正是在这条水上运输动脉上，西门庆结交了蔡状元、安进士等各路官员，并将家里自然而然变成来往官员聚会的接待办及私人会所；也正是这里经济、商业繁荣，有了政府机关、皇木中转站、官办砖厂等单位，他又结交了薛太监、刘内相等人。而所有这些都是阳谷县所不具备的。所以尽管武松打虎的故事从《水浒传》中过渡而来，地点改在了清河县，我们也能理解《金瓶梅》小说作者的用心及无奈，能更好地欣赏和把握这部旷世奇书了。

# 传家节操同松竹？

王三官是林太太的儿子，丢下灯人儿似的娘子不顾，整天出入于勾栏妓院，与很多女子有染，当然也包括西门庆包养的李桂姐、郑爱月。

第六十八回《郑月儿卖俏透密意　玳安殷勤寻文嫂》中，西门庆与郑爱月在房间私会时，郑爱月说，李桂姐又和王三官儿好上了，王三官儿还和秦玉芝打得火热，没有钱使，拿皮袄当三十两银子给秦玉芝。他又拿他娘的一副金镯子放在李桂姐家，算是一个月的歇钱。

西门庆争风吃醋，咽不下这口恶气，口中骂李桂姐道："这小淫妇儿，我恁吩咐休和这小厮缠，她不听，还对着我赌身发咒，恰好只哄着我。"郑爱月就给西门庆出了个主意，告诉其王三官的守寡母亲林太太如何好风月，如何勾搭上她，继而将王三官娘子弄到手。还叮嘱不要说给任何人听，就是应花子应伯爵也不让知道。"王三官娘林太太，今年不上四十岁，生的好不乔样，描眉画眼，打扮狐狸也似。她儿子镇日在院里，他（她）专在家，只送外卖，假托在姑姑庵儿打斋，但去，就他说媒的文嫂儿家落脚。文嫂单管与她做牵儿，只说好风月。"她道："爹，难得，先刮剌上了他娘，不愁媳妇儿不是你的。"

也难怪，林太太正处于如狼似虎的年龄，需要男人的温存。但王招宣府家底深厚，她不能改嫁，又做不到"古井不波"，只能如此。

一听有这等好事，西门庆心邪意乱，赶紧将文嫂叫来，让她这个游走在官家之间的女人撮合。她从西门大官人那里接受了五两银子的中介费后，开始充当说客。这就是第六十九回《文嫂通情林太太 王三官中诈求奸》的内容。

女人的说话方式都是从身边的小事娓娓谈来。文嫂问起林太太的儿子王三官儿怎么不在。林太太说，他被一伙游手好闲的子弟带坏了，虽是学武，却不走正道，放着如花似玉的娘子不闻不问，成天和他们一起在妓院里醉花眠柳。儿子不成器，家道衰落，成了林太太的心病。这时，文嫂便趁机引出西门庆这个政法部门领导来，说可以请他帮她解决此事。

文嫂拿出苏秦游说六国的本领，从各方面哄抬西门大人的光辉形象，让林太太心中产生羡慕的心思，不胜钦佩。

这位领导可是从商出身，家有多个铺面，黄的是金、白的是银，万贯家财；交通王侯，背有靠山，当今的总理衙门蔡太师是他的干爹，武装部队司令朱太尉是他的保卫，在清河县是数一数二的人物；有一巴掌姨太太，更兼一表人才，英俊潇洒，三十出头，正值壮年，风流倜傥，惯使风月。有权、有钱、有势，还有本钱，会讨女人欢心，这样的男人天底下哪里去找？那个女人不中意？句句话都说到林太太心坎里去了，只愁无缘得以相见。

这时文嫂将早已酝酿好的主意和盘托出来，只说欲到提刑院——相当于现在的政法部门，告这些不良子弟，无奈人不熟，作为妇人又不好抛头露面，就先请西门大人到家里认识一下，也算是口头举报。说得林太太自然应允，一拍即合。

于是，在灯火升起，家家做饭，街上行人稀少的傍晚时分，西门庆遮脸骑马，从偏僻小巷，来到林太太家后院，与她相会。

文嫂引西门庆转到林太太的卧室，关了多道门。双方施礼毕，坐下谈话，聊起不成器的儿子，林太太要他帮忙处置这干游手好闲的子弟，助儿子成才。西门庆一口承诺，林太太深为感激地说："容日妾身致谢大人。”

西门庆道：“你我一家，何出此言？”慢慢谈得入港了。

随后，林太太设宴招待，两人眉目传情，推杯换盏，捏手扼腕。酒过数巡就拥簇着上床，颠鸾倒凤。

完事后，两人再次喝酒才依依话别。林太太为儿子的事，千叮嘱，万叮嘱，送西门大人到角门边。西门庆回去时已经是一天霜气、万籁无声的半夜了。

林太太这么做真的是为其儿子的事操心吗？应该说她是有这份心，但她是借这件事作引子来偷情的。为减少自己的罪孽感，她要找出一个正当理由，那就是为儿子前途计，将“身”求人，换取回报。这样做法虽不妥，但动机纯洁，心理上得到了安慰，她就解除了自我束缚。

我们想一下，她如果光明磊落的话，干嘛和西门庆偷偷摸摸行事呢。看她与这位西门大人相识时开始说的：“几次欲待要往公门诉状，诚恐抛头露面，有失先夫名节。”

一个女人抛头露面，到公门去告状，不至于说是失了先夫名节吧，而与其私会闺房，放肆做爱，反倒不是失了先夫名节？

西门庆从后门进入招宣府林太太家里，在“节义堂”驻足观看，除王家先祖的画像外，还有一幅对联：

传家节操同松竹　报国勋功并斗山

就在这“节义堂”里，主人林太太引来西门庆行男女苟且之事，而厅堂上醒目地悬挂着“传家节操同松竹”，岂不是莫大的反差和讽刺？

# 状元郎与女状元

古代科举考试，一中状元则名利双收，富贵齐至，是莘莘学子的终极追求。多少人寒窗苦读，屡败屡试，就是为了搏取功名。笔者小时所在的偏僻山乡，曾有“五里三进士”美谈，说是宋代在这方圆五里的地方经科举考试产生了三名进士。千百年来，科举考试深入人们的骨髓，成为东方文明的代表之一。

徐渭考取秀才后，曾先后8次参加考试，仍然没有中举人、进士，郁郁不得志，从此绝意功名，按他自己的说法是“与科长别”。随着阅历的增长，他看出了科举的弊端，能考中进士，甚或中上状元，固然要有一定才学，但“侥幸”的成分居多。这在小说所刻画的蔡状元身上得到体现。

这位状元姓蔡名蕴，号一泉，籍贯滁州匡庐人氏，曾三访西门庆。他之所以中状元，全仗着时来运转，用现在网络语言说，是“一不留神居然高中”。

论才学，这个状元本应该是安忱，字凤山的，但是安忱的族兄乃前朝宰相安惇，因此言官上奏，说他是先朝宰相安惇之弟，系党人子孙，不可以魁多士。皇帝没有办法，只好钦点另一个进士蔡蕴为进士第一名，即状元。而蔡蕴之所以被钦点为状元还有一个因素，那就是他姓蔡，与当朝宰相蔡京同姓同宗。你看，这不是命运安排吗？

蔡蕴并不糊涂，中状元之后，立即拜蔡京为义父，做了他的“假子”即干儿子。有了当朝太师做靠山，青云直上自然指日可待。朝廷对新科进士实授点选，安排其任秘书省正字，这是当时安排年轻干部的通例，并没有对他特殊照顾。其实这个官并不大，比校书郎还低，据考证在九品之下，还不及一个知县，也就是不到如今的正处级。但这个官在中央政府、皇上身边，有“通天”之利，地位之高是其它地方官望尘莫及的。何况，年轻进士前程远大呢。为培养年轻干部，朝廷鉴于他们办事经验少，需要得到锻炼，就将他们下派到地方任职。蔡状元选在御史台，点为两淮巡盐御史；另一个进士宋盘，则被点为山东巡按御史，都是握有实权的重要职位，肯定是蔡京给了特殊照顾。一切妥当之后，他们便得到皇上准许，“给假省亲”。

第四十九回《西门庆迎请宋巡按　永福寺饯行遇胡僧》中，蔡状元衣锦还乡，乘坐官船沿运河从东昌府前来，与宋盘结伴而行，路过清河，顺便到西门庆家作客。东平府上上下下、大小官员出城迎接，让西门庆好不脸上争光。俗话说“御史出朝，地动山摇”，巡按御史替天子巡查，几同钦差大臣。两位御史同时来临，轰动了山东全省。他亲自迎出五十里到新河口——地名百家村，邀请蔡蕴御史光临寒舍，同时转请宋御史过门一饭。慌得周守备、荆都监、张团练各领本哨人马把住左右街口伺候，临时警戒，履行保卫之责。经此事后，西门庆的一切所作所为，都无人再敢过问。西门庆与亲家乔大户手中握有旧派淮盐三万引，希望得到御史大人的照顾。蔡御史笑道：“这个甚么打紧！”答应西门庆随到随批，要比别的商人提前一个月掣盐。

蔡御史便是当年的蔡状元，西门庆已经一回生、二回熟了，这次送给每位御史一份厚礼：“一张大桌席，两坛酒，两牵羊，两封金丝花，两匹缎红”，重点在后面呐，还有“一副金台盘，两把银执壶，十个银酒杯，两个银折盂，一双牙箸”。两张桌席连同金银酒器，“装在食盒内，共有二十抬”。更重要的是，宋御史走后，他还安排妓女给蔡状元逍遥陪睡，进行“性贿赂”，蔡状元便与董娇儿有了“一夜情”。

蔡御史初次见到二妓女，“欲进不能，欲退不舍”。先问二妓叫什么名字，又问：“你二人有号没有？”董娇儿道：“小的无名娼妓，那讨号来？”蔡御史道：“你等休要太谦。”问至再三，董娇儿便说：“小的贱号薇仙。”蔡御史一闻薇仙二字，心中甚喜，遂留意在怀，将她留下，而韩金钏则知趣地离开。为何？他心有所触，肯定想起了唐代白居易曾在朝廷担任中书舍人——雅称“紫薇郎”的事，与他做着类似的工作。值班时白居易曾写过“独坐黄昏谁是伴？紫薇花对紫薇郎”的诗句。而眼前的董娇儿居然叫做“薇仙”，不正是“紫薇花对紫薇郎”？

就寝之前，董娇儿请蔡御史给她手里的一把“湘妃竹泥金面扇儿”题诗，扇子上面“水墨画着一种湘兰平溪流水”，蔡状元题的诗却是一首七绝：

> 小院闲庭寂不哗，一池月上浸窗纱。
> 邂逅相逢天未晚，紫薇郎对紫薇花。

他并没有按照扇画的意境来题，而是实写他与董娇儿的交往。

很多学者认为这首诗存在很多问题，平庸陈腐得很。如“小院”与“闲庭”重复，“寂”与“不哗”重复，“邂逅”与“相逢”重复，还不可原谅的是在格律上存在硬伤，这就是“失粘”，犯了不合平仄的忌。

蔡蕴还在翡翠轩写了一首《七律》，赠给主人西门庆，叫书童粘于壁上，以为日后之遗。其诗曰：

不到君家半载余，轩中文物尚依稀。
雨过书童开药圃，风回仙子步花台。
饮将醉处钟何急，诗到成时漏更催。
此去又添新怅望，不知何日是重来。

有学者认为，这也是那种极为平常的即席应景诗，打开宋元明清任何一位诗人的集子都可以找得到，其中第二联“雨过书童开药圃，风回仙子步花台”，风雨何在？药圃何谓？我们读了蔡御史的诗，不免觉得有些不寒而栗。这种意象平庸、陈词滥调的诗句，与其状元身份不相称啊。

清末书评家文龙在《七律》第三句后的夹批中评道：“状元公失粘了。不写出，亦藏拙之一道也。”在《七绝》诗后的夹批中更尖锐指责道：“又失粘了，丢人！不知作者有意为之，抑实不自知也？”

客观地说，蔡状元的《七绝》第二句和末一句还是不错的。而这二句恰恰切合徐渭写诗的风格，一是意象物我合一，二是爱用典故。用“一池月上浸窗纱”，而不用“一轮月上浸窗纱”，前者新奇，包含了太多的意境，月在诗人看到的水中，月光又像水一样通过窗纱浸了进来，而后者则流于一般。我们再看徐渭所作的另一首诗更能反映这一点，如“一篙春水半溪烟，抱月怀中枕斗眠，说与傍人浑不识，英雄回首即神仙”。前二句“一篙春水半溪烟，抱月怀中枕斗眠”就是相同的用法，春水用“一蒿”，烟则用“半溪”来形容，正是他的意象奇绝之处，“抱月怀中枕斗眠”则是物我合一、天地同体的典范。“紫薇郎对紫薇花”作为典故，前已说明。不过，人们不太知道的是，徐渭作为写意派的一代宗师，除了画梅兰竹菊等之外，还画过紫薇花的，他曾在画上题诗“紫薇易开亦易残，紫薇热客有时寒。何如墨史将吟伯，岁岁年年画里看”。

而蔡状元所写的《七律》诗却是毫无文采，纯粹是应景之作。小说作者之所以要这样写，乃客观条件使然。正如清人谈到诗句不合平仄一样，或是有意为之。在这里，要表现蔡状元的平庸，就不能让他在诗歌创作上显示出文采、才气，但也不能让人感到他如一般学子，毕竟他还是中了进士，通过殿试的。对这一形象把握得好，拿捏得准，给读者一个“聪明而没有文才的状元”形象，这才是小说作者的过人之处。

在小说中，作者表现的是男状元的平庸，而徐渭曾创作《女状元辞凰得凤》。剧本中，他将女扮男装去应试的黄春桃塑造得文思如潮、天才俊逸，不能不让人感到这才是首屈一指的状元本色。黄春桃改名为黄崇嘏后，在丞相府应试。丞相周庠出题考她和贾胪、胡颜这三位考生。首先他取司马相如脱鹔鹴裘当酒为卓文君解闷的蜀中美事，要黄崇嘏用“柴、才、债”来填《北江儿水》的词；贾胪则用野老送杜甫樱桃，胡颜则用杜甫准许西邻妇女扑枣分别填词。

周庠先念：“鹔鹴裘带，忙解下鹔鹴裘带，望杏花村里来。提向黄公一掷，除却茅柴。”黄崇嘏续道：“当一壶茜珍珠榨滴才。何事跑穿鞋？要引佳人笑口开，怕蹙损了远山眉黛。亏杀他跟着措大，走遍天涯，还消得领雉头裘付酒家酬债。”

周庠极口称赞，此词由黄崇嘏续得丰神艳逸，神仙中语也。且这二个难韵，尤押得妙。不信场中还有这么个敌手呢，遂录取黄崇嘏为第一名。

黄崇嘏随后被任命为成都府司户参军，一下子处理了三起难案。她的精明强干，又让周丞相另眼相看。于是丞相周庠有心择婿，将其配给自己的女儿凤雏，再考她文才，说是造了蜀中七学士与诸葛武侯的祠堂，已经题了匾额“蜀天双柱”，要黄崇嘏作两副对联。她挥笔立就“文德武功，照映锦江玉垒；鼎分刀布，低回碧草黄鹂”，“作者七人，星聚文中龙虎；兀然千古，云横天半峨嵋”。

周庠又要她作卓文君琴台诗，她立马吟道：“寡鹄芳心不自持，求凰旧事冷多时。琴台一夜山花血，月上峨嵋叫子规。”

喜得周丞相直叫：“贤弟你就是撑着珍珠船一般，颗颗都是宝！”

周丞相还要她代写木兰祠上梁文。她以骈文体裁照样一挥而就：

伏以藐然闺秀，描眉月镜之娇；突尔戎装，挂甲天山之险。替父心坚似铁，秉虎豹姿，羞儿女态；从军胆大如天，换蓂荚叶，历十二年。移孝为忠，出清于浊。双兔傍地，难迷离扑朔之分；八骏惊人，在牝牡骊黄之外。英灵振古，坛庙宜新。黄金铸雪骨冰肌，紫气架云鬟雾鬓。芳魂红帜，定依娘子之军；碧水黄陵，何忝夫人之庙。栋梁伊始，香火长存。

当周丞相让手下官员间接转达他想择其为婿的想法时，黄崇嘏又书写一首诗表明自己是清白女子，不能承应。诗曰：

一辞拾翠锦江涯，贫守蓬茅但赋诗。
自着蓝衫为郡掾，永抛鸾镜画蛾眉。
立身卓尔青松操，守志铿然白璧姿。
相府若容为坦腹，愿天速变做男儿！

周丞相惊悉黄崇嘏是女儿身、身边的“花木兰”后，顿感为难，好在他还有个儿子凤羽，刚应试成新科状元，于是便将这新旧二状元结为连理。蜀王得知此事，也极为高兴，赏了丞相、状元不少礼物，皆大欢喜。

后世文人对徐渭的《四声猿》做了高度评价，认为《女状元辞凰得凤》作为其中之一，写出了水平。笔者认为，能将女子的文才和才干在应试和考察中一步步地表现出来，让大家见识真才子被录取为状元和干练处理政务、人事及写作的过程，是非常不容易的！除非创作者本身也有状元之才，方能写得出这样的剧本。可实际上，徐渭仅是科举考试中的一个秀才而已，能不悲乎？

# 青楼姊妹花

我国小说中写妓女的不少，从《李娃传》到《杜十娘怒沉百宝箱》等。这些都是写单个妓女的故事，不一而足，没有什么大惊小怪的，但如果是写姊妹两个同行，那就不一样了。我们认为这是作者带有强烈的个人色彩而为，与其说是癖好，津津乐道于此，不如说是作者表现出强烈的个人艺术特征，可以将此作为推断小说作者的依据之一。

《金瓶梅》小说写了两对青楼姊妹花，非同寻常。先说丽春院李氏姊妹。

第十一回《潘金莲激打孙雪娥　西门庆梳笼李桂姐》中，西门庆与结拜十兄弟摆酒会茶，席间请众歌女持乐器唱歌助兴，结识了李桂姐，闲谈中聊起家庭情况，李桂姐带出姐姐李桂卿，由此将李桂卿牵出场，摆上台面。说起来，这一家子还是西门庆的拐角亲戚呢，老虔婆李三妈与西门庆的二妾李娇儿是亲姑妈关系。这一群浪荡子弟赶紧到丽春院来，老虔婆中风后还亲自扶杖出门迎接，姊妹俩为他们递酒唱歌。西门庆给了五两一锭的银子，又许了几套织金衣服后，先是在李桂卿房里睡了一宿，次日又使小厮回家拿了五十两银子、四套衣服梳笼了李桂姐。那李娇儿见西门庆梳笼了她侄女，“亲上加亲”，好不高兴，只管选大的银锭拿给她们。

后来，西门庆老是不到李桂姐那里去住宿，李桂姐又与一个南方客商勾搭上了。西门庆无意中发现后，醋意大发，大闹丽春院，大打出手。以后还发生了丽春院因事被官方查处，李桂姐到西门庆家躲藏，求西门庆搭救的事。总之，李桂姐、李桂卿姊妹与西门庆的关系一直伴随西门庆始终，直到他贪欲离世。

西门庆死后，李娇儿盗财归院，就是李三妈叫这对姊妹来做李娇儿的思想工作，“你我院中人，守不得这样贞节……扬州虽好，不是久恋之家。不拘多少时，也少不得离他家门”。这话打动了李娇儿，她谨记在心。西门庆出殡时，她们又对李娇儿说：“不消在他家了。你又没儿女，守甚么？教你一场嚷乱，登开了罢……张二官府还要破五百两银子娶你作二房，你那里图出身。你我院中人家，趋炎附势为强，不可错过了时光。”李娇儿因风吹火，用力不多，借客人吃茶请了孟玉楼而不请她这一桩芝麻小事，大闹大嚷，寻死上吊，最后吴月娘只好放她归院去了。

对于这段故事，小说作者告诉看官（读者）：“院中唱的，以卖俏为活计，将脂粉作生涯。早晨张风流，晚上李浪子。前门进老子，后门接儿子。……不是活时偷食抹嘴，就是死后嚷闹离门，不拘几时，还吃旧锅粥去了。”这评语一针见血。妓女爱财、杂食，那是她们的本性，小说作者是看透了的。被拘住了，那是没有办法，一放开她们就原形毕露，即所谓“蛇入筒中曲性在，鸟出笼外便飞腾”。

如果说小说只写李氏这一对姊妹花，尚可看成偶然。但实际上，该书还写了另一对青楼姊妹花郑爱香、郑爱月，这就不能不让人相信，小说作者是刻意为之。

这姊妹俩出现在第五十八回《怀妒忌金莲打秋菊　乞腊肉磨镜叟诉冤》。西门庆过生日，请刘公公、薛公公、荆都监，两位秀才倪鹏、温必古，任医官等尊贵和要好的人来作客。他老早就对年轻乐工郑奉订定了要他妹妹郑爱月与其他歌女一道来助兴。没想到其他歌女都来了，就是郑爱月没来。原来这一天安排重叠了，郑爱月要去王皇亲家唱歌，害得西门庆要手下节级、排军将她铐了来。郑奉没办法，赶紧和玳安一起回家，要家人权衡轻重，不要得罪了西门庆。郑爱月刚长大成人出道，来了后，面对西门庆的质问一言不发，就走开了。到了月娘那里，面对其它歌女抱怨她来晚了，她也不搭话，只是笑。月娘问这位姐儿是谁家的？董娇儿便说："娘不知道，这是郑爱香的妹子郑爱月儿，才成人，还不到半年光景。"月娘道："可倒好个身段儿！"这就是另一对姊妹花郑家姊妹出场。

之前谈到郑爱月时，乐工李铭说，"这个小粉头子，虽故好个身段儿，光是一味妆饰。唱曲也会，怎生赶的上桂姐的一半儿唱！"这说明郑爱月身材好是公认了的，更穿着时尚，特别爱打扮，衣服、饰物那都引领时尚潮流的，害得潘金莲见了都瞧这瞧那，问这问那。其实，郑爱月不仅亭亭玉立，更是一表人才，美丽而有风韵。作者描述她"腰肢袅娜，犹如杨柳轻盈；花貌娉婷，好似芙蓉艳丽。正是万种风流无处买，千金良夜实难消"。西门庆见她花容月貌，青春年少，便留意上了。

八月初一，家中无事，西门庆便往郑家来，先叫玳安送去三两银子、一套衣服作见面礼，通风报信。那郑家鸨子见此，请西门老爹早日下降。到得家门，爱香儿穿得花枝招摇，出门首迎接。

作者此时描述郑家："门面四间、到底五层的院落，极其宽大，竹篱环绕，清幽安静。明间内供着四幅美人图，对联为'卷帘邀月入，谐琴待云来'。"写得文雅、含蓄，与这清幽的妓院极为相称，意味深长。郑爱月住在上首一明两暗三间正房，称为爱月轩。爱月打扮得如云中仙子，香风缥缈出来，对着西门庆正正当当道了万福。西门庆见她用洒金扇子掩着粉脸，在旁边就坐，越发齐整，不觉心摇目荡，不能自己。吃过茶后，到爱月房里坐，但见房间陈设极其清雅，异香袭人，真乃神仙洞府，人迹不可到者也。爱香、爱月姊妹俩亲自给他包春卷小吃，然后三人抹象牙牌，再上菜来正式宴请。两人一个弹筝，一个弹琵琶，共唱《西厢记》中的歌词“兜的上心来”，继而玩抢红猜枚的游戏。随后，爱香借故出去，爱月便与西门庆独自饮酒谈话。然后一同解衣睡觉，西门庆留恋至三更才回家。

有了这一回开始，西门庆对郑家另眼相看，凡有喜事请客，都叫爱月出场弹唱，又安排她弟弟郑春也当乐工，即入乐籍，相当于进歌舞团，收为国家事业编制。西门庆九月初四铺面开张请客之际，应伯爵不认识郑春，问起这事，知道原委后，取笑西门庆又抬举了“小舅子”，被西门庆狠狠地灌了几大盅酒。

冬天到来，寒气侵人，西门庆想起要去院中郑爱月家去。他骑马踏着那乱琼碎玉，进入勾栏。先是郑妈妈迎接，再是爱香儿相见上茶。然后爱月才出来，打扮得好似罗浮仙子临凡境，神女巫山降世间。西门庆脱下貂裘，与她姊妹俩围炉共坐，闲话吃酒。爱月找他要貂鼠做围脖儿，西门庆满口答应，说昨日伙计从辽东来送了十个，到明儿一总做了，给她娘儿们一人一个。爱香马上争嘴说，“爹只认得月姐，就不送我一个儿？”西门庆道：“你姊妹两个一家一个。”于是爱香、爱月连忙起身道了万福。西门庆告诫说，不要对桂姐、银姐说。从送珍贵的貂皮围脖这件事可以看出，郑家姊妹在西门庆心里的“情分”更重了，被西门庆另眼相待。

以后西门庆但凡置办喜事，都少不了请爱月来弹唱。这种关系一直维持到西门庆贪欲患病身亡。身亡之前，郑爱月送了一盒鸽子汤、一盒果饼酥，坐轿子来看他，劝他要多吃食物，“人无根本，水食为命。终须但用的有柱戗些儿。不然，越发淘渌得身子空虚了”。鸽子炖烂后，爱月跳上炕去，跪在西门庆身边，一口口喂他。西门庆强打着精神，只吃了半盏儿，就摇头吃不下去了。爱月道：“一来也是药，二来还亏我劝爹，却怎的也进了些饮馔儿！”月娘摆茶与爱月吃，又打发她五钱银子回去。临出门，爱月又与西门庆嗑头，说："爹，你耐心儿将息两日儿，我再来看你。"

哪知道，这竟是西门庆与她的永诀，当然也是他与李桂姐、吴银儿等青楼相好女子的永诀。此后，这些与他有染的妓女再也没有在后面章回中出现，她们对西门庆是过眼烟云，西门庆对她们也是过眼烟云。

这就是两对姊妹花与西门庆的交往历程。作者对爱月这个年轻美貌的妓女是下了功夫创作的，对她的美貌以诗歌歌颂。西门庆三次到郑家，作者在小说中分别留下了三首诗，给读者印象深刻。

其一：带雨龙烟匝树奇，妖娆身势似难支。
水推西子无双色，春点河阳第一枝。
浓艳正宜吟郑子，功夫何用写王维。
含情故把芳心束，留住东风不放归。

其二：芳姿丽质更妖娆，秋水精神瑞雪标。
凤目半弯藏琥珀，朱唇一颗点樱桃。
露来玉笋纤纤细，行步金莲步步娇。
白玉生香花解语，千金良夜实难消。

其三：有美人兮迥出群，轻风斜拂石榴裙。
花开金谷春三月，月转花阴夜十分。
玉雪精神联仲琰，琼林才貌过文君。
少年情思应须慕，莫使无心托白云。

（末首是借托王三官儿在《爱月美人图》上题的诗）

其次是对爱月的聪明才智进行了艺术塑造。这体现在她与应伯爵对答如流的辩才斗智上。如果说，前面回目中爱月出现主要是写她的美貌和行为举止的话，那她的聪慧才智则主要体现在第六十八回《郑月儿卖俏透密意　玳安殷勤寻文嫂》中。西门庆为黄四办成了救人大事后，黄四要送礼，西门庆只接受了一半——猪、酒，其它的如烧鸡、烧鹅、果子都退了回去。他要黄四重谢主办人——有商业来往的官僚钱龙野，毕竟他西门庆只是中间人。黄四按他的指示送了两匹纻丝、两匹京缎，外加50两银子。黄四心里过不去，决定请客答谢西门庆。应伯爵就将请客地点定在爱月家里，定在这里是因为这里环境好，又是西门庆的至爱粉头所在，投其所好。

在爱月家里，应伯爵为争嘴，与爱月打嘴巴官司，于是出现了插科打诨的场面。先是郑春拿上茶来，姐姐爱香儿拿了一盏递与应伯爵，爱月儿则递与西门庆。这是适宜的，姊妹俩分别对等接待。但应伯爵却去接爱月递与西门庆的茶，谎称接错了，说："我错接，只说你递与我来。"爱月儿鄙视道："我递与你？——没修这样福来！"伯爵马上回击道："你看这小淫妇儿，原来只认的他家汉子，倒把客人不着在意哩。"爱月儿笑道："今日轮不着你做客人，还有客人来。"

另一妓女吴银儿就住在隔壁，知道西门庆在爱月家，便使小丫头腊梅送茶与西门庆，爱月赶紧要郑春去叫吴银儿过来，一起陪西门庆宴席，说"她若不来，你就说我到明日不和她做伙计了。"这应伯爵听了马上接话，数落她说："我倒好笑，你两个原来是贩毯的伙计！"同席温秀才圆场，说这是很自然的，同声相应，同气相求，做伙计亦是理之当然。那爱月儿立即反击道："应花子，你与郑春他们多是伙计，当差供唱都在一处。"应伯爵是西门庆的结拜弟兄，怎么能与伺奉他们的乐工郑春同列？这大大损伤了应伯爵的自尊心，他骂道："傻孩子，我是老王八！那咱和你妈相交，你还在肚子里！"

席间，西门庆要应伯爵给几个歌女敬酒，应伯爵应承下来，却说了一段极为色情的话，还要每个歌女都吃一钟，那爱香说她今日忌酒。爱月儿则提出极为苛刻的条件："你跪着月姨，教我打个嘴巴儿，我才吃。"伯爵不理她，便问吴银儿："银姐，你怎的说？"吴银儿道："二爹，我今日心里不自在，吃半盏儿罢。"三个人都不买他的账，让他难堪。爱月儿道："花子，你不跪，我一百年也不吃。"黄四劝他道："二叔，你不跪，显的不是趣人。也罢，跪着不打罢。"给他下台阶，爱月儿不依不挠，说："不，他只教我打两个嘴巴儿，我方吃这钟酒儿。"伯爵道："温老先儿在这里看着，怪小淫妇儿，只顾赶尽杀绝。"奈何不过，他真个直撅儿跪在地下。那爱月儿轻揎彩袖，款露春纤，骂道："贼花子，再可敢无礼伤犯月姨了？'再不敢'——高声儿答应。你不答应，我也不吃。"那伯爵无法可处，只得应声道："再不敢伤犯月姨了。"这爱月儿连打了他两个嘴巴，方才吃下那钟酒。伯爵起来道："好个没仁义的小淫妇儿，你也剩一口儿我吃。把一钟酒都吃的净净儿的。"爱月儿道："你跪下，等我赏你一钟吃。"于是满满斟上一杯，笑望伯爵口里只一灌，把伯爵的新衣服都泼湿了。

西门庆出来净手后，爱月拉着他的手单独到她房间说悄悄话，正说得入港时，应伯爵猛然撞进来。爱月儿道："唠，好个不得人意怪讪脸花子！猛可走来，唬了人恁一跳！"西门庆骂他："怪狗才，前边去罢。丢的葵轩和银姐在那里，都往后头来了。"这伯爵不管三七二十一，一屁股坐在床上，对爱月说："你拿胳膊来，我且咬口儿，我才去。你两个在这里尽着合捣！"于是不由分说，勒出她那赛鹅脂雪白的手腕儿来，硬是咬了她一口才走。

应伯爵走后，郑爱月便闲聊起寡妇林太太的偷情癖好，说王三官娘林太太，今年不上四十岁，生的好不乔样，描眉画眼，打扮狐狸也似，专送外卖，假托在姑姑庵儿打斋，让文嫂儿与他做牵儿。她要西门庆先勾引上林太太，再对她儿媳妇下手，说王三官娘子儿今才十九岁，是东京六黄太尉侄女儿，身份高，又上画般标致。三官常不在家，她如同守寡一般，好不气生气死，上了两三遭吊。“爹，难得，先刮剌上了他娘，不愁媳妇儿不是你的。”她怂恿说。

西门庆听了，合着他的板眼，越发欢喜她，说：“我儿，你既贴恋我心，我每日送三十两银子与你妈盘缠，也不消接人了。我遇闲就来。”爱月儿道：“爹，你若有我心时，甚么三十两二十两，两日间掠几两银子与妈，我自恁懒待留人，只是伺候爹罢了。”西门庆道：“甚么话！我决然送三十两银子来。”说毕，两个上床交欢。完后净了手，同携手来到席上。

在第七十七回《西门庆踏雪访爱月　贲四嫂倚牖盼佳期》中，西门庆雪夜会爱月，到了鸨子家里，和姊妹俩吃过酒菜，玩过象牙牌，听两个唱过歌，再抢红顽笑，忽然他看见郑爱月儿房中床旁侧锦屏风上，挂着一轴《爱月美人图》，题诗一首，诗下书“三泉主人醉笔”。西门庆看了，便知是王三官儿，三泉主人是王三官的号。慌得爱月连忙遮说道：“这还是他旧时写下的。他如今不号三泉了，号小轩了。他告人说，学爹说：‘我号四泉，他怎的号三泉？’他恐怕爹恼，因此改了号小轩。”一面走向前，取笔过来，把那“三”字就涂抹了。由此可知，爱月不仅对林太太一家的背景与家庭关系及各人喜好等了如指掌，与王三官儿也有过性交易，是王三官儿喜爱的雏妓。故王三官儿为她写这首诗，放在她房间里。

爱月将题名这么一改，说明西门庆在她心中占了上风，故而西门庆满心欢喜。

这样的青楼女子年轻貌美，又有性经验，又会投人所好，工于心计，怎能不让西门庆留连忘返，不舍得在她身上丢钱？

# “大俗即大雅”
## ——徐渭的文学观

俗与雅是对事物的看法，但二者也能相互转化，过俗则变成雅，过雅则变成俗，俗的极致即是雅，雅的极致又转为俗。事物到极致就转向它的反面。“大俗即大雅”，徐渭就持这种创作观点。

譬如有人说，《红楼梦》中的人物王熙凤是俗到极点的女人，很多人都不觉得她俗，反而觉得这女人有魅力，也是俗到极点即是雅的道理。

“俗”有两种：一为“恶俗”，是一种充满世俗气息的俗，追求地位、虚荣，让闪闪发光的珠宝堆满全身，让金钱的味道占领灵魂，这便为“恶俗”。另一种是“善俗”，不刻意追求所谓的高雅，也不刻意避免被人视作“世俗”，只是顺其自然、心融于天，率性而为却不放纵，心法自然而不做作。这样的人、这样的行为十分普通，普通到看起来到俗的地步，但又因其自然和谐而十分特殊，以致有雅的味道，是为“大俗”，即“大雅”。

俗与雅是一个哲学命题，这两样东西不一样，本质不同，但量变可以到质变，在形态上可以互相转换。徐渭第一个从文学角度明确地表明这一哲学观点，并且身体力行。

徐渭写过四出杂剧，合称《四声猿》，另有《歌代啸》也是其所作。这些戏剧才气逼人，非常人能企及。徐渭对戏剧研究很深，我们通过其对前代戏剧的评价可以看出他的文学观。除了人们熟知的“文发乎情”外（同时代还有稍后的屠隆等文学家持这一观点，非独徐渭），他的“大俗即大雅”的观点人们就不是很了解、在意了。其实，这一观点由他发轫，非常重要，是我们解开《金瓶梅》小说作者的密钥之一。

他对梅叔所著的《昆仑奴》杂剧极为欣赏，评价很高，有 6 次论述，认为该剧已到“鹊杆尖头，直是弄把喜戏一好汉”，殊为难得，在词家上可占一席之地。其优点是“引用成句，白中集古句，俱切当，可谓拿风抢雨手段”。但缺点一是散白太整，未免秀才家文字语，及引入传中语，都觉得未入家常自然。因此，散白与整白都宜俗宜真。散白忌文字、文句及扭捏使句整齐，以为脱旧法，此因小失大也，令人不知痛痒，如麻痹然。散白“尤要天然”。二是本色不足，以小做作媚人，不知误入野狐，作娇冶也。三是他对此剧提了一个写作建议：唐代宰相牛僧孺写有《张老传》，仙人张老有一奴仆叫昆仑奴。梅叔在这杂剧中记述昆仑奴成仙了，可以牛僧孺写的昆仑奴为证据，说昆仑奴过去已成仙，现在谪此，就更好。虽然都是说谎，但妙在都有来历。这里，我们看整个《金瓶梅》小说，就是以《水浒传》中西门庆与潘金莲偷情一节演绎而来，是不是与徐渭的上述建议有异曲同工之妙？

在对《昆仑奴》的评价中，他很鲜明地提出了“大俗即大雅”的戏剧语言观。“语入要紧处，不可着一毫脂粉，越俗越家常，越警醒，此才是好水准。不杂一毫糠衣，真本色”，“凡语入紧要处，略着文采，自谓动人，不知减却多少悲欢，此是本色不足者乃有此病。乃如梅叔造诣，不宜随众趋逐也。点铁成金者，越俗越雅，越淡薄越滋味，越不扭捏，越自动人”。

明代的《水浒传》和《金瓶梅》，毁之者说，前者诲盗，后者诲淫。前者流行世上无碍，后者打入冷宫数百年，禁诸高阁。为什么？因为《金瓶梅》中有太多情色文字，有太多的性行为描写，易毒害青少年，有伤社会风化。这部作品由其时代的社会土壤所“孕育”，那就是淫风日炽，不以为耻。当然也有作家个人的思想观点“指导”，只有特立独行，坚持自己独特文学观的作家才写得出这样惊世骇俗的作品。

坚持“大俗即大雅”的文学创作观，作者才能将眼光转向市井闺阁之中，将方言土语纳入文学语言之中，将民间粗俗的嬉笑怒骂视为精粹，将人的性行为作为揭示人性的手段，毫不避讳。

生前不能留名，死后遭到痛骂，这需要作者具备非凡的勇气，顶住世俗的压力，坚持自己的观点，百折不挠才行。多少年后，这部作品终于守到了云开日出之时。拨云见日，吹糠现米，淘沙见金，如今人们终于发现了这颗被尘封数百年的明珠的价值。这部演绎明代社会生活的情色肥皂剧“云霞满纸”“无限烟云”，被誉为明代的百科全书。在我们民族历史上，最早还原出一个时代的社会日常生活图景，在画作上是《清明上河图》，在小说上就是这部《金瓶梅》了。

# 理解质疑篇

# 咋理解“三寸丁谷树皮”?

第一回《景阳冈武松打虎　潘金莲嫌夫卖风月》中，小说作者介绍武大郎说，人见他为人懦弱，模样猥琐，起了个浑名，叫做“三寸丁谷树皮”。俗语言其身上粗糙，头脸狭窄故也。这话在武松现身于潘金莲跟前时，又出现过一次：

（她）心里寻思道：“一母所生的兄弟，又这般长大，人物健壮，奴若嫁得这个，胡乱也罢了。你看我家那个身不满尺的丁树，三分似人，七分似鬼。奴那世里遭瘟，直到如今？据看武松又好气力，何不交他搬来我家住？谁想这段姻缘却在这里。”

一般理解，“三寸丁谷树皮”就是给武大郎起的绰号，形容身材矮小，皮肤粗糙。由人民文学出版社出版、陶慕宁校注的《金瓶梅词话》也是这样解释的。

依这种理解，其断句就是“三寸丁、谷树皮”，很多人也是这么认为。他们的理由是“三寸”谓之矮小，“丁”是过去对男性的称呼。“谷树皮”中的“谷”是古代的“穀”，穀树一个重要的特征就是其表皮经常是斑白、皱褶的，以此来比喻武大皮肤皱巴巴的，如白癜风病一般。也有人说，穀树皮黑而粗糙，故以“穀树皮”言其面目丑陋。清代程穆衡著《水浒传注略》这样解释：“《隋书》男女十七岁以下为中，十八岁以上为丁。云三寸丁者，甚言其短小也。”《本草图经》：“穀树有二种，一种皮有斑花纹，谓之斑穀。云穀树皮者，甚言其皮色斑麻粗恶也。”

不过，还有学者持有另一种解释，认为应该这样断句：“三寸、丁谷、树皮。”钱文忠教授曾撰写《“三寸丁谷树皮”臆解》，其中说道：“新疆东部天山南麓吐鲁番吐峪沟有丁谷寺，汉语‘丁谷’与和阗文‘ttiyka’极有可能来自吐火罗语A‘trun · k’或吐火罗语B‘tron · k’，这二个词之原始型当系trunqos，语义正是‘洞、窟’（cave，grotto），当可视同于拉丁语之truncus或antrum。”由此他得出一个新解，那就是将武大郎喻为洞窟中之树，为阳光雨露所沐浴不到，不得发舒，无由参天，只及“三寸”，意即短矮丑陋，复无识见。

孰是孰非，如何理解呢？

若是形容武大郎身材矮小，皮肤粗糙，只需要用“三寸”“树皮”就行了，没有必要拖泥带水，“三寸”后加“丁”字，“树皮”前加“谷”字。一般人这么理解不能说错，但无疑是不全面的。按钱文忠教授的断句“三寸、丁谷、树皮”，这是三个并列的词组，意思各不相同，都意在形容武大郎身材方面的缺陷。但将“丁谷”按吐火罗语理解成“洞窟”，则不是汉语的语句形式，让人费解。

丁谷寺，根据法国收藏的敦煌唐写本《西州图经》记载：“丁谷窟有寺一所，并有禅院一所。右在柳中县（今鄯善县鲁克沁）界，至北山廿五里丁谷中，西去州（高昌古城）廿里。”当地维吾尔族乡民称作Toyuq，亦即吐鲁番著名佛教石窟——吐峪沟千佛洞所在地，也即《西州图经》中所谓的“丁谷窟”，唐代时高昌国在此“俗事天神，兼信佛教”的宗教礼拜场所。丁谷寺在唐代所建，后来毁于地震，它是因地取名，源于“北山廿五里丁谷中”，说得清清楚楚，是汉语名称，或是当地和阗语的汉语翻译。由于这个地方处于古代中西方文化交流的节点，该和阗语又被吐火罗语翻译过去，与其“洞窟”一词相近或相同，便衍生了“洞窟”的含义，加之那里也确实将佛像雕刻在洞窟里，于是将“丁谷”与“洞窟”联系在一起便很自然了。但“丁谷”肯定不是洞窟的意思。在这句话中，若将其引申为地理环境恶劣，土壤干燥、尘土飞扬，隐喻为皮肤邋遢、龟裂，还勉强说得过去。

笔者认为这里的“丁谷”就是“丁点”的意思，是块头小、体量小的形象表达。为何这样说呢？谷，即五谷：稻、黍、稷、麦、菽，这些粮食都由一粒一粒聚合而成，每一粒都很小，看起来就是一个点，它们在表达小的意义上是相通的。“丁”有小的意思，这已不必说了。说不定“丁点”这个词由“丁谷”进化而来也未可知。笔者更认为“丁谷”表达为量小可能是方言，我们老家谓量少时也说“一谷壳子”，即只能装满一个稻壳，也就是半个米粒的量。总之比喻体量特别小，用“丁谷”也是蛮形象的。如果这么解释，那就很完满了，“三寸”谓之矮，“丁谷”谓之小，“树皮”谓之粗糙，合起来就是“又矮又小又粗糙”。

# “鬏髻上着绿，阳腊灌脑袋”

第二回《西门庆帘下遇金莲　王婆子贪贿说风情》中，王婆正式出场，是武大郎家的邻居，住在隔壁，开着茶馆。不打不相识，西门庆自从被潘金莲无意中用竹竿打了头后，对其一见倾心，念念不忘，来到王婆茶坊打听情况，想法子如何接近潘金莲下手。作者介绍王婆道：“原来这开茶坊的王婆子，也不是守本分的。便是积年通殷勤，做媒婆，做卖婆，做牙婆，又会收小的，也会抱腰，又善放刁。还有一件不可说：鬏髻上着绿，阳腊灌脑袋。端的看不出这婆子的本事来！”

该书问世到现在四百多年了，这句话可是难倒了古往今来的读者，至今无解。知道作者说的大致意思，但准确的含义莫知所以。

其后，作者单独用了一段排比句来夸大、强化“王婆的本事”：

开言欺陆贾，出口胜随何。只凭说六国唇枪，全仗话三齐舌剑。只鸾孤凤，霎时间交仗成双；寡妇鳏男，一席话搬唆摆对。解使三重门内女，遮么九级殿中仙。玉皇殿上侍香金童，把臂拖来；王母宫中传言玉女，拦腰抱住。略施奸计，使阿罗汉抱住比丘尼；才用机关，交李天王搂定鬼子母。甜言说诱，男如封涉也生心；软语调和，女似麻姑须乱性。藏头露尾，撺掇淑女害相思；送暖偷寒，调弄嫦娥偷汉子。

王婆能言善辩，口头上的功夫了不得，外交手段胜过陆贾、苏秦，胜过千军万马。能够将地下出不得门的丑妇说成天上美丽的仙女；能够将孤男寡女、单鸾只凤一席话、一时间调配成双。要手段，可挑拨和尚与尼姑犯戒成奸；设计谋，能鼓动李天王与佛度母相亲相爱。总之，凭三寸不烂之舌，甜言蜜语，可说动坚如磐石的封涉（陟）顿生春心，能促使古井不波的麻姑赴约乱性。欲说又止，惹得淑女害相思；传情送意，管教嫦娥缠凡夫。

因此，我们可以肯定“鬏髻上着绿，阳腊灌脑袋”说的是这方面内容，即并非正当说媒，而是作牵头，当马泊六，撮合非夫妻关系的男女勾搭成奸，充当不法婚姻中介从中牟利。而且从“还有一件不可说”这方面来理解，“不可说”意味着与社会上主流价值观相左，得不到社会的正面认同，不能作为正能量传播。其勾当不能在光天化日之下进行，只能在秘室暗中运作。总之，这句话解释为撮合男女偷情的可能性很大。

那这句话具体的意义是什么？

有人说，这是作牵头者的两个动作：前一个是勾引有夫之妇，后一个是勾引有妇之夫。

还有人说，可理解为均指王婆拉纤撮奸的高超手段：让妇女着招，红杏出墙。“着绿”，即叫她男人戴绿帽子；“阳腊灌脑袋”则是忽悠得她头脑不清，自愿地与奸夫上床成奸。

还有人说，此处应为一个歇后语，“阳腊灌脑袋——下流”，是说王婆就会使下流、下三烂的手段。还有人说，这可能类似于灌迷魂汤，就是要把别人灌晕了，以达到骗人的目的。也有人说，阳腊灌脑袋，滑头也，合起来是滴溜圆滑也。

有人说，“鬏髻上着绿”是指王婆的手段能说得女人心动，丧失身份，不守贞洁，红杏出墙。着绿与戴绿头巾相同。“阳腊”即“阳臘”，指醍醐。“灌脑袋”源自佛教术语“灌顶”。“阳腊灌脑袋”即为“醍醐灌顶”的意思，指如同醍醐灌顶与佛法结缘一般，使之与他人结缘，也是指王婆的手段。

更有人说，阳腊应该是男人使用的发蜡，灌脑袋就是涂抹。涂着发蜡的爷们儿勾搭女性时更易上手。

对此，网上观点参差不齐，不一而足。

笔者分析，鬏髻是明代已婚妇女必戴的绾发工具，用发丝或金、银丝编结而成，可以叫网帽、网兜、发网等，把头发包罩起来。作为女性用具，表示其已成婚，身有所属，不应再找情人，发生不正当的性行为。“着绿”，迄今无解。有的说是女性鬏髻上的饰物，“着”是指佩戴；“绿”是指绿色的头饰，即是使其夫背负戴绿帽子的名声。这不对，因为是在女性用具上装饰绿色。“鬏髻上着绿”虽然无解，但形象比喻为引诱已婚女性不守妇道，促成其偷鸡摸狗，偷人养汉，这一点是无疑的。

“阳腊灌脑袋”，这句话中“阳腊”是何物，迄今不知。词话本中有“阳腊灌脑袋”，而绣像本没有，说明对词话本进行删改者同样没看懂这句话的意思。

有人研究《大般涅槃经》《本草纲目》，将阳腊推测为酥油油膏，即醍醐的俗称。按佛教中将牛羊乳精炼的过程分为五个阶段，称为五味：乳味、酪味、生酥味、熟酥味、醍醐味。醍醐被认为是牛乳精炼中最美味的。除浓厚味道之外，还具有甘甜味道。据说此制法已经失传。

《本草纲目》引寇宗奭语曰：“酪上一重凝者为酥，酥上如油者为醍醐，甚甘美。”梵书以醍醐喻佛性。从乳出酪，从酪出酥，从生酥出熟酥，从熟酥出醍醐也。

按这种思路，笔者认为阳腊可能是以牛羊等乳汁为配料，经发酵而酿成的一种酒精饮料，是一种地方特产，饮之味道甘美，又能使人沉醉上瘾，头脑发昏，丧失正常思维，挣脱平时的精神枷锁，做出蠢事来。至今江浙一带还有将酒称作“醍浆”的。那么“阳腊灌脑袋”，就是以美酒灌昏脑袋，比喻王婆的口舌之利，用甜言蜜语教唆男女，让他们头脑发昏，为他们私会牵线搭桥，助他们干出越界出轨的事来。后回她使出“十件挨光计”，撮合潘金莲与西门庆勾搭成奸，就是其计谋运用成功的印证。“阳腊”相当于“迷魂汤”，“阳腊灌脑袋”即“灌迷魂汤”之意。

# “便得一片橘皮吃，切莫忘了洞庭湖”

西门庆与潘金莲是“不打不相识”。第三回《王婆定十件挨光计　西门庆茶楼戏金莲》中，潘金莲帘下失手用竹竿打着了西门庆后，西门庆便失魂落魄，被她迷住了心窍，一心一意想勾引上她，整天心神恍惚，坐在邻居王婆小茶馆里，王婆一眼就识破了他的心思。

西门庆央求王婆将潘金莲请出来会面“作成则个”，并许下十两银子。王婆便说，风流男子要有五个先决条件“潘、驴、邓、小、闲”，即潘安的相貌、驴大的本钱、邓安的钱财、能在女人面前低三下四厚脸皮做小、无所事事。西门庆说这些条件他基本具备。王婆又交待男子在男女交往过程中应主动出击的十个步骤，叫“挨光计”，也就是偷情计。如果有一步没有走好，被女子拒绝，那事情就砸锅了。西门庆见王婆精于此道，心花怒放，赞叹为绝妙好计。王婆惦记着西门庆许下的诺言——十两银子谢她，要他不要忘了，西门庆即以一句俗语作答，“便得一片橘皮吃，切莫忘了洞庭湖”，表示绝不食言。

人民文学出版社2008年出版的陶慕宁校注版《金瓶梅词话》对此的解释是，“即使只得了人家一点好处，也必要报答”。洞庭湖，此处指太湖。陆蓉《菽园杂记》卷十三：“苏之洞庭山，人以种橘为业。”

第四回《淫妇背武大偷奸　郓哥不愤闹茶肆》中，王婆将潘金莲与西门庆撮合交欢后，潘金莲回家去了，剩下他们两人。王婆又提醒西门庆所许十两银子，休要忘了。这时西门庆说：“干娘这般费心，我到家便取锭银子送来。所许之物，岂肯昧心？”王婆说：“眼望旌节至，耳听好消息。不要交老身棺材出了，讨挽歌郎钱。”西门庆再一次说：“但得一片橘皮吃，切莫忘了洞庭湖。”

西门庆与潘金莲偷情，他认为是人生最大的乐事、最美妙的享受。他们两个完事后，王婆问他：“这雌儿风月如何？”他答道：“这色系子女不可言。”即绝好，妙不可言。在西门庆看来，能将潘金莲勾引到手是他一生最大的成就，所以才一而再、再而三地表示要履行承诺，感恩王婆，将这句俗语事先事后都说了一遍。

这句俗语如同我们现在所说的“吃水不忘挖井人”一样，但笔者觉得“便得一片橘皮吃，切莫忘了洞庭湖”要表达得更确切。

为何得到一片橘皮吃，就莫要忘了洞庭湖？那是因为洞庭山上种的柑橘最甜，口味最好。“黄山归来不看岳”，尝过洞庭山柑橘就不用再吃其它的柑橘了，天下柑橘都没有比这更好的味道。

笔者曾经去荆门采访过漳河水库，随漳河水库国家湿地公园管理局干部一起登上快艇，在水库水面上航行。那里山环水绕，千回百转，风景优美。过去众多的丘陵被水淹后，有的还露出峰峦，形成岛屿。岛屿上森林植被茂密，有的还种上了柑橘树。当地干部介绍，这些岛屿上产的柑橘由于有库水提供水分，气候湿润，果实糖分特别高，吃起来像冰糖橘一样，与其它地方产的柑橘就是不一样，市场上卖价也高些。联系到这一俗语：“但得一片橘皮吃，切莫忘了洞庭湖”，顿时恍然大悟——靠湖近水所产的柑橘糖分高，是最好吃的柑橘。

因此，陶慕宁对此解释为“即使得了人家一点好处，也必要报答”不是十分准确。正确的理解应是“我尝到了天下最好的美味，一定要报答提供给我这美味的人”。对于西门庆来说，那就是“尝到了天下最好的美色，一定会感谢牵线搭桥的人！”

果然，西门庆也非常讲“诚信”，次日就来到茶馆，从袖中取出一锭十两雪花银子给王婆，王婆欢天喜地地收了。他不能失信，要和潘金莲续结孽缘，还得靠王婆继续充当牵头，提供场所欢娱啊。

# 和光混俗

“和光混俗”亦谓“混俗和光”，“混俗”指与社会风尚、习俗，社会思潮、理想、追求等相融洽，而不作对、敌对；“和光”，意义与“混俗”相同，指不锋芒毕露，和谐相处。在道家看来，“混俗”亦指混迹于世间人群中，使人不识也；“和光”，即与人们生活一起，而不染尘埃，内心光明彻照，不失本性。这一成语是指仁人志士或修道者采取的一种为人处世方式，特指特立独行者、狂放不羁者碰壁后，向社会屈服，收敛锋芒，与世同流合污、苟且偷生的人生态度。

网上对这一成语进行了解释，指不求特异，与世无争。明代凌濛初《二刻拍案惊奇》卷四十：“典册高文，不晓是翰墨林中大手；淫词艳曲，多认作繁华队里当家。只得混俗和光，偷闲寄傲。见作开封监税，权为吏隐金门。”明代无名氏《李云卿》第一折中有：“贫道混俗和光，常于闹市之中，口发狂言，串拖二八金钱，每与孩童嬉戏游玩。”

按，凌濛初系明代中晚期人，是有名的出版家，编辑有《初刻拍案惊奇》《二刻拍案惊奇》等，至今其书为人们所喜爱。他科举不第，一生主要以文为业，曾以文为人所赏识，做过不大的官，后在抵抗李自成起义军的守城战斗中身亡，生于1580年，卒于1644年，乃明朝灭亡、清朝建立之时。徐渭死时，凌濛初才13岁，他们二人是同时代人，在世时却没有交集，但后者肯定读过前者的作品，借用徐渭“和光混俗”的说法用之于自己的作品中，以后变成成语。

徐渭在《上萧宪副书》首语道："渭，小人也，材樗质秽，上之不能务学修躬以宣懿德，次之不能掇藻搜奇以显声通艺，外之不能混俗和光以取容家人，三者无一焉，迨于今日，仰怍于天，俯愧于地。"这是一篇"投名状"，作于青年之时，以文干谒，求提学副使萧鸣凤录取他为秀才。他先贬损自己，大意是自己无才无德，不能立身扬名，又不精通才艺，得以光宗耀祖，为家人增光添色。七尺男儿，愧对天地，枉在世间。在此，"混俗和光"是指放弃自己的节操和志向，屈身于世俗所尚。

《金瓶梅》小说第五十八回中，西门庆延请温秀才到家，聘为文书，小说作者以独立一段介绍了这个人物的精神状态和行为举止：

> 虽抱不羁之才，惯游非礼之地。功名蹭蹬，豪杰之志已灰；家业凋零，浩然之气先丧。把文章道学，一并送还了孔夫子；将致君泽民的事业及荣身显亲的心念，都撇在东洋大海。和光混俗，惟其利欲是前；随方逐圆，不以廉耻为重。峨其冠，博其带，而眼底旁若无人；席上阔其论，高其谈，而胸中实无一物。三年叫案，而小考尚难，岂望月桂之高攀；广坐衔杯，遁世无闷，且作岩穴之隐相。

这里，温秀才什么远大理想、事业功名，都在碰壁后灰飞烟灭，自我沉沦。虽然有才在身，但科举考试连考上秀才都费了很大劲，更不用说举人、进士了。无一艺营生，成为落魄文人，只有和光混俗，随波逐流。

这段话，将一个不得志的穷秀才自嘲、不甘而又无可奈何的心态揭示得淋漓尽致。

温秀才的形象与徐渭在干谒中自谓"小人"相仿，"和光混俗"的用法和含义与其在《上萧宪副书》中的“混俗和光”相同，只不过顺序颠倒。

混俗和光并非徐渭独创，而有其历史渊源。如元代李纯甫所作的词：“几番冷笑三闾，算来枉向江心堕。和光混俗，随机达变，有何不可。清浊从他，醉醒由己，分明识破。待用时即进，舍时便退，虽无福，亦无祸。你试回头觑我，怕不待峥嵘则个。功名半纸，风波千丈，图个甚麽。云栈扬鞭，海涛摇棹，争如闲坐。但尊中有酒，心头无事，葫芦提过。”冯尊师作词：“识破尘寰，樊笼跳出，飘荡幸无拘束。萍踪自在，雅操孤高，还若野云麋鹿。遇坎乘流，混俗和光，知止有何荣辱。恣陶陶、海上人间，不管岁华催促。从此后、笔砚生尘，蝇蜗绝念，安分翠微云屋。般般放下，事事都休，静对小轩梅竹。一味疏慵，万古淳风，便是真常清福。任群情昼夜，世路奔波，竞争蛮触。”

再往上溯，唐代吕岩作修道诗：“息精息气养精神，精养丹田气养身。有人学得这般术，便是长生不死人。斗笠为帆扇作舟，五湖四海任遨游。大千沙界须臾至，石烂松枯经几秋。或为道士或为僧，混俗和光别有能。苦海翻成天上路，毗卢常照百千灯。”

其实，“混俗和光”源于“和光同尘”，出自司马彪《续汉书》：“平原王君公以明道深晓阴阳，怀德灭行，和光同尘，不为皎皎之操。”意即与世俗混同而不标新立异的处世态度。而“和光同尘”又来源于《老子》中的话：“和其光，同其尘。”王弼解释为“和光而不污其体，同尘而不渝其贞”。老子的话发展到徐渭，其意义出现了变化，有所取舍，舍掉了“不污其体”“不渝其贞”的内核，而取其“混同世俗，随波逐流”之意。

# 采采皇木

采采皇木，入此幽谷。
求之未得，于焉踯躅。

采采皇木，入此幽谷。
求之既得，奉之如玉。

木既得矣，材既美矣，
皇堂成矣，皇图巩矣。

这首承袭诗经风格的诗篇，作于明代嘉靖戊午年，即嘉靖三十七年。当时光化知县廖希夔奉旨采集楠木，北送京城修葺故宫，历经艰辛终于在湖北省竹溪县鄂坪乡慈孝沟找到，欣喜之余，赋诗三章，命人镌于岩石上，清同治版《竹溪县志》上有记载。1986 年，经上级有关专家考证鉴定后，湖北省人民政府批准采皇木摩崖石刻为县级文物保护单位，现已被列入全国重点文物保护单位。

皇木是什么木头？就是这深山老林中土生土长的金丝楠木。金丝楠木在我国 22 属 324 种楠木中最为珍贵，被誉为中国木材瑰宝。明代嘉靖三十七年（1558 年）第二次修复故宫时被征用的贡木，即皇木，就是金丝楠木。

明朝对故宫有过三次重建，一次是在正统朝，一次是在嘉靖朝，还有一次是在万历至天启朝时期。

根据《大明英宗睿皇帝实录》记载，正统时期对两宫的修缮时间只有一年半。在这么短的时间完成三大殿的重建工程，主要是因为这次烧毁没有后来的两次火灾严重，又有永乐朝初建时剩余的材料和后来洪熙、宣德两代皇帝的采办作为基础，没有出现大规模寻找、征用皇木的情况。

而嘉靖时则不一样，嘉靖三十六年（1557 年）“三殿两楼十五门俱灾”，巧合的是这次大火也是发生在四月时节，当日（丙申）“雷雨大作，戌刻，火光骤起，由奉天殿延烧华盖、谨身二殿，文、武楼，奉天门，左顺、右顺及午门外左、右廊尽毁”。因为烧毁过重，嘉靖皇帝不得不颁诏“暂设朝仪于端门”。

究竟是先做朝门好，还是先做三殿好，一时拿不定主意。明代诸司实行的是三年一朝觐制度，下一年正是大朝之年，天下官员都要来朝拜，考虑到“万方入觐，目前悉端门行礼，颇不雅观”，“事体重大，工费浩繁”，所以还是决定先做朝门和午楼。

嘉靖三十六年十月丁未，“以重建大朝门兴工，上亲告大高玄殿”。嘉靖三十七年六月辛卯“新建朝门、午楼、东、西角门，左、右顺门，阙左、右等门工完”。一直到嘉靖四十一年（1562 年）九月壬午“以三殿工成，命公朱希忠，侯顾寰，驸马许纵成，伯陈鏓、方成裕，尚书雷礼，督都朱希孝，分告南北郊、太庙、社稷”。可知嘉靖朝时重建三殿，始于嘉靖三十七年，用了 4 年时间才竣工。

万历二十五年（1597 年）六月戊寅，三殿再次发生火灾，“火起归极门，延至皇极等殿”，除了午门及其以外地区没有被毁，其它情况和嘉靖时的火灾差不多，也是包括“文昭、武成二阁，周围廊房一时俱烬”，“自掖门内，直抵乾清宫门，一望荒芜。”

这次重建拖延的时间非常长，从万历三十一年（1603 年）十一月“十六日三殿经始清基”后，到万历四十三年（1615 年）闰八月庚戌“三殿及箭楼开工”。其间又因为种种原因，断断续续。历经泰昌朝，一直到大明天启七年（1627 年）八月“乙未，中极殿、建极殿插剑“悬牌”，同日“报竣”，最后才完成三殿重建，先后时兴时断，经历了将近 24 年的漫长过程。

《金瓶梅》小说最早出现皇木一词，是在第三十四回《书童儿因宠揽事　平安儿含恨戳舌》，崇祯版回目为《献芳樽内室乞恩　受私贿后庭说事》，说的是西门庆在翡翠轩与应伯爵谈话，告诉他处理一桩案子的事：“刘太监的兄弟刘百户，因在河下管芦苇场，赚了几两银子，新买了一个庄子在五里店，拿皇木盖房，近日被我衙门里办事官缉听着，首了。”

私拿皇木盖自己的房子，是严重的违法犯罪行为，按理应该严加惩处，特别是刘太监的兄弟刘百户，也是个小官，明知故犯，本应从重处罚。但这事可小可大，本来西门庆的同僚夏提刑是要“饶受他一百两银子，还要动本参送，申行省院”的，刘太监慌了，亲自拿着一百两银子到西门庆那里，再三央求，只要事了就行。西门庆帮了他一忙，将大事化小，小事化了。

他是怎么帮的？

他没有要这一百两银子，只是“教他将房屋连夜拆了。到衙门里，打了他家人刘三二十，就发落开了”。一是西门庆自己做生意，不稀罕他这点钱；二是刘太监平日与他相交，时常受他的礼，拿不下面子。西门庆这么处理后，刘太监感激不过，又宰了一口猪，送他一坛自造荷花酒，两包糟鲥鱼，重四十斤，又两匹妆花织金缎子，亲自来谢。

这次刘太监的兄弟刘百户私自拿来盖房子的皇木与湖北的皇木金丝楠木有无联系还不好说，但第四十九回《西门庆迎请宋巡按　永福寺饯行遇胡僧》中第二次出现的皇木则与湖北皇木彻底挂上钩了。这回说的是蔡状元新点了两淮巡盐御史，邀请宋御史一道，船行到清河，惊动了东平府，轰动了清河县。两人上西门庆家作客，西门庆以最高规格接待，除吃喝外，还以金银餐具相送。宋御史走后，西门庆又留下蔡状元，进行性贿赂，请来戏子董娇儿、韩金钏陪蔡御史过夜。餐席上，办妥了提前一个月支取两万盐引之事，并托宋御史关系，将谋财害命之主谋苗青开释。

席间谈起上次一起来作客的另一位进士安凤山情况，蔡御史答道："安凤山他已升了工部主事，往荆州催攒皇木去了。也待好来也。"这就是说，自从两人首次到西门庆家作客不到半年之久，安进士便出任工部官员，外出京城，到荆州督运皇木。那时，郧阳一带属于襄阳道管辖，运送皇木则要经过荆州长江水运。

安进士作为建设部官员，来荆州督运皇木是正常的。那时在湖北西北部深山采集的金丝楠木，要通过水路才能到达京城，即将木头从汉江到长江再经由大运河运到北京，路程漫长，十分周折，容易出事或损耗，非官员督办不可。

这说明了什么问题呢？说明小说创作到这一回时应在嘉靖三十七年之后，小说作者正当盛年，至少30岁以上。这给我们断定该书成书时间和作者划定了历史时空。

# 新河口

新河口是京杭大运河上的一个码头、一个集镇，是清河县与外界，特别是与京城进行政治、商业等方面往来的一个节点。在这个水陆交通要津，上演了一出出迎来送往、悲欢离合的故事。让我们将视线对准这个场所，再现四百多年前《金瓶梅》为我们留下的场景。

## 一、西门庆结交蔡状元和安进士

在第三十六回《翟谦寄书寻女子　西门庆结交蔡状元》中，新河口这个地名首次出现。西门庆通过大管家翟谦给蔡京送礼，得到理刑副千户的官职回报之后，与翟谦关系更加密切。翟谦来信托他寻一个女子充当侍妾，西门庆办妥了，这就是韩道国与王六儿夫妻的女儿韩爱姐。而后翟谦又介绍一同回乡省亲的新科状元蔡蕴与进士安忱，即安凤山、后来的安侍郎与他相识，路过清河时，请西门庆尽地主之谊，款待一番，还要他资助这二位回家请客送礼、续亲完婚的盘缠。这正中西门庆的下怀，他正想结交这些新的权贵京官作为依靠，满口应承下来。

一日，西门庆使来保往新河口，打听蔡状元船只，二人已同船来到。来保拿着西门庆拜帖到船上拜见，送了一分下程，即酒面、鸡鹅、下饭、盐酱之类。蔡状元次日就同安进士进城来会西门庆。西门庆冠冕迎接至厅上，叙礼交拜，献毕贽仪，然后分宾主坐下叙谈，继而听戏饮酒，吃至掌灯时分。二人出来更衣，蔡状元拉西门庆说话："学生此去回乡省亲，路费缺少。"西门庆道："不劳老先生吩咐。云峰尊命，一定谨领。"到次日，蔡状元、安进士临别时，西门庆教两个小厮，方盒捧出礼物。蔡状元是金缎一端、领绢二端、合香五百、白金一百两；安进士是色缎一端、领绢一端、合香三百、白金三十两。两人感到馈赠太厚，推辞再三。西门庆笑道："些须微贶，表情而已。老先生荣归续亲，在下少助一茶之需。""此情此德，何日忘之！"两人一面令家人各收下去，一面与西门庆相别，说道："生辈此去，暂违台教。不日旋京，倘得寸进，自当图报。"西门庆送二人到门首，看着他们上马而去。

通过这次宴请和送礼，西门庆加深了与朝廷新生力量的个人感情。

## 二、西门庆在新河口命案中受贿，让主谋苗青逍遥法外

在第四十七回到四十八回中，员外苗天秀从扬州码头上船，行了数日，到徐州洪，"但见一派水光，十分险恶。万里长洪水似倾，东流海岛若雷鸣，滔滔雪浪令人怕，客旅逢之谁不惊"。家人苗青与船公勾结谋害苗员外，"是夜天气阴黑……苗天秀从梦中惊醒……被陈三手持利刀，一下刺中脖下，推在洪波荡里"。苗员外的小厮安童"乞翁八一闷棍打落水中"。他幸得不死，浮身芦港，为老渔翁所救。年除岁末，渔翁带安童出河口卖鱼，正撞见苗青的两个同案犯陈三、翁八在船上饮酒。他们上岸来买鱼，被安童认得，安童即密与渔翁说道："主人之冤当雪矣。"渔翁道："何不具状官司处告理？"安童将案子告到巡河周守备府内，守备见没赃证，不接状子。安童又告到提刑院，夏提刑见是强盗劫杀人命大案，把状子批行了。从正月十四日差缉捕公人，押安童下来拿人。前至新河口，把陈三、翁八捉拿归案，责问了口供。这二艄公见安童在旁执证，也没得动刑，就一一招供了。说是"下手之

时，还有他家人苗青，同谋杀其家主，分赃而去”。苗青得到风声，赶紧把店门锁了，暗暗躲在经纪人乐三家。这乐三就住在狮子街韩道国家隔壁，他老婆乐三嫂，与王六儿所交极厚。王六儿将西门庆请到家里后，慢慢道来，先把苗青揭帖拿与西门庆看，说：“他央了隔壁经纪乐三娘子过来对我说，这苗青是他店里客人，如此这般，被两个船家拽扯，只望除豁了他这名字，免提他。他备了些礼儿在此谢我。好歹望老爹怎的将就他罢。”

西门庆见这么大的命案只有50两银子，便笑道：“你不知道，这苗青乃扬州苗员外家人，因为在船上被两个船家杀害，撺在河里，图财谋命。如今打捞不着尸首，他原跟来的小厮安童与两个船家，当官三口执证着要他。这一拿去，稳定是个凌迟罪名。那两个都是真犯斩罪。两个船家供他有二千两银货在身上。拿这些银子来做甚么？还不快送与他去！”

那苗青听到要问他凌迟罪名，犹如一桶水顶门上直灌到脚底下，即请乐三一处商议，宁可把二千货银都使了，只要救得性命家去就行。乐三道：“如今老爹上边既发此言，一些半些恒属打不动。两位官府，须得凑一千货物与他。其余节级、原解、缉捕，再得一半，才得够用。”苗青道：“况我货物未卖，那讨银子来？”因使过乐三嫂来，和王六儿说：“老爹就要货物，发一千两银子货与老爹。如不要，伏望老爹再宽限两三日，等我倒下价钱，将货物卖了，亲往老爹宅里进礼去。”王六儿拿礼帖复到房里与西门庆瞧。西门庆道：“既是恁般，我吩咐原解且宽限他几日，教他即便进礼来。”当下乐三娘子得此口词，回报苗青，苗青满心欢喜。西门庆见隔壁有人，也不敢久坐，吃了几钟酒，见马来接，就起身家去了。

苗青将货物共卖了一千七百两银子，打点一千两银子，装在四个酒坛内，又宰一口猪。约掌灯以后，抬送到西门庆门首。手下人都是知道的，玳安、平安、书童、琴童四个家人，与了十两银子才罢。玳安在王六儿这边，梯已又要十两银子。须臾，西门庆出来，卷棚内坐着，也不掌灯，月色朦胧才上来，抬至当面。苗青穿青衣，望西门庆只顾磕头，说道："小人蒙老爹超拔之恩，粉身碎骨难报。"西门庆道："你这件事情，我也还没好审问哩。那两个船家甚是攀你，你若出官，也有老大一个罪名。既是人说，我饶了你一死。此礼我若不受你的，你也不放心。我还把一半送你掌刑夏老爹，同做分上。你不可久住，即便星夜回去。"苗青出门，走到乐三家收拾行李，还剩一百五十两银子，他拿出五十两来，并余下几匹缎子，都谢了乐三夫妇，五更替他雇长行牲口，起身往扬州去了。

## 三、阳谷县丞狄斯彬在新河口侦破此案，曾御史参劾提刑院官员受贿枉法

此案上头问得紧，府尹调委阳谷县县丞狄斯彬查办。这狄县丞往清河县城西河边走过，忽见马头前起一阵旋风，团团不散，只随着狄公马走。狄县丞道："怪哉！"便勒住马，令左右公人："你随此旋风，务要跟寻个下落。"那公人真个跟定旋风而来，将近新河口而止，走来回覆。狄县丞即拘集里老，用锹掘开岸上数尺，见一死尸，宛然颈上有一刀痕。他命仵作检视明白，问其前面是那里。公人禀道："离此不远就是慈惠寺。"县丞即拘寺中僧行问之，皆言："去冬十月中，本寺因放水灯儿，见一死尸从上流而来，漂入港里。长老慈悲，故收而埋之。不知为何而死。"狄县丞道："分明是汝众僧谋杀此人，埋于此处。想必身上有财帛，故不肯实说。"于是不由分说，先把长老一箍两拶，一夹一百敲，余者众僧都是二十板，俱令收入狱中。报与曾公，再行查看。各僧皆称冤不服。曾公寻思道："既是此僧谋杀，尸必弃于河中，岂反埋于岸上？又说干碍人众，此处可疑。"因令将众僧收监。将近两

月，不想安童来告此状。即令委官押安童前至尸所，令其认视。安童见尸大哭道："正是我的主人，被贼人所伤，刀痕尚在。"于是检验明白，回报曾公，即把众僧放回。一面查刷卷宗，复提出陈三、翁八审问，俱执称苗青主谋之情。曾公大怒，差人行牌，星夜往扬州提苗青去了。一面写本参劾提刑院两员问官受赃卖法。

**四、蔡御史和宋御史在此相会，接见当地官员。两位京官作客西门庆家，使其声势远播**

第四十九回《西门庆迎请宋巡按　永福寺饯行遇胡僧》中说，西门庆与夏提刑出郊五十里到新河口——地名百家村迎接蔡宋两人。这次行动声势浩大，东平胡知府及合属州县方面有司军卫官员、吏典生员、僧道阴阳，都具连名手本，伺候迎接。帅府周守备、荆都监、张团练，都领人马披执跟随，清跸传道，鸡犬皆隐迹。可谓当地政军领导、政法官员、宗教界人士、社会名流都云集此地，迎接这两位朝廷大员。

敲锣打鼓迎接宋巡按进东平府察院，各处官员都见毕，呈递了文书，安歇一夜。次日，门吏报巡盐蔡爷来拜，宋御史连忙出迎，叙毕礼数，问："年兄几时方行？"蔡御史道："学生还待一二日。"因告说："清河县有一相识西门千兵，乃本处巨族，为人清慎，富而好礼，亦是蔡京老先生门下，与学生有一面之交。蒙他远接，学生正要到他府上拜他拜。"宋御史问道："是那个西门千兵？"蔡御史道："他如今见是本处提刑千户，昨日已参见过年兄了。"宋御史令左右取手本来看，见西门庆与夏提刑名字，说道："此莫非与翟云峰有亲者？"蔡御史道："就是他。如今见在外面伺候，要央学生奉陪年兄到他家一饭。未审年兄尊意若何？"宋御史道："学生初到此处，只怕不好去得。"蔡御史道："年兄怕怎的？既是云峰分上，你我走走何害？"于是吩咐看轿，就一同起行，一面传将出来。

西门庆花费千两金银招待宴席。吃过席酒后，宋御史便要回去，慌的西门庆再三挽留。蔡御史在旁便说："年兄无事，再消坐一时，何遽回之太速耶！"宋御史道："年兄还坐坐，学生还欲到察院中处分些公事。"西门庆早令手下，把两张桌席连金银器，已都装在食盒内，共有二十抬，叫下人伺候。宋御史的一张大桌席、两坛酒、两牵羊、两封金丝花、两匹段红、一副金台盘、两把银执壶、十个银酒杯、两个银折盂、一双牙箸。蔡御史的也是一般的。都递上揭帖。宋御史再三辞道："这个，我学生怎么敢领？"因看着蔡御史。蔡御史道："年兄贵治所临，自然之道，我学生岂敢当之！"西门庆道："些须微仪，不过侑觞而已，何为见外？"比及二官推让之次，而桌席已抬送出门矣。宋御史不得已，方令左右收了揭帖，向西门庆致谢说道："今日初来识荆，既扰盛席，又承厚贶，何以克当？余容图报不忘也。"因向蔡御史道："年兄还坐坐，学生告别。"于是作辞起身。西门庆还要远送，宋御史不肯，急令请回，举手上轿而去。

西门庆和夏提刑因放过谋杀主犯苗青，已知悉曾御史参劾他俩。宋御史来巡查时，惊动了当地大小官员。西门庆已与蔡状元有过交往，特请他来从中撮合，化解此事。蔡御史在关键时刻，报之以李，为他促成了请宋巡按作客，并让其接受西门庆的厚礼。西门庆不仅化解了参劾之事，还结交了新的上层官员。

## 五、西门庆在此结识蔡京的第九个儿子蔡修知府

第七十四回中，歌唱未毕，忽然官吏进报："蔡老爹和黄老爹来了。"宋御史忙令收了桌席，各整衣冠出来迎接。蔡九知府穿素服金带，先令人投一"侍生蔡修"拜帖与西门庆。进厅上，安郎中道："此是主人西门大人，见在本处作千兵，也是京中老先生门下。"那蔡知府又是

作揖称道："久仰，久仰。"西门庆道："容当奉拜。"叙礼毕，各宽衣服坐下。左右上了茶，各人扳话。良久，就上坐。蔡九知府居上，主位四坐。厨役割道汤饭，戏子唱了《双忠记》《金门献罢平胡表》后，不觉日色沉西，蔡九知府见天色晚了，即令左右穿衣告辞。众位款留不住，俱送出大门而去。西门庆随即差了两名吏典，把桌席羊酒尺头抬送到新河口去讫。宋御史亦作辞西门庆，因说道："今日且不谢，后日还要取扰。"各上轿而去。此后，在第七十五回，西门庆又在新河口拜会了蔡九知府。

### 六、西门庆贪欲死后，他的仆人韩道国在此拐走千两银子的货物，另一仆人来保又将八百两银子货物据为私有

第八十一回《韩道国拐财倚势　汤来保欺主背恩》中，张安告诉月娘，昨日撞见韩大叔来家。月娘道："他来了，怎的不到我家来？只怕他今日来。"在坟上烧纸回来后，她就使陈经济往他家，"叫韩伙计去，问他船到那里了？"初时叫着不闻人言，次则韩二出来，说："俺侄女儿东京叫了哥嫂去了，船不知在那（哪）里。"让陈经济回月娘。月娘不放心，使经济骑头口往河下寻船。去了一日，到临清马（码）头船上，寻着来保船只。来保问："韩伙计先打了一千两银子家去了。"经济这才知道他两口子全家连银子都拐走上东京去了。

来保见西门庆已死，也安心要和韩道国一样作手脚。他把经济小伙儿引诱在马（码）头上各唱店中、歌楼上饮酒，请婊子顽（玩）耍，暗暗船上搬了八百两货物，卸在店家房内，封记了。一日钞关上纳了税，放船过来，在新河口起脚装车，往清河县城里来，到家中东厢房卸下。

来保交卸了货物，就一口把事情都推在韩道国身上，说他先卖了二千两银子来家。那月娘再三使他上东京，问韩道国银子下落，被他

一顿话说："咱早休去！一个太师老爷府中，谁人敢到？没的招事惹非。得他不来寻你，咱家念佛。到没的招惹虱子头上挠！"月娘道："翟亲家也亏咱家替他保亲，莫不看些分（份）上儿？"来保道："他家女儿见在他家得时，他敢只护他娘老子，莫不护咱不成？此话只好在家对我说罢了，外人知道，传出去倒不好了。只当丢这几两银子罢，更休提了。"月娘听了无法，也只得罢了。

为将此事化解平息，他擅自作主将剩下的布货低价处理，月娘要给他几十两银子作小费，他还不收。既做了人情卖乖，又掩饰了他的恶行。书中写道："他也不等月娘来分付，匹手夺过算盘，邀回主儿来。把银子兑了二千余两，一件件交付与经济经手，交进月娘收了，推货出门。月娘与了他二三十两银子房中盘缠，他便故意儿昂昂大意不收，说道：'你老人家还收了。死了爹，你老人家死水儿，自家盘缠，又与俺们做甚？你收了去，我决不要。'"

更为可气的是，他还假装关心月娘，挑动她的春心："一日晚夕，外边吃的醉醉儿，走进月娘房中，搭伏着护炕，说念月娘：'你老人家青春少小，没了爹，你自家守着这点孩子儿，不害孤另么？'月娘一声儿没言语。"

新河口是《金瓶梅》中各色人物出场表演的重要舞台，从西门庆结交权贵，到他处理苗青的命案贪赃枉法，到送礼消灾，到他死后其仆人私吞其财产等，为我们展示了一幅幅波澜迭起的惊险画面。它以水路直通京城和苏杭，政务活动、商业经营、官司处理等等都集中于此，一幅幅社会生活的画卷在此拉开。这个地方有必要探究。

### 1. 新河

《兖州府志》有详细记载，隆庆元年后，新河凿成，新河包括两段运河，一段自南阳到留城，长141里；一段自留城南至境山，浚复旧河53里。同时，筑马家桥东堤50余里为障，使黄河南趋秦沟。至冬，飞云桥之流遂断，运道无阻。

### 2. 新河口

新河口是万历十一年新开的黄河流入运河的河口，是黄河与运河新的交汇口。据《明史》卷八十一和《神宗实录》卷一百三十五记载：隆庆年间，黄河口原在徐州城北四十多里的垞城，因为垞城口淤塞，万历十一年“郎中陈瑛，移黄河口于垞城东八里”，名新河口。垞城和新河口都在徐州境内，归属徐州管辖。清朝同治《徐州府志》记载，徐州判官官署“上河厅驻新河口”。由此可见第四十七回故事情节的地点符合当时的情况。

明朝万历五年编的《徐州志》记载的上河厅在垞城，那是因为新河口还没有出现。由此可见，第三十六回写作的最早时间应该在万历十一年之后。

一般说来，小说写作应该是大致连续的。如果粗略估计，一年写10回左右，则第一回写作的最晚时间应该在万历六、七年间，也就是说《金瓶梅》小说开始写作的时间大体在万历早期，也可能更早。

### 3. 新河口闸

第七十二回中，唯一一次出现了“新河口闸”这个名称，是经玳安之口说出的。书中写道：“只见玳安拿帖儿进来，问春梅：‘爹起身不曾？安老爹差人送分资来了。又抬了两坛酒、四盆花树进来。’春梅道：‘爹还没起身，教他等等儿。’玳安道：‘他好少（抄）近路儿，还要赶新河口闸上回话哩。’不想西门庆在房中听见，隔窗叫玳安问了话，拿帖儿进去，拆开看，上写道：‘奉去分资四封，共八两。惟少塘桌席，余者散酌而已。仰冀从者留神，足见厚爱之至。外具时花四盆，以供清玩；浙酒二樽，少助待客之需。希莞纳，幸甚。'"

此处运河的闸坝，据内阁首辅大学士徐阶的《夏镇新河记》碑文可知："凡凿新渠……建闸九，减水闸十有六，为月河于闸之旁者六，为坝十有三，石坝一。"

据《峄县志》卷十三载："往岁新河之役，建闸筑坝，岁费不下数千金……自嘉靖庚戌（即嘉靖二十九年）始有此役，今（万历十一年）既罢，而饷银犹岁征。"

《金瓶梅》中所提到的闸坝，与运河闸坝的实际情况是完全一致的。如沽头，有沽头上闸，沽头下闸；吕梁，有吕梁洪石坝、石堤；济宁，有漕河闸、牛头河闸、济河闸等十三闸；南旺，有南旺上下二闸；临清，有荆门闸、广济闸等。

值得特别注意的是徐沛诸闸。徐沛，原有南阳闸，嘉靖四十五年后才建有夏镇闸、杨庄闸、朱梅闸、利建闸等七闸，又称新河闸，《兖州府志》有记："新河闸四：曰夏镇闸、曰杨庄闸、曰利建闸、曰朱梅闸，皆属沛县，俱嘉靖四十五年尚书朱公建。"

新河一带的闸坝甚多，不仅包括新河闸坝，还包括徐沛、鱼台的一些闸坝，《金瓶梅》说到运河一线的许多城镇闸口，连南旺、沽头也提及了。因此，《金瓶梅》作者也用"新河一带"来指称当时闸坝情况。

这些情况说明，《金瓶梅》作者熟稔当时徐州一带的重大水利设施建设情况，这一地方是黄河与大运河的交汇处，黄河改道和大运河建设这些水利工程都在这里举行。同时也证明了该书的写作时间主要在万历年间。

# 西门庆官职有多大?

西门庆是一位商人。通过拉关系，他攀上了当朝太师蔡京的内务总管翟云峰，即翟谦，通过他向蔡京送厚礼，得到了理刑千户之职。有了这个官职，他在清河县左右逢源，上下其手，交结权贵，钻国家之空，逃税漏费，经商大发横财；办案贪财受贿，欺压百姓；追蜂逐蝶，玩弄妇女，穷奢极欲。

集官商于一体，置仁德于一边，这个本没有读过多少书，没有任何理想信念的市井小人得志，除了钱财、女人和权力外，不知还有什么更高的追求。他逼死了多条人命，没有受到任何追究；他出人于罪，让杀人犯逍遥法外，将官场搞得乌烟瘴气，社会无公平正义可言。他的权霸、恶霸形象深深地展现了明代中期社会的腐朽和黑暗。

理刑千户究竟是个什么职位？权力有多大？说出来你会不相信，它相当于现在副厅级司法官员。地位之高、权力之大，是一般官吏望尘莫及的。明代一个知县是正七品官阶，而一个知府是正四品官阶，知州则低一些，为从五品。按察使主管一个省范围的刑法之事，相当于现在的省级政法官员，其地位是正三品官阶，比知府要高一级。理刑千户是五品官，比知州要高半级。刚开始时，西门庆的官职是理刑千户副职，与知州级别相同，后来经考察转正。

要理解理刑千户这个官职，必须从明代官僚等级制度谈起。

先说千户，明代这是军队里的官阶。明代军事系统官职设置是五军都督府（正一品），这是最高军事机关，相当于现在的国家军事委员会，负责全国的日常军事工作，兵部（国防部）管军官的任免和军队调遣。其下是都指挥司（正二品），相当于军区，管辖几个卫所（军分区）（正三品），卫所负责军队日常训练和管理，卫所下设千户所，千户所下设百户所，其长官分别是都指挥使、千户、百户。千户这个职位为正五品，比知府则低一格，与知府同知即现在的副专员相当，大致相当于军队副师级、政府副厅级干部。

理刑就是负责治安，巡捕、缉拿人犯，审判刑事案件，顾名思义，负责刑事案件的侦查、巡捕、缉拿、惩罚。

明代的司法权在刑部、大理寺、都察院，习惯称为三法司。刑部主管审判，大理寺负责大案要案的审判和一般案件的复核，都察院监察文武百官的言行，三者各司其职、互相牵制。但是，明代的司法大权基本上被宦官侵夺，他们通过特务统治来攫取司法权力，司法权落入了东厂、西厂、锦衣卫、镇抚司狱等这些特务和内臣机构之中。

比如东厂，是明朝的常设机构，创立于明成祖时期，一直延续到明朝亡国。其长官即一把手称提督东厂太监，一般由司礼监排名第二的秉笔太监兼任。东厂内部的领导是宦官，业务干部也就是具体执法的一般从锦衣卫抽调，主要的业务主管称理刑千户。因东厂属于内官机构，更得皇帝的信任，地位在锦衣卫之上。

司礼监是明朝宦官机构的最高层，地位最高的称司礼监掌印太监，正四品。司礼监拥有代皇帝批红和传旨谕旨的权力，掌印太监下设秉笔太监几人，专管批红。司礼监下设文书房，由掌房十员组成，协助掌印、秉笔太监处理通政司所进章奏、内阁票拟、皇帝的圣旨等。秉笔太监中有一人负责管理东厂，即提督东厂太监，位居其他秉笔太监之上，称为次辅，其官阶大概是从四品。

蔡太师作为当时的总理，将东厂的中级职位理刑千户送给了西门庆，刚开始时是副千户、从五品官阶。经过几年的经营，他获得了巡按御史在干部考核时的好评和推荐，被提升为正职，成为掌管刑名的一把手。蔡太师给他的官位正式称呼为“金吾卫衣左所副千户，山东等处提刑所理刑”。“金吾卫”是皇帝身边的近卫军，即京城卫戍部队。金吾卫设置于京师，属上直十二卫之一，不确指，因为金吾卫有金吾前卫、后卫、左卫、右卫。衣左所是金吾卫的下属机构，但“金吾卫”并没有所谓的“衣左所”，“衣左所”是“一座所”的谐音。西门庆乃一商人，从未当过一天的兵，更未成为一名近卫兵，却被授予皇家卫队的一名中级军官——副千户。因为是假的，不能确定其所属单位，只能泛泛地说是金吾卫下面“一座所”的副千户。从这里可以看出蔡京卖官鬻爵的细节：先确定西门庆是皇家卫队的一名军官，然后借调到东厂来，当上了一名业务主管理刑千户，再派到地方上去当司法官，审理刑事案件。所以卖官鬻爵自上而始，权钱交易由来已久。

西门庆本来与蔡京没有半毛钱关系。起先，他的主要靠山是亲家陈洪的亲家杨戬。杨戬被参倒问罪后，他从杨戬的狐朋狗友中脱身，免去牢狱之灾，通过蔡京府上的管家翟谦，即翟云峰，又攀附上蔡京。遇到蔡京的生日或节日，西门庆就重金恭贺。一来二去，通过翟谦牵线，西门庆拜上蔡京为干爹，成为他的干儿子，沾上了关系，终于有了后台庇护。

给蔡京祝寿，西门庆精心准备厚礼，亲自押运送到太师府，对翟谦说：“学生久有一片仰高之心，欲求亲家预先禀过：但得能拜在太师门下做个干生子，便也不枉了人生一世。不知可以启口么？”翟谦一口应承，打包票说：“这个有何难哉！我们主人虽是朝廷大臣，却也极好奉承。今日见了这般盛礼，不惟拜做干子定然允从，自然还要升选官爵。”

可别小看干儿子这个名分，它表明你是我蔡某的人，我多一个干儿子就意味着自己的帮派势力强大了一分，基础牢靠了一点，自己的权势也更加雄厚了。蔡京对于西门庆这类能人认其做干爹当然来者不拒。翟谦说的都是实话。

当蔡京干儿子而发达的例子还有那个蔡蕴。如果不投在蔡京名下，他是不会被选定为状元的，更不可能很快晋升到两淮巡盐御史这样的肥缺。如果不投在蔡京名下，他是不会得到西门庆丰厚的资助的。

我们看蔡太师大寿的时候，门前车马填塞，道路不通，千里之外前来巴结的人连队都排不上。

西门庆给蔡京送了二十扛礼物作为贽见：大红蟒袍一套，官绿龙袍一套；汉锦二十匹，蜀锦二十匹，火烷布二十匹，西洋布二十匹，其余花素尺头共四十匹；狮蛮玉带一围，金镶奇南带一围；玉杯、犀杯各十对，赤金攒花爵杯八只，明珠十颗，又梯已黄金二百两。

从礼单上看到这些精美礼品，加之又有翟谦穿针引线，蔡京就欣然接受了。小说写道："翟管家走近蔡太师耳边，暗暗说了几句话下来，西门庆理会的是那话了，又朝上拜四拜，蔡太师便不答礼。"——这四拜是认干爹，因此受了。

西门庆开言便以父子称呼道："孩儿没恁孝顺爷爷，今日华诞，特备的几件菲仪，聊表千里鹅毛之意。愿老爷寿比南山。"蔡太师道："这怎的生受！"便请坐下。当值的拿了把椅子上来，西门庆朝上作了个揖道："告坐了。"就西边坐地吃茶。翟管家慌跑出门来，叫抬礼物的都进来。须臾，二十扛礼物摆列在阶下。

当然，西门庆每年照例要去东京送生辰礼物，礼物也照例是一套两份，小份给大管家翟谦，大份给太师。比如第三十回里给翟谦的礼物是一对南京尺头，三十两白金；给太师的礼物则是黄烘烘金壶玉盏，白晃晃减靸仙人，良工制造费功夫，巧匠钻凿人罕见。锦绣莽衣，五彩夺目；南京纻缎，金碧交辉；汤羊美酒，尽贴封皮；异果时新，高堆盘榼。

有了蔡京做靠山，西门庆在执法办案中就更肆无忌惮，为所欲为了。在处理苗青一案中，西门庆放过这个杀人犯，为蔡京送上500两银子以及其他金银礼品，使苗青得以免遭刑事追究。西门庆重金馈赠，两人的关系就成为“快刀也割不断的亲戚”了。

第二次拜见蔡京时，小说写道：

> （蔡京）忙走出轩下相迎。西门庆再四谦逊，让“爷爷先行”，自家屈着背，轻轻跨入槛内。蔡太师道：“远劳驾从，又损隆仪；今日略坐，少表微忱。”西门庆道：“孩儿戴天履地，全赖爷爷洪福。些小敬意，何足挂怀。”两个喁喁笑语，真似父子一般。二十个美女一齐奏乐，府干当值的斟上酒来。蔡太师要与西门庆把盏，西门庆力辞不敢，只领的一盏，立饮而尽，随即坐了筵席。西门庆叫书童取过一只黄金桃杯，斟上满满一杯，走到蔡太师席前，双膝跪下道：“愿爷爷千岁！”蔡太师满面欢喜，道：“孩儿起来。”接过便饮个完。西门庆才起身，依旧坐下。

从这些细节可见西门庆投靠蔡京的具体细节。

西门庆纵欲死时，他的灵位是“故锦衣武略将军西门大官人”，这是对他为官人生的高度概括。

西门庆本人生前对做武官（西门庆乃“锦衣卫”出身）并不满意，认为武官没有文官风光。比如，第五十七回他对尚在怀抱中的儿子说：“儿，你长大来，还挣个天官。不要学你家老子，做个西班出身，虽有兴头，却没十分尊重。”真是缺哪样就羡慕哪样。虽然文官都没有多少油水，但西门庆并不在乎，因他本身是个经商的大富豪，不要油水，只鄙夷文官没钱的寒酸样。第四十九回，歌伎董娇儿服侍了蔡御史一夜，得了一两银子的红包，“用红纸大包封着”，拿与西门庆瞧。西门庆嘲笑道：“文职的营生，他哪里有大钱与你？这个就是上上签了。”

西门庆当上理刑千户，吴月娘自然成了官太太。有西门庆在时，她对他爱恨交加。他在外吃喝嫖赌，干尽坏事，同时又给她带来财富、地位和荣光。他死后，一切都随之而去。

三姨太孟玉楼嫁与李衙内时，李衙内下回书，请众亲戚女眷做三日，扎彩山，吃筵席，鼓乐喧天，人山人海，热闹非凡。吴月娘那日也满头珠翠，身穿大红通袖袍儿，百花裙，系蒙金带，坐大轿来衙中，做三日赴席，在后厅吃酒，知县奶奶陪侍。月娘回家，因见席上花攒锦簇，归到家中，进入后边院落，却静悄悄无个人接应。想起当初，有西门庆在日，姊妹们那样热闹，往人家赴席来家，都来相见说话，一条板凳姊妹们都坐不了，如今并无一个儿了。一面扑着西门庆灵床儿，不觉一阵伤心，放声大哭。哭了一回，被丫鬟小玉劝止，住了眼泪。正是：平生心事无人识，只有穿窗皓月知。世态炎凉，她体会到失势后的落寞味道。

后来，女婿陈经济将西门大姐打伤，西门大姐受辱上吊自杀后，为防止陈经济还来缠要箱笼，她听从哥哥吴二舅的建议，上告陈经济将西门大姐用绳子勒死，要求法律惩处，以绝后患。霍知县对她很尊敬，在公座上看了状子，又见她身穿缟素，腰系孝裙，系五品职官之妻，生的容貌端庄，仪容闲雅，遂欠身起来，说道：“吴氏起来。据我看，你也是个命官娘子，这状上情理，我都知了。你请回去，今后只令一家人在此伺候就是了。我就出牌去拿他。”吴月娘连忙拜谢了知县，出来坐轿子回家，委付来昭厅下伺候。知县须臾批了呈状，委两个公人，一面白牌，行拘经济、娼妇冯金宝，并两邻保甲，正身赴官听审。

西门庆生前五品官员的余威，在他死后吴月娘告状中还发挥着影响。要知道，知县只是个正七品官员，低了一大截呢。所以，霍知县对吴月娘很尊敬，告状之事很上心，立马办理。

西门庆30多岁就当上了厅级干部，现在提拔年轻干部这么快也是凤毛麟角的。但这又如何？还不是早早断送了性命？荣华富贵如过眼烟云。或许有人说，他权力、金钱和女人都享受得够多，也不枉一世。是的，但笔者要问，将西门庆所享受过的这些东西给你，让你也只活33岁，你愿意吗？

# 西门庆是哪年出生的?

夜深人静之时，精读、琢磨此书，笔者既慨叹作者才华之横溢，又发现书中问题颇多。比如，西门庆这个主角的出生年份就疑点重重，自相矛盾，难以自圆其说，特提出来捋一捋。

西门庆生辰多处提及，散见于第四、七、二十九、三十九、七十九回。如第四回《淫妇背武大偷奸　郓哥不愤闹茶肆》，西门庆与潘金莲在王婆家苟合之后，两人情投意洽。西门庆将她搂在怀中，一口递一口喂她酒吃，潘金莲问他贵庚，西门庆告诉她说，“属虎的，二十七岁，七月二十八日子时生……”

第七回《薛嫂儿说娶孟玉楼　杨姑娘气骂张四舅》，西门庆上门提亲，到寡妇孟玉楼家见面，道了万福，对面落座后，他将孟玉楼上上下下打量了一番，看得她不好意思，把头低下了，才开始说话：“小人亡妻已久，欲娶娘子入门为正，管理家事，未知意下如何？”那妇人便问道：“官人贵庚？没了娘子多少时间了？”西门庆道：“小人虚度二十八岁，七月二十八日子时建生，不幸先妻没了一年有余……”

在第二十九回《吴神仙贵贱相人　潘金莲兰汤午战》中，吴神仙先观贵造，后观尊容。西门庆便说与八字：“属虎的，二十九岁了，七月二十八日子时生。”

西门庆属虎，则在天干中属寅，六十花甲中有甲寅、丙寅、戊寅、庚寅、壬寅这几个年份。吴神仙采用了丙寅年。第二十九回说，“这神仙暗暗掐指寻纹，良久说道，官人贵造，丙寅年，辛酉月，壬午日，丙子时……”

我国干支纪月的法则是按这一年的干支来定，有“甲己之年丙作首，乙庚之岁戊为头；丙辛必定寻庚起，丁壬壬位顺水流；若问戊癸何方觅，甲寅之上好追求”歌诀。如丙寅年，丙为首，则其正月就是庚寅月，二月便是辛卯月，依干支顺序推，七月应是丙申月，而不是什么辛酉月，即或算到八月份，也是丁酉月。

崇祯本的编者发现了这个问题，对此进行了修正，将吴神仙说的“官人贵造，丙寅年，辛酉月，壬午日，丙子时”，其中丙寅年改为戊寅年。我们假定西门庆出生在戊寅年，按干支纪月法则推算，戊寅年正月为甲寅月，则该年七月为庚申月。但吴神仙认为，西门庆是在月底出生，已经过白露节气，过了庚申月，应为辛酉月，因此说“七月廿三日白露，已交八月算命”。这样吴神仙的推断就是正确的。还有，按西门庆出生戊寅年来推断，吴神仙说“今岁丁未流年”也是正确的，从戊寅年到丁未年刚好29岁。

吴神仙仙风道骨，算命有话直说，不收人家钱财，是个正面形象。他在第二十九回中出现，对西门庆的出生年月推断和当时干支年份记述不会有误。这说明，在写第二十九回时，小说作者给西门庆定的出生年份确实是戊寅年，而不是丙寅年。后来崇祯本的修改是还原其本来面目，做得正确。

但到了第七十九回，情况又变了，还是将他的出生定在丙寅年。西门庆弥留之际，吴神仙被请来，掐指寻纹，推算西门庆八字，说道：“属虎的，丙寅年戊申月壬午日丙辰时。今年戊戌流年，三十三岁，算命，见行癸亥运。虽然是火土伤官，今年戊土来克壬水。正月又是戊寅月，三戊冲辰，怎么当的？虽发财发福，难保寿源……”

而采用丙寅年干支纪月，那西门庆出生的七月份就不是戊申月，而是丙申月，或因过了白露节气而可以定为丁酉月。还有，“今年戊戌流年”，那西门庆死在正月，这一月就是甲寅月，而不是戊寅月，与这一年的干支纪月不合。吴神仙说这一时辰是“三戊冲辰”，就是胡说八道了。这是一个内在矛盾。

另一方面，若按西门庆是戊寅年出生计算，那到戊戌年他去世时，就只有20岁，与他死时33岁不相符。假如将他定在丙寅年出生，戊戌年去世，则他活了32岁，基本与他寿命相合。

这就是说，这两个年份，不管是哪一个，都不能自圆其说，都有破绽。总之，前面梳理通了，后面又不能对接好，难以两全。

如何解释这一现象？笔者认为，这是小说作者为了适应故事背景的需要，将整个故事安放在北宋时期以与《水浒传》时代吻合，尽管故事实际写作时间是明代，但以宋喻明的话，在时间上要吻合宋代历史。

西门庆死后，其拜把子兄弟，以应伯爵为首，请水秀才写祭文来吊唁。祭文起首便说：“维重和元年，岁戊戌二月戊子朔，越三日庚寅，侍生应伯爵、谢希大……谨以清酌庶羞之奠，致祭于故锦衣西门大官人之灵曰……”

这就是说，将西门庆死亡定在戊戌年不能变，重和元年就是戊戌年，你不能改为其它年份，这是历史。而他活了33岁，则他的出生年份应是丙寅年，也不能变。那第二十九回中，吴神仙将西门庆的出生月、时、刻按照戊寅年的干支纪月来推定，就全部搞错了，这是“吴神仙的错误”。吴神仙看相时说“今岁丁未流年”，按此计算，则西门庆此时已经41岁了，而不是29岁。实际上按重和元年来算命的话，吴神仙应该说“今岁戊戌流年”。吴神仙的错误让人抓狂！

还有，如果我们确定西门庆出生在丙寅年，而吴月娘与潘金莲都比他小三岁，则她们两个都是戊辰年出生才对，而不是小说中说的她们出生在庚辰年。但若她们是庚辰年出生的话，则西门庆就是戊寅年出生才成立。总之，这是笔糊涂账，难以自圆其说，让探究者头痛。

# 王婆有多大岁数？

王婆多大岁数在小说中是个很小的问题，无关宏旨，但也值得我们探究一下。

王婆是那种社会底层的精明世故人，有丰富的社会阅历，为了谋生，在江湖上什么都干，不管是好事、坏事，还是善事、恶事；什么行业都可以闯，不管自己行不行，哪怕滥竽充数，只要能来钱就成。在这种人心里，没有多少是非观念，没有自己的行为准则，唯利是图。利益面前，可以趋炎附势，奴颜卑膝，可以为非作歹。这样的人涉猎得广，见的世面多，能说会道，能从别人行为举止中深入到内心深处去，看透人的心理动机。西门庆意属潘金莲，她就是观察其一举一动明了确证的。为了从西门庆那里得到钱财，她做中介"牵头"，撮合两人勾搭成奸，正中西门庆下怀。

她从生活中总结出男人偷情要有五大资本条件——潘、驴、邓、小、闲，即要有潘安英俊的外表，有驴大的阳物，有钱阔气，能在女人面前低三下四厚脸皮做小，要无所事事，有闲功夫和女人纠缠。她还总结出如何一步步接近女人，直到俘虏她，将其玩弄于掌心的"十件挨光计"，可谓看透女人心，是风月场上的老手。

王婆在茶馆里对西门庆介绍自己从事过的职业：当媒婆，做牵头，充接生员，卖衣服，做贼等，这些都是一个寡妇被生活所逼迫的无奈之举。她说，"老身自从 36 岁没了老公，丢下这个小厮，无得过日子"。

这个小厮就是他的儿子王潮，他跟了一个淮上客人出去闯荡，至今不归，不知死活。

那王潮年龄多大？在第三回中，王婆收了西门庆的绸缎棉花，要潘金莲来帮忙裁衣，请她挑选个黄道吉日开张，与她闲聊说自己独身一人，儿子又不回来，放心不下。那潘金莲问："大哥今年多少青春？"王婆道："那厮 17 岁了。"

从这里我们知道，王婆最大年龄是 53 岁，即 36 岁加上 17 岁。这是假定她丈夫留下了遗腹子，36 岁那年她丈夫死后王潮出生。如果不是遗腹子，那王婆的岁数就会更小。

第二天清晨，王婆收拾房内干净，预备下针线，安排了茶水，在家等候潘金莲来同她一道做寿衣。潘金莲在武大吃过早饭，挑担子出去卖炊饼后，便安排迎儿看家，从后门走到王婆家来帮忙。王婆喜欢无限，接入坐下，点了一盏胡桃松子浓茶，与她吃了。抹得桌子干净，取出那绸缎三匹。妇人量了长短，裁得完备，缝将起来。婆子看了，口里不住声假喝彩道："好手段！老身也活了六七十岁，眼里真个不曾见这个好针线！"

在此我想请问一下，一个 53 岁的妇人怎么会说自己有"六七十岁"了，怎么一下子就多出这么大岁数？足足多了十多岁。

小说要严谨，思维要缜密，为什么作者在此出现纰漏？不解。只有一条理由，那就是为了剧情安排，渲染戏剧效果，作者不经意地犯了一个低级错误，这也算是小说白璧微瑕吧。

# 邸报还比奏章快？

## ——对曾御史弹劾贪官情节的质疑

西门庆和夏提刑各自收受了谋杀苗天秀的主谋苗青托人致送的500两银子后，便大做手脚，审理时只将直接凶手陈三、翁八问罪，拟以强盗杀人处斩，而将苗青开脱，有意让其逍遥法外。

苗天秀的仆人安童侥幸被救后，发现了凶手，决意为主人报仇，惩罚凶手，找到开封府黄通判鸣冤。黄通判将其诉状连同修书一封，交与安童，要他送到巡按山东的御史曾孝序那里。曾孝序阅过后，当即批示东平府从公查明，勘验尸首，连卷详报。东平府府尹胡师文大惊失色，赶忙调阳谷县县丞狄斯彬专门查访苗天秀尸首下落。

狄斯彬查到苗天秀尸首，报与曾公，碰到安童来告，赶紧让他认人，安童见尸首大哭道："正是我的主人，被贼人所伤，刀痕尚在。"狄斯彬于是检验明白，回报曾公。曾公一面查阅卷宗，复提审陈三、翁八，两人执证俱称苗青是主谋。曾公大怒，差人行牌，星夜往扬州捉拿苗青，又写奏章参劾提刑院两员审问官西门庆和夏提刑受赃枉法。

夏提刑得了500两银子，便花钱请人代考，把18岁的儿子夏承恩做成武学肄业，做了生员，每日邀结师友，学习弓马。西门庆则将其父亲西门达的坟墓重新修葺，新盖山子卷棚，新立一座坟门，砌了明堂神路，门首栽桃柳，周围种松柏，两边叠成坡峰。

正当他一家清明祭祀扫墓还没回家时，夏提刑听闻弹劾一事，急得团团转，一天到西门庆家来几次，商量如何应对。晚上，夏提刑见到西门庆，共同到客厅密语，叫左右都退下。夏提刑说，李知县亲自到他家里通报，巡按御史曾孝序近日上奏章参劾，并抄了邸报来。西门庆接过邸报来看后大惊失色。

曾御史向皇上上奏章，弹劾提刑官夏延龄，说他“品行恶劣，罪状昭昭，是阘茸之材，贪鄙之行，久于物议，有玷班行。昔者典牧皇畿，大肆科扰，被属官阴发其私。今省（审）理山东刑狱，复著狼贪，为同僚之箝制。纵子承恩，冒籍武举，倩（请）人代考，而士风扫地矣；信家人夏寿，监索班钱，被军腾詈，而政事不可知乎！接物则奴颜婢膝，时人有“丫头”之称；问事则依违两可，群下有“木偶”之诮”。

曾御史弹劾西门庆为“市井棍徒，夤缘升职，滥冒武功，菽麦不知，一丁不识。纵妻妾嬉游街巷，而帷薄为之不清；携乐妇而酣饮市楼，官箴为之有玷。至于包养韩氏之妇，恣其欢淫，而行检不修；受苗青夜赂之金，曲为掩饰，而赃迹显著”。

他认为此二臣者，皆贪鄙不职，久乖清议，一刻不可居任者也。特请求皇上敕令相关部门，加以详查。如果属实，即将其罢黜。

两人开始被唬得面面相觑，默默不言。西门庆镇静下来说道：“常言兵来将挡，水来土掩，事在人为。少不得你我打点礼物，早差人上东京央及蔡京老爷那里去。”

于是，夏提刑急急辞别，到家拿了二百两银子、两把银壶。西门庆这里是金镶玉宝石闹妆一条、三百两银子。夏家差了家人夏寿，西门庆差了来保，将礼物打包端正。西门庆写了一封书信与蔡京的管家翟谦，两人星夜急急赶往东京救急。

一路只用了六天，他们俩就到达东京城内，来到蔡太师府见到了翟管家，将两家礼物交割明白。翟谦看了西门庆书信，说道：“曾御史参本还未到哩，你且住两日。如今老爷新近条陈了七件事，旨意还未曾下来。待行下这个本去，曾御史本到，等我对老爷说，交老爷阁中只批与他‘该部知道’。我这里差人再拿帖儿吩咐兵部余尚书，把他的本只不覆上来。交你老爹只顾放心，管情一些事儿没有。”

两人回来后，来保对西门庆把事情详详细细地说了一遍：“翟爹看了爹的书，便说：‘此事不打紧，教你爹放心。见今巡按也满了，另点新巡按下来了。况他的参本还未到，等他本上时，等我对老爷说了，随他本上参的怎么重，只批该部知道，老爷这里再拿帖儿吩咐兵部余尚书，只把他的本立了案不覆上去，随他有拨天关本事也无妨。’”

西门庆听了这方才放下心来，又问道：“他的参本怎么还不到？”来保说：“俺们赶得时间早，回来时见路上一簇响铃驿马，背着黄色袱，插着两根雉尾、两面牙旗，怕不就是巡按衙门进送的奏章到了。”西门庆说：“要是他的奏本上得迟些，事情就停当了。我只怕去迟了。”来保道：“爹放心，管情没事。”

后面的事情确实是如此。曾御史的弹劾奏本到了蔡京那里，就被他卡住，通不了天。天子不知道，此事就不了了之。他们俩人有了蔡京得力庇护，只是虚惊一场，最终平安无事。

不过，笔者对这一情节设计颇有质疑：曾御史的弹劾奏章还没有到达京城，那邸报居然先期刊登传播开来，岂不怪哉？若如此的话，邸报属于重大泄密行为，也属于预先报道、抢先报道的行为。邸报的形成有一个过程，内容要由正规途径核实，印刷也需要检字、排版、付印诸环节，怎么可能奏章还没有上朝廷，而邸报就先期刊发下来呢？如此邸报岂不成为传闻了？要知道邸报是中央政府办的权威报刊，白纸黑字，非常慎重。特别是涉及到弹劾官员的重大人事问题，非同小可。奏章没有上报到相关部门，那是绝不会在邸报上刊登的。当今是这样，古代社会也是如此。

鉴于该小说说的是宋代的事，我们看看蔡京所处的时代。他生于

1047年，卒于1126年，活了79岁，熙宁三年仅23岁即中进士，先为地方官，后任中书舍人，改龙图阁待制，知开封府。崇宁元年（1102年），即他55岁的时候，担任右仆射兼门下侍郎（右相），后又官至太师。他先后四次任相达17年之久，四起四落，堪称古今第一人。北宋末，太学生陈东上书，称其为“六贼之首”。钦宗即位后，他被贬岭南，途中死于潭州（今湖南长沙）。

在蔡京之前，宋代朝廷的邸报即已经逐渐形成了制度，对邸报的内容严格把关，报与不报十分慎重。真宗咸平二年（999年）起，对邸报实行“定本”制度，进奏前要将编好的邸报样稿呈送枢密院审查，然后按照审查通过后的“定本”向地方发布消息，不得超过“定本”所框定的范围。以后邸报改由门下省定稿，再经宰执复审，方可发行。

仁宗庆历三年（1043 年）沂州虎翼军卒王伦发动兵变，与官军对抗，“江淮军频有奏报，朝廷不欲人知，召进奏官等于枢密院，责状不令漏泄，指挥甚严”。

仁宗庆历八年（1048 年），秘阁校书知相州杨孜上言：“进奏院逐旬发外州军报状，盖朝廷之意欲以迁授降黜示赏功罚罪，勉励天下为吏者。积习因循，将灾异之事悉报天下，奸人赃吏、游手凶徒喜有所闻，转相煽惑，遂生观望。京东逆党未必不由此而起狂妄之谋。况边禁不严，细下往来。欲乞下进奏院，今后唯除改差任臣僚，赏罚功过，保荐官吏乃得通报，其余灾祥之事，不得辄以单状伪题亲识名衔以报天下。如违，进奏院官吏并乞科违制之罪。”这一建议为朝廷采纳。哲宗元祐五年则明确规定：“凡议时政得失、边事军机文字，不得写录传布。”

皇祐四年（1052年）九月，仁宗诏：“访闻诸州进奏官日近多撰合事端誊报，煽惑人心，将机密不合报外之事供申。今后许经开封府陈告。……今后只得以枢密院送下报状供申逐处施行。”

蔡京当政时期，哲宗元符元年（1098年）五月，尚书省言："进奏官许传报常程申奏及经尚书省已出文字，其实封文字或事干机密者不得传报，如违并以违制论。"对于未经批准公布的臣僚章疏，徽宗宣和三年（1121年）四月诏："臣僚章疏不许传报中外，仰开封府常切觉察。仍关报合属去处，内敕黄行下臣僚章疏，自合传报。其不系敕黄行下臣僚章疏辄传报者，以违制论。"

由此可知，宋代对邸报内容的管理基本形成制度体系，这是从政治方面考虑安危得失，而从实践中逐渐衍生发展出的制度。

所以，笔者认为，小说中那种弹劾奏章上达朝廷天子之前，而邸报即已经刊发的情况是绝不可能发生的，否则不可想象，要惩处一大批涉事者。而夏提刑和西门庆"风闻"自己将被曾御史弹劾，派亲信争分夺秒赶赴京城，在奏章到达之前找到蔡太师疏通关系，截留住奏章，倒是有可能的。因此，小说以邸报来证实弹劾内容的情形是不可能存在的，这种情节设计不能不说是败笔。

或许有人说，小说明写宋代，实写明代，要考虑明代邸报的实际情况，这话是对的。明代设立专门出邸报的通政司，管理邸报的出版发行。到了明末崇祯年间，邸报从手抄或木刻印刷改为活字印刷，规模也更大了。有学者认为，明朝中叶以后，万历到天启这一段时间，发行量比较大的时事性政治材料仍然是手抄和雕版印刷两种方式并存。该小说的写作时间就在万历年间，小说谈到的情况是李知县"令人抄了个邸报在此，与长官看"。说明李知县带给夏提刑的是邸报的抄本。邸报作为官方文件，是印刷品。所以在这里，小说情节不应该出现邸报，而应该设计成李知县从曾御史的好友处听说了或看到了他要弹劾这两个贪赃官吏的奏章草稿后，跑来告密就行了，不必硬扯到邸报上去，扯上邸报是弄巧成拙，有违邸报刊发的实际情况。

第十七回 宇给事劾倒杨提督 李瓶儿招赘蒋竹山

# 万回长老的“传奇”

词话本第五十七回《道长老募修永福寺　薛姑子劝舍陀罗经》，也就是崇祯本第五十七回《开缘簿千金喜舍　戏雕栏一笑回嗔》。这一回两个版本标题不同，内容一样，说的是西门庆为永福寺长老募捐，保佑儿子孝哥儿。

开头作者就介绍永福寺的地理方位和来历，将杭州的永福寺搬到了山东东平府内，说是这寺由万回老祖在梁武帝萧衍普通二年（521年）开建，梁武帝敕名为永福禅寺，永福寺名由此而来。

实际上，杭州的永福寺据记载是东晋司马衍咸和元年（326年），西印度高僧慧理来杭卓锡筑庵，接连兴建了灵鹫、灵隐等十座道场，其中就有永福寺，这比此处说的早了近200年。大约100年后，南朝刘义隆皇帝元嘉年间（424年—453年），有慧琳禅师继慧理开山后，筑庵于石笋峰下，不知慧琳禅师是不是此处所说的万回老祖。

此回介绍万回长老的传奇经历，说他七八岁时一天之内到万里之遥的辽东地方，找到在边关当军官的哥哥，捎回了平安家信和一件汗衫。家信是哥哥亲笔所书，汗衫是母亲亲手所做。老母亲和街坊邻居惊异不已，因此大家就都叫他“万回”，意即“万里之外一日回来”。他出家后，人们就称之为万回长老，这是其一。其二是万回长老“曾在后赵皇帝石虎跟前，吞下两升铁针，又在梁武皇殿下，在头顶上取出舍利三颗”。吞下两升铁针，取出舍利三颗，确实可当成传奇。只是万回长老活得了近两百岁吗？

梁武帝萧衍是南朝时的帝王，普通是他在位的年号，普通二年是公元521年，而后赵皇帝石虎是东晋时的帝王，查史上两次在位，一次是公元335年，在位一年，为建武元年；一次是公元349年，在位一年，为太宁元年。萧衍在位与石虎在位整整隔了172年，万回长老能活那么大年纪吗？设想万回10岁左右，在皇帝石虎跟前吞下两升铁针，那么到梁武帝萧衍时他已经有182岁了，这有可能吗？

我们家乡人鄙视讲话不着边际，比喻为“牛胯扯到了马胯下”，我看这回就是如此。谈到这位长老的传奇有胡编乱造之嫌，可叹的是该书问世以来，居然无人指出这一问题。当然有人会说，该书是一部小说，不是历史，可以编造人物和情节，不必那么较真。是的，但也不至于将人物的寿命拉长一百岁吧。要是这样，那就不是小说，而是神话了。你再怎么编造，也不能将历史上的朝代颠倒、人名互换。“关公大战秦琼”总是笑话。

其实，《金瓶梅》小说作者心思是极为缜密的，怎么会出现这样的低级错误呢？原来，早有学者考证，第五十三回至五十七回原文当时遗失，这是后来的陋儒补写，所以出现这样的低级错误也就不足为奇了。

# 作者考证篇

# 安进士安忱是谁?

小说虽说是创作出来的，但也有所本，不一定向壁虚构。以历史上或经历过的事件与人物为原型，如著名小说《水浒传》《西游记》《三国演义》《红楼梦》等皆有所本，而非凭空杜撰。

有人认为，《金瓶梅》一书中好人寥寥无几，如为兄报仇虐杀潘金莲的武松，弹劾西门庆贪赃枉法的巡按御史曾孝序，重义轻财、直说不隐的相士吴神仙，不与庞春梅发生性关系而有负周统制的李安等，屈指可数。笔者发现，与西门庆交往频繁的治水官员安忱其实也是一个好人，并且这位京官也是有所本的，他的原型就是自大禹以来的“千古治黄第一人”“运河之子”潘季驯。

潘季驯与徐渭同庚，晚徐渭二年去世。两人生活道路截然不同，却相识为好友，有过交集。潘季驯早年高中进士，晚岁名满天下，官阶达到正二品。总的来说，他一生春风得意，基本上一帆风顺。而徐渭则八次科举不第，落魄潦倒，生活曲折坎坷，以秀才终其一生，晚年饥寒交迫，在贫困孤独中去世。潘季驯科举显身扬名，大展抱负，理水卓有成效，造福当代，荫及子孙，成为徐渭一生仰慕的成功人士。作为朝野公认的优秀官员、当时国家干部的杰出典范，徐渭将他纳入自己的小说中作为安忱的原型来创作是很自然的。

### 1. 及第回家续亲

小说中，安忱，又叫安凤山，科举考试之路并不平坦，虽然考中了进士，心里还是有所失意的。本来他应考中头甲，却被言官说他是先朝宰相安惇之弟，系党人子孙，不可以魁多士，结果让另一个进士蔡蕴占了便宜，被擢为第一，做了状元，安忱只成为一名普通进士。朝廷给假省亲时，他与状元蔡蕴同行。船到清河，西门庆听从蔡京太师府里的主管翟云峰吩咐，热情接待，致送礼金。安进士因家贫未续亲而苦恼，这次辞京还家续亲，受到西门庆慷慨接济，盘缠有了着落，对这位豪商另眼相待。

第六十八回，安忱在西门庆家介绍自己的经历时说："蒙四泉过誉。一介寒儒，叨承科甲，处在下僚……"说明安忱是出身贫困的学子，靠科举改变了命运。

那潘季驯的实际情况怎么样呢？

潘季驯（1521 年—1595 年），字时良，号印川，湖州市乌程县（现为吴兴区）环渚乡常溪村汇沮人。明嘉靖二十九年（1550 年）参加京城会试，中进士，步入仕途。中进士后，他回家乡湖州娶了张氏，几十年来相濡以沫，夫妻恩爱度过一生。小说所写"安忱续亲"与潘季驯的经历相同。

潘季驯参加这次会试，从故乡汇沮乘船沿京杭大运河南段西线的顿塘，经平望北上，途径苏州、常州、镇江后，穿越长江来到扬州，再经邗沟，过淮安，出清口，越淮河，入黄河，然后再入卫河、白河，最后经通州循元代郭守敬开凿的通惠河，辗转到了北京，冥冥之中与运河、黄河、淮河结下了不解之缘。

中进士后，他被授予九江推官，后升御史，巡按广东，行均平里甲法，斥抑豪强。嘉靖四十四年，河患险危，淮口梗塞，漕运受阻，他由大理寺左少卿进右佥都御史，总理河道，开始了先后 4 次长达 27 年的治黄治河生涯。他提出并实施的束水攻沙，以清刷黄，淤滩固堤，治漕保运的办法，确保了京杭大运河全线畅通，为明清赢得了三百多年安澜，受到朝野和历代官民一致肯定。

## 2. 治河三年为期

小说特别提到，皇上限定安忱治河三年为期。

第六十六回安忱当了督运皇木主事一年后，已经升任工部都水司郎中了，并奉皇上敕令整治河道，三年为期，工完回京。

安忱来到清河县，与西门庆再次相聚。第六十八回，谈起安忱总督河道，西门庆羡慕道："老先生自有才猷展布，不日就绪，必大升擢矣。"因问："老先生，敕书上有期限否？"安郎中道："三年钦限。河工完毕，圣上还要差官来祭谢河神。"这次会晤时间紧迫，安排匆匆。西门庆虽然盛情款待，但安郎中道："学生实说，还要往黄泰宇那里拜拜去。"只吃了三钟酒，就告辞起身。西门庆款留不住，送至大门首，望其上轿而去。看得出，此时西门庆对安忱仰慕至极，充满了敬意。

那潘季驯总督河道的实际情况怎样呢？潘季驯自我加码，主动向朝廷提出治河三年见效，否则甘受惩罚。这是他于万历六年（1578 年）初第三次出任总督河道的事。他升任右都御史兼工部左侍郎总理河道，保漕治河。除了总理河漕，他还兼管军务和决定"钱粮及选任司道等官"，凡"南北直隶、山东、河南地方，有与河道相干者"，均由他提督，"如有抗违不服及推诿该事者，文官五品以下，武官四品以下经自提问"。潘季驯这个职务能决定西门庆这个五品官员的升职与罢免，仕途捏在其手里，西门庆能不对其毕恭毕敬？所以西门庆才盛情款待，款留不住，又送至大门首，望其上轿而去，极尽恭敬之能事。

潘季驯认识到黄河"斗水沙六"、"水少沙多"、善徙善决，一味采用“避黄保漕”或机械地照搬南方清水河道常用的分流办法是行不通的，只有用堤防束水，使其就范，才能使河道“淤不得停”并畅通入海。因此，他极力主张保漕必须治黄，兴利必先除害。他专门向朝廷递交了著名的《两河经略书》，这是我国历史上第一份综合治理黄淮下游和运河的全面规划。他认为：“通漕于河，则治河，即以治漕；合河于淮，则治漕，即以治河”，“漕不可以一岁不通，则河不可以一岁不治”，“以治河之工而兼收治漕之利”，“一举两得，乃所以为善也”。他提出在徐州以下河漕两岸高筑大堤，挽河归漕，实现束水攻沙，同时修复拦障淮水的高家堰和黄浦、崔镇等3处决口，“逼淮水尽出清口”，以解淮扬地区的水患，从而实现以洪泽湖调蓄洪水和“蓄清刷黄”的目的。由于他的治理任务上至北直隶、河南、山东，下至淮、扬及海口，同时还有全长几千里的黄河大堤修复和防护工程，为扫除障碍，力排非议，他又上《河工事宜疏》，提出“息浮言，惩污吏，查怠工”的请求，并自我立状，以三年为限，如治绩无效，情愿治罪。在首辅张居正的大力支持下，他先后参奏罢免了一批怠慢河工、妖言惑众的河官和地方官吏，“得以展其宏猷”。

万历七年（1579 年）冬，两河工程全线竣工。这次工程先后修筑高家堰 60 余里，归仁集堤 40 余里，柳浦湾堤 70 余里，堵塞崔镇等大小决口 139 个，修筑徐、淮、邳、宿、桃、清两岸遥堤 56000 余丈，砀、丰大坝各一道，徐、沛、丰、砀缕堤 40 余里，栽种护堤柳林 832200 株；切断了淮河汊流，抬高了洪泽湖水位，初步实现了“两河归正，沙刷水深”“蓄清刷黄”和汇黄淮同入于海的构想。而且巧借天力，锱铢必较，整个工程仅耗资 56 万两银子，比原计划节省 24 万两。至此，黄淮顺轨，漕运畅通，清口无塞，海口大辟，以致“流连数年，河道无大患”，令朝廷一直揪心不已的漕运问题迎刃而解。张居正闻讯后，大喜过望，专门写信致贺说：“公之功不在禹下矣。”文坛巨子、官至刑部尚书的挚友王世贞评价说："其言'借水攻沙，以水治水'则百世功也。"由于大河安澜、漕运顺畅，万历八年，潘季驯60岁之际，明神宗万历皇帝称赞他"以水治水，计虑出于万全；知人任人，率作先乎众职"，特下旨加封他为太子太保，升工部尚书兼都察院左副都御史，还荫一子入国子监读书，即保送他的儿子上最高学府学习。

### 3. 荣升工部侍郎

第六十八回中，安忱对西门庆说："蒙四泉过誉。一介寒儒，叨承科甲，处在下僚。若非蔡老先生抬举，备员冬曹，谬典水利，奔走湖湘之间。一年以来，王事匆匆，不暇安迹。今又承命，修理河道。况此民穷财尽之时——前者皇船载运花石，毁闸折坝，所过倒悬，公私困弊之极；而今瓜州、南旺、沽头、鱼台、徐沛、吕梁、安陵、济宁、宿迁、临清、新河一带，皆毁坏废圮，南河南徙，淤沙无水，八府之民，皆疲弊之甚，又兼贼盗梗阻，财用匮乏，大覃神输鬼役之才，亦无如之何矣。"

按新河建设成功在嘉靖四十五年（1566年）9月上旬。在总督河道的主要官员朱衡和潘季驯共同努力下，通过"建坝、置闸、厚堤、密树"，先后修筑了马家桥大堤35280丈、石堤30里，还疏浚了泄水支河96里，新开的运河和疏浚的旧河在留城相接，完全沟通。据潘季驯统计，治理前，该河道6个月仅能过漕船3396只；治理后，仅12天就通过了漕船3894只，漕运效率整整提高了17倍以上，嘉靖皇帝闻讯大喜，并赋诗四首以资勉励。

"前者皇船载运花石，毁闸折坝，所过倒悬，公私困弊之极；而今瓜州、南旺、沽头、鱼台、徐沛、吕梁、安陵、济宁、宿迁、临清、新河一带，皆毁坏废圮，南河南徙，淤沙无水，八府之民，皆疲弊之甚，又兼贼盗梗阻……"这是指万历初年的情况。《峄县志》载有贾三近万历二年的奏疏，谈到淮徐这一洪水泛滥成灾地区“贼盗梗阻”的问题，他说：“中间磁场、矿穴，皆盗窟也，濒河愚氓，更感于福田利益之说，崇尚白莲、无为诸教，百十为群，男女杂处，说法诵经，夜聚晓散，无乱之形，有乱之萌。”

万历二年（1574 年）秋和万历三年（1575 年）八月黄淮相继在高家堰、高邮段同决，致使京杭运河“徐、沛、淮南北漂没千里”，“漕艘梗阻者数年”。万历四年（1576 年）七月，万历五年（1577 年）八月，黄河再次在徐州和崔镇决口，淮河受黄河胁迫，亦决溢并向南流去。这便是“南河南徙”的情况。

正是在这种情况下，朝廷任命漕运总督吴桂芳总理河道与漕运的所有事务，不料他却重病缠身，于万历六年（1578 年）二月死于任上。张居正想起了刚刚升任刑部右侍郎但还未赴任的潘季驯，于是向皇上禀报，急调他来接替，转职为右都御史兼工部左侍郎。因此，小说中，安忱被称为“安郎中”，即安侍郎。

第六十八回中，工部安郎中先使人来信，随后便穿着妆花云鹭补子员领，起花萌金带，进门拜毕，分宾主坐定。茶罢，叙其间阔之情。西门庆道：“老先生荣擢，失贺，心甚缺然。前日蒙赐华扎厚仪，生正值丧事，匆匆未及奉候起居为歉。”这一段就是描述万历六年（1578 年）初潘被任命为总理河漕大臣的史实。

安忱在该小说中是个次要人物，但并不是不重要，作者对他是十分重视的，从第三十六回开始到第七十七回结束，他频繁出现，贯穿了该书中间大部分。从考中进士进入仕途开始，他一步步升迁，直到当上工部左侍郎。

实际上，潘季驯官阶并不止于此，他第三次治河成功后，多次受到朝廷褒奖，官职继续上升。万历八年六月，他调任南京兵部尚书，参赞机务；万历十一年（1583 年）正月，改任刑部尚书，九月明神宗又赠其大红麒麟服。

首辅张居正病逝后，万历十二年（1584 年）“江陵狱起”，他为张居正辩护被削职为民。万历十六年（1588 年）五月十六日，68 岁时，朝廷再次启用他为右都御史总理河道兼理军务，第四次受命治河。

但随着西门庆病亡，安忱这个人物也消失，安忱的原型潘季驯的后续情况并没有在小说中得到反映。为什么？万历十年张居正病逝，政治风云一时骤变，潘季驯被削职为民。小说作者考虑到自身安危，不牵扯进去，免遭文字狱，而让西门庆贪欲而亡，安忱也在第七十七回后隐姓埋名，戛然而止。综上所述，安忱是以潘季驯为原型进行创作的。小说写到第六十八回时，已经是万历六年之后的事了了。

# 安忱理水

安忱是与西门庆交往时间较长的一个人物，从第三十六回开始，直到第七十九回西门庆贪欲身亡，都出现过其身影。这中间，他从中进士金榜题名时起，就以一名寒门学子身份步入政界官场，从督运皇木的主事提拔到工部郎中，最后被皇上委任为治理黄河泛滥的一把手。

由于奸相蔡京（影射明代奸相严嵩）当道执政，安忱不能不攀附他，在官场周旋的同时，还主动与蔡京的儿子蔡修知府结交，将其介绍给西门庆认识。而安忱之所以与西门庆往来，主要是看上了他富甲一方，为人舍得破费，有助于官场应酬。所以大凡有官员聚会、迎来送往，他都会把宾客请到西门庆这里来，让西门庆做东，他和其他东道主一起象征性地凑凑份子，而宴会实际所费远远超过这些份子钱。西门庆则不管宴会花费多少，都由他来兜底。西门庆乐于这样做，因为这样既在官员们心中树立了为人慷慨、广交四海宾朋的名声，又无形中加强了与各级各地官员，特别是京官的联系，提高了他在清河这地方的政治地位和社会影响力。应该说，各有所图：西门庆借重安忱的官职和名声，安忱借重西门庆的钱财。

总的看来，安忱是个不错的官员，有为官一任、造福一方的理想，也有心怀百姓、改善民生、为国效力的抱负。特别是谈到黄河与漕运水利工程，南河南徙等水患时，其忧国忧民之心溢于言表。

我们且看他们是如何结交的。

朝廷给假省亲时，安忱与蔡蕴两人同行。船到清河，西门庆按蔡京宰相府的主管翟云峰的要求，热情接待，致送礼金。安进士因家贫未续亲，两手空空，正是要用钱之际，受到西门庆慷慨接济，盘缠无忧，给他深刻印象，对这位豪商另眼相待。

安忱后来被安排在工部（相当于水利部、建设部），成为督催皇木的主事。第二次会西门庆时，他回礼，先是叫人送上浙绸二端、湖绵四斤、香带一束、古镜一圆，再递上侍生安忱的拜帖，和管砖厂的同僚黄葆光一同进来。两位都穿着青云白鹇补子，乌纱皂履，乘轿张盖，喝道而至，好不威风！

西门庆出大门迎接，到厅上叙礼，各自分宾主坐下后，安主事说，他昨日碰到蔡蕴年兄，说他与宋松原都在西门府打搅过。西门庆道："因承云峰尊命，又是敝邑公祖，敢不奉迎！小价在京已知凤翁（即安忱，字凤山）荣选，未得躬贺。"又问："几时起身府上来？"安主事道："自去岁尊府别后，到家续了亲，过了年，正月就来京了。选在工部，备员主事。钦差督运皇木，前往荆州，道经此处，敢不奉谒！"

谈了他的经历后，黄主事欲起身告辞，西门庆要留下吃饭，安忱便告知两人前往东平府胡知府那里赴宴，途经此处。西门庆说，胡知府那里路途很远，就是两位官人不吃，手下人也要用饭，于是就在厅上安放桌席。珍馐异品，极一时之盛，汤饭点心、海鲜美味，一齐上来。西门庆将小金钟，每人只敬了三杯，连桌儿抬下去，管待亲随、家人、吏典。拜辞起身时，安主事向西门庆说："生辈明日有一小东，奉屈贤公到我这黄年兄同僚刘老太监庄上一叙，未审肯命驾否？"西门庆道："既蒙宠招，敢不趋命！"满口答应下来。

第五十三回《吴月娘承欢求子息　李瓶儿酬愿保儿童》，西门庆到刘太监庄上，投了帖儿。黄主事、安主事一齐迎往。都是冠带、好不齐整。叙了揖坐下，那黄主事便开言道："前日仰慕大名，敢尔轻造，不想就扰执事，太过费了。”西门庆言道：“多慢为罪。”安主事道：“前日要赴敝同年胡大尹召，就告别了。主人情重，至今心领。今日都要尽欢达旦才是。”西门庆道：“多感盛情。”于是上酒席，传杯换盏。歌童、优儿唱曲，都不絮烦。宴会散后，西门庆回家，听了应伯爵建议，叫手下写了谢宴札，送去下程。

这次聚会，以及随后往来答谢，不仅仅是饮酒听戏答谢而已，可能有重要事情商量处理。但由于该书手抄时，从这一回起，丢失了5回，这5回都是后人补写，内容写得很勉强凑合，既无文采，又无实在内容，实在不敢恭维。过去就有人评论系“陋儒”所为，评价十分贴切。

第六十六回《翟管家寄书致赙　黄真人炼度荐亡》，东京翟爷（云峰）派府前承差干办递书来。来人递上书信，说道：“小人姓王名玉，蒙翟爷差遣，送此书来。不知老爹这边有丧事，安老爹书到才知。”西门庆问道：“你安老爹书几时到的？”那人说：“十月才到京。因催皇木一年已满，升都水司郎中。如今又奉敕修理河道，直到工完回京。”

这一节说明，安忱与西门庆一样，与蔡京管家关系密切，通过这人攀附上当朝宰相蔡京，当了督催皇木主事一年后，升任都水司郎中了，以后又奉皇上敕令整治河道，三年为期，工完回京。整治河道，又在清河附近，西门庆与他又有缘相聚了。

第六十八回《郑月儿卖俏透密意　玳安殷勤寻文嫂》中，工部安郎中先使人来信，随后便穿着妆花云鹭补子员领，起花萌金带，进门拜毕，分宾主坐定。茶罢，叙其间阔之情。西门庆道：“老先生荣擢失贺，心甚缺然。前日蒙赐华扎厚仪，生正值丧事，匆匆未及奉候起居为歉。”安郎中道：“学生有失吊问，罪罪！生到京也曾道达云峰，未知可有礼到否？”西门庆道：“正是，又承翟亲家远劳致赙。”安郎中道：“四泉已定今岁恭喜。”西门庆道：“在下才微任小，岂敢过于非望。”又说：“老先生此今荣擢美差，足展雄才大略。治河之功，天下所仰。”安郎中道：“蒙四泉过誉。一介寒儒，辱蔡老先生抬举，谬典水利，修理河道，当此民穷财尽之时。前者皇船载运花石，毁闸折坝，所过倒悬，公私困弊之极。又兼贼盗梗阻，虽有神输鬼役之才，亦无如之何矣。”这是后来的崇祯本版本，省略了很多内容。

词话本中，安忱是这样说的：“蒙四泉过誉。一介寒儒，叨承科甲，处在下僚。若非蔡老先生抬举，备员冬曹，谬典水利，奔走湖湘之间。一年以来，王事匆匆，不暇安迹。今又承命，修理河道，况此民穷财尽之时。前者皇船载运化石，毁闸折坝，所过倒悬，公私困弊之极；而今瓜州、南旺、沽头、鱼台、徐沛、吕梁、安陵、济宁、宿迁、临清、新河一带，皆毁坏废圮，南河南徙，淤沙无水，八府之民，皆疲弊之甚，又兼贼盗梗阻，财用匮乏，大覃神输鬼役之才，亦无如之何矣。”

这段话非常重要，安忱说出了他在艰难困苦之际承担治河大任的心情，为我们留下了当时河患的史料，也为考证作者写作小说的时间提供了依据。

西门庆道：“老先生自有大才展布，不日就绪，必大升擢矣。”因问：“老先生敕书上有期限否？”安郎中道：“三年钦限。河工完毕，圣上还要差官来祭谢河神。”说话中间，西门庆令放桌儿，安郎中道：“学生实说，还要往黄泰宇那里拜拜去。”西门庆令人安排春盛案酒，一色十六碗下饭，金钟暖酒斟来，下人俱有攒盘点心酒肉。安郎中只吃了三钟，就告辞起身。西门庆款留不住，送至大门首，望其上轿而去。

第七十二回《王三官拜西门为义父　应伯爵替李铭释冤》中，安郎中又带人来会西门庆。这次安郎中已经是“食寺丞的俸”，即拿正六品京官寺丞的工资，享受寺丞的待遇。他系金镶带，穿白鹇补子，跟着许多官吏，满面笑容，相携到厅叙礼。彼此道及恭贺，分宾主坐下。安郎中道：“学生差人来问几次，说四泉还未回。”西门庆道：“正是。京中要等见朝引奏，才起身回来。”须臾，茶汤吃罢，安郎中方说：“学生敬来，有一事不当奉渎：今有九江太府蔡少塘，乃是蔡老先生第九公子，来上京朝觐，前日有书来，早晚便到。学生与宋松泉、钱云野、黄泰宇四人作东，欲借府上设席请他，未知允否？”西门庆道：“老先生尊命，岂敢有违。约定几时？”安郎中道：“在二十七日。明日学生送分子过来，烦盛使一办，足见厚爱矣。”此事谈妥后，他便作辞，起身上马，喝道而去。

安忱官当大了，有能力回报西门庆了，给西门庆送分资来时，又特地请人绕道送来四盆花草：一盆红梅、一盆白梅、一盆茉莉、一盆辛夷，两坛南酒。西门庆满心欢喜，赏了来人五钱银子，叫左右把花草抬放藏春坞书房中摆放。一面使玳安叫海盐戏子去，一面兑银子与来安儿买办酒席。

第七十四回《宋御史索求八仙鼎　吴月娘听宣黄氏卷》中，宴会开始了，宋御史、安郎中每人一匹缎子、一部书送西门庆，见桌席齐整，甚是称谢不尽。宋御史道：“学生有一事奉渎四泉：今有巡抚侯石泉老先生，新升太常卿，学生同两司作东，三十日敢借尊府置杯酒奉饯，初二日就起行上京去了。未审四泉允否？”西门庆道：“老先生吩咐，敢不从命！但未知多少桌席？”宋御史道：“学生有分资在此。”即唤书吏取出布、按两司连他共十二两分资来，要一张大插桌、六张散桌，叫一起戏子。西门庆答应收了，就请去卷棚坐。忽吏进报：“蔡老爹和黄老爹来了。”宋御史忙令收了桌席，各整衣冠出来迎接。蔡九知府穿素服金带，先令人投一“侍生蔡修”拜帖与西门庆。进厅上，安郎中道：“此是主人西门大人，见在本处作千户，也是京中老先生门下。”那蔡知府又是作揖称道：“久仰，久仰。”西门庆道：“容当奉拜。”叙礼毕，各宽衣服坐下。左右上了茶，各人扳话。良久，就上坐。蔡九知府居上，主位四坐。厨役割道汤饭，戏子呈递手本，蔡九知府拣了《双忠记》，演了两折。酒过数巡，小优儿席前唱一套《新水令》“玉鞭骄马出皇都”。蔡知府笑道：“松原（即宋御史）直得多少，可谓‘御史青骢马’，三公乃‘刘郎旧萦髯’。”安郎中道：“今日更不道‘江州司马青衫湿’？”言罢，众人都笑了。西门庆又令春鸿唱了一套“金门献罢平胡表”，把宋御史喜欢的要不的，因向西门庆道：“此子可爱。”西门庆道：“此是小价，原是扬州人。”宋御史携着他手儿，教他递酒，赏了他三钱银子，磕头谢了。正是：

窗外日光弹指过，席前花影坐间移。
一杯未尽笙歌送，阶下申牌又报时。

不觉日色沉西，蔡九知府见天色晚了，即令左右穿衣告辞。众位款留不住，俱送出大门而去。西门庆随即差了两名吏典，把桌席羊酒尺头抬送到新河口去讫。宋御史亦作辞西门庆，因说道：“今日且不谢，后日还要取扰。”各上轿而去。西门庆送了回来，打发戏子，吩咐：“后日还是你们来，再唱一日。叫几个会唱的来，宋老爹请巡抚侯爷哩。”

第七十七回《西门庆踏雪访爱月　贲四嫂倚牖盼佳期》，安郎中又和参议汪伯彦、兵备雷启元来了，西门庆连忙穿衣系带，整衣出迎。三官员皆相让而入。进入大厅，叙礼，道及向日叨扰之事。茶罢，安郎中道：“雷东谷、汪少华并学生，又来干渎；有浙江本府赵大尹，新升大理寺正，学生三人借尊府奉请，已发柬，定初九日。主家共五席。戏子学生那里叫来。未知肯允诺否？”西门庆道：“老先生分付，学生扫门拱候。”安郎中令吏取分资三两递上，西门庆令左右收了，相送出门。

从这些官员的饭局活动，笔者感到，西门庆家实际上成了官员们迎来送往、结交聚会的会所。出现这种情况，可能与明代官员在接待开销上有密切关系。接待官员开销有定数，定数之内可以报销，定数之外则要自己掏钱。怎么办？既要体面接待官员，又不能叫自己掏钱，就只有找财大气粗者兜底才能解决，因此西门庆成了最佳选择对象，他家便成了最好的接待场所。而西门庆恰恰又乐于襄助，在他家接待各路各级官员皆大欢喜。

这里，我们且不说安忱与西门庆交往是各取所需，各有所图，而其中安忱治河的情况则给我们以启发。

第一，安忱说“而今瓜州、南旺、沽头、鱼台、徐沛、吕梁、安陵、济宁、宿迁、临清、新河一带，皆毁坏废圮。”这是指什么时候的情况呢？

《兖州府志》记载，这些闸坝与运河闸坝的实际情况完全一致。如沽头，有沽头上闸，沽头下闸；吕梁，有吕梁洪石坝、石堤；济宁，有漕河闸、牛头河闸、济河闸等十三闸；南旺，有南旺上下二闸；临清，有荆门闸、广济闸等。值得特别注意的是徐沛和鱼台诸闸。徐沛，原有南阳闸，嘉靖四十五年后才建有夏镇闸、杨庄闸、朱梅闸、利建闸等七闸，又称新河闸，《兖州府志》有载：“新河闸四：曰夏镇闸、曰杨庄闸、曰利建闸、曰朱梅闸，皆属沛县，俱嘉靖四十五年尚书朱公建。”鱼台，原有南阳闸，元代建，到隆庆元年又建南阳坝。《兖州府志》载：“……隆庆元年朱衡又建南阳坝。”“新河一带”及其闸坝，《兖州府志》也有详细记载。隆庆元年后，新河凿成，新河包括两段运河，一段自南阳到留城，长141里；一段自留城南至境山，浚复旧河53里。同时，筑马家桥东堤50余里为障，使黄河南趋秦沟。至冬，飞云桥之流遂断，运道无阻。运河的闸坝，据大学士徐阶的《夏镇新河记》碑文可知：“凡凿新渠……建闸九，减水闸十有六，为月河于闸之旁者六，为坝十有三，石坝一。”据《峄县志》卷十三载：“往岁新河之役，建闸筑坝，岁费不下数千金……自嘉靖庚戌（即嘉靖二十九年）始有此役，今（万历十一年）既罢，而饷银犹岁征。”

由此可知，新河一带的闸坝甚多，不仅包括新河闸坝，还包括徐沛、鱼台的一些闸坝，因此，小说作者才专门将“新河一带”列为一条。

这些情况说明，安忱所说的情况是在新河凿成之时即隆庆元年之后。

第二，安忱还说：“南河南徙，淤沙无水。八府之民，皆疲弊之甚，又兼贼盗梗阻……”

明代编修于慎行在谈到黄河故道时指出：“汉唐以来，由大名而北，过郡之北境，以入于海；五代以后，由大名而东，过郡之南境，以入于淮，其常道也。”在谈到黄河的变迁时，他以黄河入漕口为依据，对南河的南徙与北徙有一段精辟的论述，他说：“夫河势变迁，不可胶柱谈也。弘治七年，沙湾既塞，河益南徙，由清河口入漕。十八年，又北徙三百里，由宿迁小河口入。正德三年，又北徙三百里，至徐州小浮桥入。其明年，又北徙，由鱼台塌场口入。嘉靖末年，又稍南徙，至飞云桥入，飞云桥决塞，新河既成，又稍南徙，至茶城口入。万历十六年，茶城口淤，又稍南徙，由内华三闸入。”

这一段话不长，却已将明万历十六年之前黄河北徙与南徙的情况讲得非常清楚。黄河南徙最早在嘉靖末年。新河建成后南河南徙。

黄河淤塞之害，《明史・河渠志一》叙述比较详细：

“(隆庆)三年七月决沛县，自考城、虞城、曹、单、沛抵徐州俱受其害，茶城淤塞，漕船阻邳州不能进。已虽少通，而黄河水横溢沛地，秦沟、浊河口淤沙旋疏旋空。

(隆庆)四年秋，黄河暴至，茶城复淤，而山东沙、薛、汶、泗诸水骤溢，冲仲家浅运道，由梁山出戚家港，合于黄河。九月河复决邳州，自睢宁白浪浅至宿迁小河口，淤八十里，粮艘阻不进。时茶城至吕梁，黄水为两崖所束，不能下，又不得决，至五年四月，乃至灵璧、双沟而下，北决三口，南决八口，支流散溢，大势下睢宁出小河，而匙头湾八十里正河悉淤。”

连年河流淤塞使八府之民疲弊之极。上述情况，在万历元年后仍有发生，不在八府，而在淮徐了。如《峄县志》所载贾三近万历二年的奏疏，就是要求救济淮徐的灾民。这篇奏疏还谈到了这一地区“贼盗梗阻”问题，他说：“中间磁场、矿穴，皆盗窟也，濒河愚氓，更惑于福田利益之说，崇尚白莲、无为诸教，百十为群，男女杂处，说法诵经，夜聚晓散，无乱之形，有乱之萌。”

由此又可以推出，安忱所说情况应在万历初年。则小说作者写到安忱治河情况时，应在万历初年之后。

# 再说安进士安忱

前文论及，小说中的次要人物工部安郎中即是治水功臣潘季驯。虽然有很多史料和治水事例与之相符，但读者可能感到，证据链似乎还不充分。那么，本文就来谈谈历史上徐渭与潘季驯的交往。

徐和潘两人均出生于正德十六年，潘去世于万历二十三年，活了74岁，比徐多活2年，在那个时代，都属于高寿之列。然而，两个人的生活道路有着天壤之别：一个是考个秀才都费了九牛二虎之力，个人家庭生活一塌糊涂，要功名不得功名，要当官不得官职，郁郁寡欢，平生不得志；一个是考进士如探囊取物，手到擒来，要当官就当京官，要干事就成大事，每干必成，功成名就，痛快淋漓，死而无憾。就是反差这么大的两个人物却有幸在短暂的人生中交集，曾走到一起，结为好友。不信的话，请看徐渭给潘季驯的祝寿诗《寿司空潘君六十》：

> 海天漠漠一弧悬，正是司空治水年。
> 桐柏改流俱赴海，蛟龙自去不须鞭。
> 旧从精舍陪毫颖，今见台垣逼斗躔。
> 借取紫霞来几席，伫看黄发拥貂蝉。

先说“司空潘”就是潘季驯，将人精准锁定。

司空是中国历史上由来已久的官名，也作司工，与司马、司寇、司士、司徒并列，并称五官，掌水利、营建之事，是位于宰相之下主管数个领域的朝廷重臣。

司空作为治水官职，至少在尧舜时代就存在。据《史记·本纪·夏本纪》中记载，尧崩，帝舜问四岳曰："有能成美尧之事者使居官？"皆曰："伯禹为司空，可成美尧之功。"可见舜封禹为司空，让其治水。孔子也曾担任过鲁国的司空。

明清时期司空也是工部尚书的别称。明代王铎《太子少保兵部尚书节寰袁公（袁可立）神道碑》："予之司空致水衡钱，徐议易其名者。"

史载，万历八年（1580年）春，潘季驯加太子太保，进工部尚书。九月，迁南京兵部尚书。虽然以前治水功绩卓著，但他没有晋级到工部尚书时，是不能称为司空的。因此，当有人说到潘司空的时候，那一定是指1580年之后的事了。

潘季驯的治水功劳，明末清初思想家阎若璩是这样评价的："考万历六年，潘司空季驯河工告成，其功近比陈瑄，远比贾鲁，无可移易矣。乃十四年河决范家口，又决天妃坝；二十三年河、淮决溢，邳、泗、高、宝等处皆患水灾；天启元年河决王公堤。安得云潘司空治后无水患六十年？大抵潘司空之成规俱在，纵有天灾，纵有小通变，治法不出其范围之外。"可以说，阎若璩以事实说话、评价潘季驯极为公允。

其实，同时代的权臣同僚都有目共睹，对潘季驯的治水功劳评价甚高。当朝宰相（内阁大首辅）张居正说："公平成之绩，宁独一时赖之乎？仰甚！比闻黄埔已塞，堤工渐竣，自南来者，皆极称工坚费省。数年沮洳，一旦膏壤。公之功不在禹下矣！"

徐渭这首诗是对潘季驯花甲之年的祝寿，按其生平履历，是在万历八年已经加太子太保，进工部尚书之后，与史实相符，称其为司空是恰如其分的。按潘季驯的生日在农历4月，徐渭写该诗应在1581年农历4月左右，即公历5月份的时候。

虽然徐渭在月份上比潘季驯大两个月，但面对这么一位声名显赫的同庚，他是极为尊敬的，比如在题目“寿司空潘”之后加“君”字，表达了不一般的景仰。其次，诗中他记述了当年的交谊：“旧从精舍陪毫颖。”说明徐渭曾到过潘季驯的府上探讨过诗文与书法，对其为人、功勋钦佩之至。要知道潘是进士出身，也是满腹经纶，并非一般官僚、贵族可比。无论从学识、从为政的角度看，徐渭这个不入流的幕府书记、落魄文人，对能结识这样的朝廷命官都是极为珍视的。当然，这也从另一方面反映了徐渭虽然一介秀才，其文才学识也曾被中央领导所看重。徐渭那时已经60岁，远在乡下，缺衣少食，但他不甘沉沦，以积极的态度面对人生，珍视与潘季驯的人生友谊，千里鸿雁传书，遥祝同庚，表达心韵，展示了自己恢宏的胸怀。

我们看他另一首祝寿诗。万历三年，徐渭给小时同学潘承天祝寿，题为《寿潘承天六十　又山》：

五十年前共一窗，猪龙头角未分张。
吾今老作锄园客，看尔黄堂佐帝乡。

回首往事，不同的人生，总让失意者感慨万千。潘承天那时已经是承天府判官，而徐渭则从牢狱中假释出来，成一介农夫，在园中种菜自食其力，不可同日而语。这样的感慨在诗中流露出来，更让人感到他那种“不以已悲”，不以社会地位为鸿沟，珍视人生友谊的可贵之处，是真挚感情的流露。

笔者又从徐渭文集中发现了他写的两首诗。这两首诗表明，徐渭对潘季驯的为政治水经历是非常了解的，不仅指出了他在淮河主持水利工程的事，还列出了治水后的安澜景象。桀骜不驯的河水被他驯服，造福于社会。

《淮河成，长吏索赠两台二首　果有龙蜕而徙之事，时潘工部役此（其一）》

黄河东下万泥干，桐柏狂流自此安。
夹岸千艘移静练，连州百雉峙澄澜。
蛟龙引避缘司空，鸿雁悲歌美县官。
共指平江祠庙在，令人千古拜蝉冠。

人生灰暗，人性丑恶，徐渭将自己的沉重感受带进了小说之中，但在他创作的这些善恶互显、物欲横流的芸芸众生中，也显示出不多的亮点——治水造福社会的工部侍郎安忱，其原型就是后来成为司空的潘季驯。

第七十七回《西门庆踏雪访爱月　贲四嫂倚牖盼佳期》，安忱升职为郎中，他和参议汪少华、兵备雷东谷一起，为浙江本府赵大尹升任大理寺丞摆酒祝贺，要借西门庆家为请客场所，实际上是官俸不足，索其襄助。作为属下，又是富商，西门庆一口应承，说："老先生分付，学生扫门拱候。"其实，西门庆乐得将自家作为官方招待所，在宴请之际办妥了很多事情，比如将自己生意上的朋友孙文相转为官员，是雷兵备帮的忙。西门庆要感谢，雷兵备说："你我相爱间，何为多较？"

但是，自这一回之后，安郎中这个人物的故事就戛然而止，平白无故地消失了，而宋巡按、蔡状元等人却还在和西门庆交往，直到他贪欲患病而亡，其中必有蹊跷。

将一个活生生的同时代人物写到小说中去，一定与这个人物的履历相比有一定的滞后性。而作者不再写他，肯定是这个人物出现了重大变故。原来潘季驯不自觉地卷入了朝廷的政治斗争。

万历十一年（1583年）正月，潘季驯改任刑部尚书，主管重特大案件的审理。那时张居正死后被抄家，长子张敬修自缢而死，全家饿死十余口。潘季驯作为最高法官看不下去，上疏明神宗万历皇帝说“治居正狱太急”，“至于奄奄待毙之老母，茕茕无倚之诸孤，行道之人皆为怜悯”，明神宗看后不悦。而此时御史李植、江东之等人与内阁首辅申时行、吏部尚书杨巍相攻讦，潘季驯又站在申时行等人那边，被李植劾以党庇张居正，削职为民。这一秉公直言带来的沉重打击有5年之久。万历十六年，黄河大患，给事中梅国楼等人举荐，潘季驯才东山再起，复官右都御史，总督河道。

自己的政治打击、潘季驯的宦海沉浮，让徐渭看透了权力斗争的无常。为了不给自己找麻烦，不给他人留口实，他必须将安忱这个人物搁置起来自保。这就是安忱从此在小说中无故消失的原因。由此推断，小说写到七十七回时，已经是万历十一年（1583年）以后，即徐渭62岁之后的事了。

# 相士吴神仙吴爽

看相是中国特有的方术，以貌预测一个人的前途、命运、贵贱、寿夭、祸福、凶吉、子嗣等，不一而足。这里的“貌”不仅仅是面貌，还包括手足以及整个身体，乃至走路的姿势、目光等都纳入在内，应该说是一个人的外在特征。

春秋战国时期，中国相术迎来第一个发展高峰。唐代时涌现出一批相术大家，从庙堂之上到江湖之间无不津津乐道，十分流行，以至开科取士面试时，人的相貌也作为录取、定名次的重要参考指标。这一方术到金代、宋代出现第二个高峰，产生了划时代的经典《人伦大统赋》及《月波洞中记》，前者是相术的“圣经”，由金代著名宰相、学者张行简所著，虽然只有几千字，却文采斐然，言简意赅，如同道家的经典《道德经》，可谓相术理论的经典著作、最高权威。那时麻衣相法也兴起，融入了八卦学说、五行观念等。此后虽然进一步普及，却在理论发展上再也没有多少建树。

这一方术尽管没有多大的科学性，大多是经验性的东西，似是而非的因素太多，但其实用性强，能满足人们的好奇心，回应人们对前途、命运、祸福、贵贱等的关切，进行预测，因而看相算命长盛不衰。

唐代相术风行天下，明代也四海泛滥。这在《金瓶梅词话》一书中辟出专门一节，成为各人物以后命运的判词。第二十九回《吴神仙贵贱相人　潘金莲兰汤午战》中，吴神仙经守备府总兵周爷介绍来给西门庆一家看相。相了西门庆后，他又先后给西门庆的妻子吴月娘、五妾李娇儿、孟玉楼、潘金莲、李瓶儿、孙雪娥看相，还给西门庆的女儿西门大姐和潘金莲的丫环春梅也看了相。可以说，该书主要人物西门庆和几个女主角都看到了。吴神仙看相确定了书中人物命运的基本框架，给以后情节的发展埋下了伏笔，进行了提示或预测。《红楼梦》作者也采用这一做法，在第五回《贾宝玉神游太虚境　警幻仙曲演红楼梦》中，让警幻仙子带宝玉到仙境看金陵十二钗正册、副册，以诗画方式给书中女主角安排了命运，成为全书主要人物事件发展的纲要。

有人评价说，该书没有几个好人，大多是好坏的综合体。这话不错，但吴神仙是为数不多的几个好人、正面人物之一，不论是外在的相貌还是内在的心灵，以及由此表现出来的品格和行为，堪称高士。

由于相士是以观察人的外貌来判定其人生，合乎道家“参道”“求道”的范畴，因此相士一般被归入道家之列。我们看吴神仙是什么样的人：吴神仙到西门庆家门口，先让人递上周守备的贴子，即现在的“介绍信”。西门庆有请后，他头戴青布道巾，身穿布袍草履，腰系黄丝双穗绦，手执龟壳扇子，自外飘然而入。不事奢华，一副寻常道者的标准装束。如果说这是客观描写，看不出人物品格特征的话，那后面的描述是“年纪在四十之上，生的神清如长江皓月，貌古似太华乔松，威仪凛凛，道貌堂堂。原来神仙有四般古怪：身如松，声如钟，坐如弓，走如风”，这就完全是正面形象的描写了。

西门庆见了他“降阶”迎接，接至厅上。吴神仙则见面长揖，稽首礼就坐。吴神仙介绍自己何由来到此地，研究什么学科后，说自己“常施药救人，不爱世财，随时住世”，西门庆对他益发敬重。吴神仙可不是说表面光的话，他看完相后，西门庆封白银五两与他，他再三推却，说：“贫道云游四方，风餐露宿，化救万道。周老总送将过来，可一时之情耳。要这财有何用？决不敢受。”西门庆不得已，拿出一匹大布说："送仙长做一件大衣何如？"这吴神仙方才令小童接了，收在经包内，稽首拜谢，扬长飘然而去。请注意，这里西门庆拿出的不是绫罗绸缎，他是开绫罗绸缎铺的，绫罗绸缎多得很，到铺子里去取就是，但他知道吴神仙白花花的银子尚且不要，绫罗绸缎更是不接，因而只拿一匹大布来，让他能够接受。

在一个物欲横流的社会里，爱钱财是整个社会的普遍愿望和追求，但这个吴神仙真是"不食人间烟火"，不受人钱财，这是多么特立独行的高贵品质！作者赞他"拄杖两头挑日月，葫芦一个隐山川"，那个独立人间，酒隐天地的圣洁道士形象跃然纸上。

不受世财是其高尚品质，直言、直面被相者的心灵深处，更是可贵。耿耿忠言，直说无忌，逆耳背情，谁能道得出，说得准？只有吴神仙这样的人。

在整个看相过程中，吴神仙都运用了好坏二分法，既说人家的好处和长处，也说坏处和短处，目的是让人理解、接受。对西门庆的相貌，他说"元命贵旺，八字清奇，非贵则荣之造……后来定掌威权之职。一生盛旺，快乐安然，发福迁官，主生贵子。为人一生耿直，干事无二，喜则和气春风，怒则迅雷烈火。一生多得妻财，不少纱帽戴。临死有二子送老。而且不过七月必主平地登云之喜、添官进禄之荣"，说得西门庆喜上眉梢。这是其好事，坏事是"不出六六之年，主有呕血流脓之灾、骨瘦形衰之病"。当西门庆问命中还有败否？吴神仙就说"年赶着月，月赶着日，实难矣"，不愿再多说了。

于是，西门庆请他相面。他说你的面相好，为享福之人、英豪之辈，一生衣禄无亏，晚岁荣华自取。但不足处不敢说，西门庆要他但说无妨，于是他说："你行如摆柳，必主伤妻。鱼尾多纹，终须劳碌。眼不哭而泪汪汪，心无虑而眉缩缩，若无刑克，必损其身。妻宫克过方可。"西门庆问克过后如何，吴神仙又看他的手说，你的手细软丰润，必享福逸禄之人。但“两目雌雄，必主富而多诈；眉抽两尾，一生常自足欢娱；根有三纹，中年必然多耗散；奸门红紫，一生广得妻财。黄气发于高旷，旬日内必定加官；红色起于三阳，今岁间必生贵子”。这些说法一气呵成，断得就像木板上钉钉子似的，不容置疑。最后他说，又有一件不敢说：“泪堂丰厚，亦主贪花；谷道多毛，号为淫抄。”作者这里写得很巧妙，一是让吴神仙先说自己不敢说，这只是托词，表明自己畏惧的态度，但实际上还是说出来了：你西门庆就是个寻花问柳的风月老手、猎色逐腥的浪荡之辈。“泪堂丰厚，亦主贪花”，这个你吴神仙从西门庆的脸上看得到，说得没错，那“谷道多毛，号为淫抄”，你掀开西门庆的屁股看了吗？吴神仙没有掀开看，西门庆对此也没有反驳，表明吴神仙说得对，西门庆默认了。

吴神仙相完西门庆后，西门庆叫房下众人也来相一相。首先是吴月娘，吴神仙一见，连忙道了稽首，也不敢坐，在旁边观相。他先看脸，端详了一回，说：“娘子面如满月，家道兴隆。唇若红莲，衣食丰足，必得贵而生子；声响神清，必益夫而发福。”看了她伸出的手后说：“干姜之手，女人必善持家；照人之鬓，坤道定须秀气。还有几桩不足处，休道贫道直说。”西门庆道：“仙长但说无妨。”吴神仙说：“泪堂黑痣，若无宿疾必刑夫；眼下皱纹，亦主六亲若冰炭。

女人端正好容仪，缓步轻如出水龟。
行不动尘言有节，无肩定作贵人妻。”

应该说，吴神仙对吴月娘面相的看法基本是正面的。只有两点不足，一是“刑夫”，其行为对西门庆的为非作歹构成严重制约；二是不看顾父母兄弟等亲戚，对他们冷若冰霜。而大妾李娇儿的面相则截然相反，说她“额尖鼻小，非侧室必三嫁其夫；肉重身肥，广有衣食而荣华安享；肩耸声泣，不贱则孤；鼻梁若低，非贫即夭”。看她走了几步后，又道：

“额尖露臀并蛇行，早年必定落风尘。
假饶不是娼门女，也是屏风后立人。”

总之，这等面相一生下来就是做丫环、妓女的命；嫁与人妻也是人娶人抛，一生命蹇。虽然命并不好，但却广有衣食，如此而已。

孟玉楼则又不一样了。他说：“这位娘子，三停平等，一生衣禄无亏；六府丰隆，晚岁荣华定取。平生少疾，皆因月孛光辉；到老无灾，大抵年宫润秀。”让她走了几步后，吴神仙又说：

“口如四字神清彻，温厚堪同掌上珠。
威媚兼全财命有，终主刑夫两有馀。”

她天生聪慧，性格忠诚老实，待人宽和，恩威并济，福禄双全，唯一的不足是克夫，此时已经克过一夫，即她的前夫，做布匹生意的杨家人。现在做了西门庆的二妾，克过他后，就万事大吉。事实上，西门庆暴亡后，她守寡期间，外出遇到了对她一见倾心的李衙内，结为连理，从此琴瑟和鸣，过上幸福生活，生子善终。

吴神仙对潘金莲的看法是：“发浓鬒重，光斜视以多淫；脸媚眉弯，身不摇而自颤。面上黑痣，必主刑夫；人中短促，终须寿夭。

举止轻浮惟好淫，眼如点漆坏人伦。
月下星前长不足，虽居大厦少安心。”

这个女人的形象是一生只为淫乐，克夫命短，虽然嫁与西门庆后命运发生了极大改变，生活无忧，但命里不在乎物质生活，只为精神恋爱。特别是西门庆死后，与身为女婿的陈经济勾搭成奸，最后流产败露，被月娘逐出家门，最终被替哥复仇的武松杀死。她的一生如同焰火、闪电，在天空中划了一道光芒四射的亮弧，转瞬而为寂静。

李瓶儿则是“皮肤香细，乃富室之女娘；容貌端庄，乃素门之德妇。只是多了眼光如醉，主桑中之约；眉靥渐生，月下之期难定。观卧蚕明而紫色，必产贵儿；体白肩圆，必受夫之宠爱。常遭疾厄，只因根上昏沉；频过喜祥，盖谓福星明润。此几桩好处，还有几桩不足处，娘子可当戒之：山根青黑，三九前后定见哭声；法令细缠，鸡犬之年焉过？慎之，慎之。

花月仪容惜羽翰，平生良友凤和鸾。
绿门财禄堪依倚，莫把凡禽一样看”。

李瓶儿是身材矮小、四肢匀称、面相姣好的女子，其特点是爱谈恋爱，性格温柔，与人大度，受夫宠爱，能生贵子。一生有福有财，生活无忧无虑，是上层社会女子。吴神仙对她的看法很好，但可惜性命短促，患病而亡。命里如此，没有办法。

孙雪娥面相不好，吴神仙说：“体矮声高，额小鼻尖，虽然出谷迁乔，但一生冷笑无常，作事机深内重。只是吃了这四反的亏，后来必主凶亡。夫四反者，唇反无棱，耳反无轮，眼反无神，鼻反不正故也。

燕体蜂腰是贱人，眼如流水不廉真。
常时斜倚门儿立，不为婢妾必风尘。”

孙雪娥是西门庆的结发妻子陈氏带来的丫环，陈氏死后，西门庆便收用了她，将她扶为妾室，这就是所谓“出谷迁乔”。但这个女子秉性卑贱，命里没有一丝长处，虽为妾也如婢一般，在妻妾中排位最后，只是做得一手好汤，成为那些佣人的领班。后被逐出后，无以为生，沦落为妓女，坏事后因恐畏而自杀。

西门大姐的面相也不好，吴神仙相她“鼻梁仰露，破祖刑家；声若破锣，家私消散。面皮太急，虽沟洫长而寿亦夭；行如雀跃，处家室而衣食缺乏。不过三九，当受折磨。

惟夫反目性通灵，父母衣食仅养身。

状貌有拘难显达，不遭恶死也艰辛”。

倒是丫环春梅的命让吴神仙也像相潘金莲一样，观看、沉吟良久才发话。“此位小姐，五官端正，骨骼清奇。发细眉浓，禀性要强。神急眼圆，为人急躁。山根不断，必得贵夫而生贵子；两额朝拱，主早年必戴珠冠。行步若飞仙，声响神清，必益夫而得禄，三九定然封赠。但乞了这左眼大，早年克父；右眼小，周岁克娘。左口角下只一点黑痣，主常沾啾唧之灾；右腮一点黑痣，一生受夫爱敬。

天庭端正五官平，口若涂朱行步轻。

仓库丰盈财禄厚，一生常得贵人怜。”

月娘泪堂下有一颗黑痣，而春梅是脸上有二颗黑痣，一颗在左口角下，另一颗在右腮上。这二颗黑痣决定了她为夫疼爱，也为人背后议论。但总的来说，只有春梅的相好，除了为人急躁，受人背后议论外，几乎没有什么缺点。而其身为丫环，却各方面都好，成家后被封赠为夫人，生贵子，受夫爱，这是少见的。只是有一点，春梅后来也是因淫逸过度而早年身亡，这在吴神仙的判词里居然没有涉及，有点奇怪。难道是小说作者在后来的写作过程中改变了创作思想？不得而知。总之，春梅的判词与其后来的命运不太相符。

吴神仙这一人物，除了这一回给西门庆全家看相外，在第七十九回《西门庆贪欲得病　吴月娘墓生产子》中再一次出现了。这次是西门庆病急，请来各路医生都无能为力，吴月娘便想到了吴神仙看相时所说的话："不过六六之年，有呕血流脓之灾、骨瘦形衰之病。"于是将在土地庙前摆摊设点、行医卖卦的吴神仙又请了来。吴神仙一看到病体恹恹、形瘦神昏的西门庆就知道了他的病因，直白地说："官人乃酒色过度，肾水竭虚，是太极邪火聚于欲海，病在膏肓，难以治疗。吾有诗八句，说与你听。只因他：

醉饱行房恋女娥，精神血脉暗消磨。
遗精溺血流白浊，灯尽油干肾水枯。
当时只恨欢娱少，今日翻为疾病多。
玉山自倒非人力，纵是卢医怎奈何！"

既然治不了他的病，吴月娘又请他算西门庆的命如何。吴神仙又掐指寻纹，算八字，结论是虽发财发福，却难保寿年。有四句断语不好：

"命犯灾星必主低，身轻煞重有灾危。
时日若逢真太岁，就是神仙也皱眉。"

命也不好，那吴月娘又让他演禽星。吴神仙铺下禽遁干支，说：

“心月狐狸角木蛟，绛帏深处不相饶。
常在月宫飞玉露，惯从月下夺金标。
乐处化为真鸡子，死时还想烂甜桃。
天罡地煞皆无救，就是王禅也徒劳。”

“禽上不好，请先生替我圆圆梦罢。”吴月娘说，她梦到大厦将颓，红衣罩体，撅折了碧玉簪，跌破了菱花镜。吴神仙说：“娘子莫怪我说：大厦将颓，夫君有厄；红衣罩体，孝服临身；撅折了碧玉簪，姊妹一时失散；跌破了菱花镜，夫妻指日分离。此梦犹然不好，不好。”

病、命、禽、梦这四个方面都指向同一结局——死。吴月娘还是不甘心，问先生有解么？吴神仙道：“白虎当头拦路，丧门魁在生灾，神仙也无解，太岁也难推。造物已定，神鬼莫移。”说得这么绝对，没有救星，没有任何回旋余地，吴月娘绝望了，只好认命。她像上次来看相一样，给了他一匹布，谢了吴神仙，打发他走了。

作为一个看相算命者，在病人需要善意的谎言和安慰的时候，他仍然秉承自己的“职业道德”，如实相告，没有任何忌讳，确实是品德高尚，让人敬畏三分。

在第七十九回《西门庆贪欲得病　关月娘墓生产子》中，吴月娘要小厮到周守御家请吴神仙时，下人贲四说：“也不消问周老爹宅内去，如今吴神仙见在门外土地庙前，出着个卦肆儿，又行医，又卖卦。人请他，不争利物，就去看病。”说明此时吴神仙不再云游四方，而是定点营业了。在第九十一回《孟玉楼爱嫁李衙内　李衙内怒打玉簪儿》中，陶妈妈与薛嫂二人做媒时感到孟玉楼年龄大了，与李衙内不太相称，要找个算命的改一改年龄，在路南看到一个青布帐幔的卦肆，挂着两行大字：“子平推贵贱，铁笔判荣枯。有人来算命，直言不容情”，里面坐着个能写快算灵先生。他是不是吴神仙，书中没有明确交待。

这位灵先生对孟玉楼算命很准，批下命词：

“花盛果收奇异时，欣遇良君立凤池。
娇姿不失江梅态，三揭红罗二画眉。
携手相邀登玉殿，含羞独步捧金卮。
会看马首升腾日，脱却寅皮任意移。”

可以说，这是对孟玉楼一生命运的概括。灵先生还说她从此走上好运，能活到 68 岁，有一子，夫妻偕老，并将她的年龄改小了 3 岁，从 37 岁改为 34 岁。我们看前面说她“终主刑夫两有馀”与这里“三揭红罗二画眉”是一个意思；“携手相邀登玉殿，含羞独步捧金卮”与“晚岁荣华定取”也是一致的。

不过，卜卦治病者有一点区别是，前面的吴神仙与人看相、治病，分文不取，但这一次是薛嫂进卦肆来烦累先生算命，开始便从袖中拿出三分命金来，说：“不当轻视，先生权且收了，路过不曾多带钱来。”书中没有明说先生收下否，但可以肯定的是先生一定收下了，不然道理上说不过去。定点营业不是做慈善事业，施舍钱财，是一定要收钱的，不然养不活家人和自己。也许正因为如此，作者才没有明说是吴神仙，不然破坏了吴神仙的形象和性格特征的一致性。除此之外，其它方面与吴神仙毕肖。

总观吴神仙看相，我们知道，小说作者对这一方术是十分在行的，特别是研究了经典著作《人伦大统赋》，有些文字就是直接从该赋中搬出来运用，如“审格局，决一世之荣枯；观气色，定行年之休咎”，“天庭高耸，一生衣禄无亏；地阁方圆，晚岁荣华定取”等。而“有心无相，相逐心生；有相无心，相随心往”这一基本论调则是对心相关系之高度概括，说明心是根本，相是衍生。有了善心，以后才有善相。虽有善相，但心地为恶，则相也会转恶。但心是可变的，这也决定了相与命的可变。即命运之改变，不在于相，而在于心。从心与身的关系来说，身又决定心，因为人一生下来，身体格局是不会变的，而心是可变的。应该说，身与心互相决定，《人伦大统赋》却只认定“格局决一世之荣枯”。

谈到写作，我们说，小说家只能写其熟悉的生活、熟悉的领域，他所不知道的生活、不熟悉的领域，你要他写，他也写不出来。这就是作家自身生活的局限，而这种局限也为我们探寻《金瓶梅》的作者是谁提供了线索。

在明代中晚期，将目光转向贩夫走卒，如相士、医生、画家、挑夫、阴阳生等社会行业和普通人物，转向稀奇古怪的社会新闻，这样的知识分子不多，而徐渭就是其中之一。他与相士接触较多，由于身材高大，肤色白皙，性格迥异，足智多谋，博览群书，志向远大，因而在相士的眼里，他是个“鹤立鸡群”的人。这给他这个科举失意、仕途失败者增强了人生信心，也给他努力奋斗留名青史以强烈暗示。相士对他评价甚高，这是徐渭对相士一直存有好感，在小说中赋予他们正面形象的重要原因。

笔者找到了他涉及相士的二首诗和一段画上留言，可以看出他与相士的良好关系，以及他本人对相术的专业见解。

其一，《赠相士》诗：

节钺下明州，东随一剑留。
帷中占胜色，市上立清秋。
碧眼胡僧避，青囊道侣求。
相逢多幕客，曾见李藩否？

这是一个秋天的时节，一位相士要到现在的宁波去，随身只带一把剑，途经幕府，与人看相，看得很准，受到众多人士的追捧。徐渭见到他时，感到这人丰神迥异，问他见到过在北方守卫国土的将领李藩否？他才是真正的英雄呢。

其二，《即席赠孙相士》诗，前有序言：呼军中某侯似虎，余时尚瘽，呼余为鸡群鹤也。

短衣高帽拂青云，楼上逢君日未曛。
一盼虎头横燕颔，再窥鹤侣混鸡群。
至人杜德机难阅，宰相尘埃中可分。
寄语老翁须着眼，纱笼人物在参军。
注：戏用李藩事。

这首诗对我们研究徐渭与相士的关系很有说服力。我们看到在一个晴好的下午，徐渭在幕府楼上碰到了一个姓孙的老年相士，着短衣，戴高帽，神采飞扬，给军官看相，包看包准。英雄与高官在庸俗之辈中一眼就能分辨出来。给徐渭看相时，相士说他鹤立鸡群。要知道，他也就是个幕府中的记室，相当于现在的秘书长之类，而那时他还处在病中，并未痊愈，身体瘦削，精神也不好，但却让这位相士高看一眼，对他留下了深刻印象。他大为感动，作诗以赠。

首先，从这二首诗可以看出，徐渭与相士的交往是在他担任军政大臣胡宗宪的幕府记室期间，而幕府也是相士活动的活跃场所。这与《金瓶梅》中的相士到西门庆家来看相，是由守备府总兵介绍而来相似。

其次，相士的打扮、外在形象基本一致。一个是"头戴青布道巾，身穿布袍草履，腰系黄丝双穗绦，手执龟壳扇子"，一个是"短衣高帽拂青云"。而且他们相人直言不讳，十分精准，作风正派。

再次，相士看徐渭非等闲之辈，徐渭对这类人印象极好，视为人生知己，作诗以赠。而他对医生的看法则大为不同，以为那是个鱼龙混杂、良莠不齐的群体，这在该书多回中都有反映，此处且不涉及。

最后，是徐渭对画像的留言，名为《题祝相士小像赞》：

> 准丰以凝，目炯而精，硕口而癯身，可以知人。此祝子之貌，而吴子摹其神。虽然，神以目遇，不爽其信；神以笔遇，少亏其真。此所以贱有迹而贵无形。人知此可以相君于纸，子知此可以相人于庭。

这段话很有意思。大意是徐渭给一个姓祝的相士画了张像，画后再题辞，说祝相士这个人鼻子大而隆起，目光犀利，炯炯有神，身体清瘦而口大，是个能看相的人。我这个江浙画家给他画了幅画，主要是将他的神态临摹下来。当然，神情被眼睛看到，那是千真万确，不会有假的。如果神情被笔画下，那还是要稍微差些。这也就是卑贱有相貌事实根据，而富贵却只在神气中显现的道理。人们知道这点就可以通过画像来给人看相，你这个相士知道这点就可以在朝堂之上给人看相了。

这些诗作和题辞既反映了徐渭与相士的交往，也彰显了他对相术研讨精深。

试想，如果小说作者对相术没有精深的理解，与相士没有密切的交往，对这一行当完全陌生，怎么会写出吴神仙贵贱相人如此鲜活的情节故事呢？我们说，吴神仙这个人物形象是有生活原型、有生活阅历、有创作基础的，它来自于有姓的孙相士、祝相士，也来自于没有姓名的相士，这些都有徐渭留下的文字可查。一个作家，有再超高的想象力，如果没有生活经验积累，那也只会漫无边际、不着要领、天马行空的瞎写一气。当然，仅凭这一点，还不足以说明该小说作者是徐渭，但如果没有这方面的知识、经验和经历，那是断然写不出来这一章回的。据此，我们就完全可以排除许多写作该书的其它人选。

# 谁有姊妹花情结?

徐渭是通才，诗文书画，样样皆通。他自许“吾书第一、诗二、文三、画四”。他的姊妹花情结在其画中题诗上留下了印记。

所画仕女同为姊妹者，有《仕女》诗：

英雄既死美人来，姊妹花从纸上开。
惆怅芳魂留不住，空传砚瓦是铜台。

他在《墨芍药》中题诗：

花是扬州种，瓶是汝州窑。
注以东吴水，春风锁二乔。

他在《石榴梅花》中写道：

姊妹低头内款时，石家妃子骂封姨。
即今未了炎凉债，许傍梅花写一枝。

他所作的历史题材《携妓东山游乐》画中就有两个丫环侍候谢太傅，即《东山赌墅图，有双环侍侧》，诗曰：

闻道东山赌墅年，胭红粉白两婵娟。
主人出画催题急，愁擦金钗打翠钿。

同样题材的画作《谢太傅携妓东山图》中，诗略有不同：

闻道东山赌墅年，胭红粉白两婵娟。
主人出画催题急，好下真真付墨研。

从这些题画诗可以看出他对姊妹花的偏爱。
还有其它一些诗作也表明了这一点。如《水仙六首》之五：

姊妹商量明月隄，夜妆莫解绿鬟丝。
黄陵庙口无多路，去听女郎歌竹枝。

徐渭这种对姊妹花的偏爱源于其生活经历，那就是在他失偶单身时，有一户人家看上了他这个风流倜傥的秀才。他家有两个女儿，主人想将大女儿许配给他，徐渭当时也同意，后来却反悔了，没成美事。哪知不久碰上倭寇作乱于湖州，严氏家主被倭寇砍伤臂膀，两个女儿都被掳去。其长女被抓走时，在桥上奋身跳水而亡，保全了贞节；幼女则在放回后不久也夭亡。为此徐渭十分后悔和悲伤，伤感之际，写下了二首诗追述此事，深深自责。兹录如下：

湖严氏有二女，其翁以长者许渭继室，渭自愆盟。顷闻为海寇断其翁臂，二女俱被执，旋复放还，便已作《宛转词》怜之。后知其长女被执时，即自奋堕桥死，幼女放还亦死，因复赋此。宛转词中覆水句，正悔愆盟也。

讶道自愆盟，天成烈女名。
生前既无分，死后空余情。
粉化应成碧，神寒俨若生。
试看桥上月，几夜下波明。

《宛转词》

宛转一臂断，流落二乔轻。
覆水已无及，通家如有情。
归来妆粉暗，啼罢泪痕清。
莫道红裙怯，官家盛甲兵。

不仅如此，他还为长女写了烈女传，篇幅不长，兹录如下：

嘉靖辛亥，渭既交于湖归安潘君鈛时谊，次年夏五月书来，且曰为君求得继室于鈛县双林乡，实严翁某长女，某翁父故某府知府，某同产兄弟也。渭见严翁与语大悦，许女焉。及察其动止，顾私独以其騃也，固谢之。其后四年，倭夷寇浙西，入双林。遇翁，断其一臂。翁死，乃牵其二女俱去，行若干里许，过其桥，长女初许渭者，奋投桥下，溺死焉。浙及他道，自有寇以来，妇女虏，其还者以千计，而女独死，难矣！事闻，渭痛之如室焉，且悔。以为当其时，苟成之，或得免。然天欲成斯人名，渭独且奈何？疑其父而及其女，而不知其生而悔于其死，其可及乎？作严烈女传。

这一生活经历无疑在徐渭的心灵中留下了深刻印记，可以说直接影响到他的小说创作。他不能忘怀，无法抹去这一段感情。姊妹俩的惨死经常萦绕在他脑海里，让他寝食难安，写诗作传以纪念。他的思想也得到了升华。近而言之，上升到倭寇非除不可；远而言之，如何想方设法抵挡住北方游牧民族的入侵骚扰，保家卫国。倭患消除后，国家心腹大患便是北方少数民族，他想提醒当权者和全社会注意，为此，在小说中借宋代军事防御失败，君主被掳去的事实，告诫本朝要时时谨防，切勿松懈，引以为戒。后来发生的事不幸被其言中，但说中了也没用，明代最后还是被北方少数民族入主中原所取代。人算不如天算，这就是历史的可悲之处。

我们在小说中看到的妓女，不管是李桂姐、李桂卿姊妹，还是郑爱香、郑爱月姊妹，她们与西门庆的妻妾一样，都有自己的才能、自己的心思、自己的难处和自己的欲望，都有求于人，借势逞强，捍卫自己的尊严和地位等，都是有血有肉的个体，都在一定社会关系中生活，除了职业、身份的不同外，她们与其它女子没有任何区别。作者并没有对她们有任何鄙视，在描写她们的美貌、风情与才华时，一样是笔墨浓重，词藻华丽，写诗赞美。

徐渭有一首诗，名《绯桃篇》，诗文曰：

> 桃花映户复临池，闻道秾芳满上枝。
> 误落自依裙带绣，乍开犹学口痕脂。
> 添妆影入玄云鬓，折寄香随锦字诗。
> 借问世间谁得似，郑家红袖倚门时。

“郑家红袖倚门时”大有深意，或许小说里的郑爱香、郑爱月姐妹就是这首诗中的“郑家红袖”。两者同姓，让人产生联想，其中必有一定的联系。小说中曾经说过，女孩倚门而立是一种不好的姿势，良家女子不为，只有妓女才倚门接客、拉客，招呼嫖客上门。有这种倚门习惯的女子按相书说会沦为娼妓，走向淫窝，命运上属于坏相。郑爱香、郑爱月姐妹的形象来源是不是这位在绯红色的桃花盛开时，于门口倚望的郑家女子呢？

# 徐渭与歌女

明代歌女和乐工是一个特殊的群体，说特殊是因为他们被纳入了乐籍管理之中，是体制内的人。他们所承担的社会职能较多，除提供歌舞表演、宴会弹唱助兴外，还要把盏陪侍，身兼演员、乐手、三陪女、暗娼、情妇这几重角色。鉴于明代对家庭配偶没有多少限制，这些歌女与官僚、商贾、儒士等在交往中产生感情，当小三被包养是很正常的，也是当时的普遍现象。他们是官商学等社交场上的流莺、欢乐果和润滑剂。你想，明朝年间妓院都可开设，一个歌女与人相好有什么大惊小怪的？

在胡宗宪幕府中，徐渭结识了歌女林某，歌女对胡宗宪这位威镇一方的主帅有感情。为此徐渭写了两首诗赠送给她，一首感叹自己百事无成，四处奔波，自称“野客”，惋惜她离去。另一首叹自己囊中羞涩，不能馈赠锦绣缠头，只好以廉价白苧替代，写得情感真挚：

野客年来百事休，也怜歌板去难留。
若为化作沿江柳，直管莺声到岸头。

夏来凉夜似秋多，正好酣歌奈去何？
欲买缠头无蜀锦，赠将白苧当红罗。

歌女夏天离去，似有心事不好明说，徐渭又站在歌女的角度，设身处地写了一首诗，替她答谢胡宗宪，其意是自己不能分身侍候这位大首长了，即《设代林某答胡通政》：

银台相望渺银河，谷水情人待亦多。
妾本一身非两体，一时难作往来梭。

剿倭战事闲暇时，幕府中也有一些文艺演出来劳军，这时徐渭这个秘书长要尽到自己的职责，替主帅写诗答谢为军人带来欢乐的优伶，比如《代胡通政送优人》：

李广归自南山坞，身着短衣射猛虎。
从来壮士郁无聊，一寄雄心于歌舞。

事实上，徐渭与歌妓的接触还是很多的，既在妓院，也在酒宴，还在歌舞场所等。比如，他与黄州来的妓女萍水相逢，结交甚厚，写给她的诗《赠妓》感情自然，对仗工整，典故用得恰到好处，表现出很高的艺术水准，很有风味，值得细细品嚼。

邂逅黄州客，言从赤壁来。
珮疑交浦赠，髻是湘云裁。
丽日香尘起，遥空小杏开。
此时分袂去，何日寄书回。

这类诗还有《赠歌者》：

东风吹雨杨花落，清歌细绕鸣钟阁。
斗酒将倾客不来，白日斜飞晚云薄。
回腰欲舞不得舞，试买罗衫请谁沽。

另有《应李以赏歌姬》：

遏云清曲垒明珠，可是佳人独立余。
延年妹比昭阳燕，西子人看镜浦蕖。
内院新妆应堕马，湖州水戏定沉鱼。
近闻剑气新雄舞，那得还来助草书。

与幕府同事兼好友沈嘉则同游会稽东山，徐渭笑他夜晚醉宿于小妓家，诗写得富有生活情趣，当然这是想象的。《嘉则拟红衫四貌　东山拥妓》：

道人道帔剪轻霞，醉卧青楼小妓家。
小妓红衫何处买？同是南京杏子纱。

他曾与沈嘉则一起在酒席上与大家同欢作乐，有歌女递酒助兴。按当时习俗，男士们要将歌女的三寸金莲鞋子脱下来，套在酒杯上喝酒，称之为“鞋杯酒”。这样一番把酒行乐后，沈嘉则要徐渭就此赋诗一首，徐渭欣然从命，于是就有了《鞋杯　嘉则令作》：

南海玻璃直几钱？罗鞋将捧不胜怜。
凌波痕浅尘犹在，踏草香残酒并传。
神女罢行巫峡雨，西施自脱若耶莲。
应知双凤留裙底，恨不双双入锦筵。

有一次，他与士子们在明月庵聚会，隔一堵墙，墙北面就是一家青楼，不时传来欢笑之声。士子们辛苦奔波，壮志未酬，心中郁闷，以酒浇愁。这时他们多么想与隔壁那些歌女们来把酒共欢啊，可是他们哪怕喝得酩酊大醉，喝得红日西沉，这些歌女们也不会扭过脸来看一眼，慰籍一下他们苦闷的心灵。他们只能憶想、奢望而已。一方苦闷，一方欢乐，反差太大啊。于是他以生花妙笔记下了这人生一幕，《与诸君集明月庵，在妓坊之南，隔一垣，得春字》：

客子多辛苦，携尊随主人。
清池移席暮，红袖隔墙春。
垒酒何曾却，千愁不一颦。
但因归云急，不忍别流萍。

对于年老色衰的歌女，徐渭也是以一个交往者身份如实记载了她的生活经历。如《古意二首》中，他写道：

只堪话旧作生涯，若论风情鬓有华。
记得金钗堕双凤，十年前夜舞谁家？
愧无李白之才华，也系浔阳几落花。
傥使夜郎吹笛去，不知何处会琵琶。

对于这一类职业女子，徐渭并没有任何歧视。如果她们有才情，能诗会画，反而对她们充满敬佩之情。有一次，他得到了画家马湘兰所画的一把扇子，上面有九个妓女的诗咏，于是他在这幅扇面写下《书马湘兰画扇前　有九妓题咏》："南国才人，不下千百，能诗文者九人而已。才难，不其然乎？"

有一位长干地方的歌女被客人留宿多天，欲归而不让归，便啼哭纠闹，徐渭写诗嘲笑此事。《赋得梨花一枝春带雨　长干妓为客留信宿，欲归而啼，令嘲之》：

阿娇不含笑，西子却宜颦。
脸湿双啼玉，花滋二月春。
试绡堆翠袖，溜粉乱朱唇。
欲得千金倩，还渠桃叶津。

桃叶渡是商贾云集、钱物汇聚之地，也是妓女常驻之所。有一位熟人住宿于此，来会徐渭时，说起风月之事。贫困的徐渭无钱买酒招待，更无钱去陪他逛青楼，只好画竹赠送他，表达自己的无奈。他题诗《写竹与某　时某客居桃叶渡口》道：

桃叶渡头一见君，为言岸上石榴裙。
相逢无钱可买醉，赠与竹枝撩白云。

读罢此诗，诗人那份无奈跃然纸上，那种苦恼之中又透露出豁达和可笑的神情让人回味不已。

# 徐渭对女性的美好情怀

徐渭是个感情丰富的诗人，所以家庭生活出现种种不幸，情路坎坷，是他的思想性格使然。他将自己与女性交往的真切感受，以诗歌记述下来，让后人得以了解到其感情生活的历程。

总的说来，作为正常的男性，徐渭对女性是有着美好情怀的，对自己所欣赏、钟情的女性有富于想象力的描述和称颂，这种情愫与今天并无二致。

如《丽人》中所描述的女性，像空灵的女神，与曹植《洛神赋》有一比，姿态优美，遥不可及，让男性充满了向往而又无奈。

何处行云去？遥遥出洞房。
月里傥并色，镜中无此妆。
所思望不见，缟袂日边扬。

他与沈炼等人在春天一起前往桃花堤看女子骑马表演，沈炼为此写诗吟咏，要徐渭唱和。徐渭给我们留下了一幅美好的场景图画，美丽的女子轻捷利落的表演，以及女骑手跑马穿花度柳，便永远定格在诗里。见《桃花堤上看美人走马 和青霞君》：

一镜围湖水，千峰绕梵宫。

大娘回剑器，小伎落惊鸿。
影深穿柳日，蹄响带花风。
望断梨腮粉，红尘一道中。

还有，美丽的乐女染指甲装饰自己，诗也写得风情万种，充满一种热爱生活的时尚之美，如《美人红甲》：

近日新妆处处施，玉纤染草学胭脂。
并将樱颗销�管，忽散桃花上柳眉。
春色每从梢畔露，丽情半出袖边知。
寒风昨夜吹胶折，抱得琵琶下手迟。

他还写了有关女性的民歌，纪录了当时女性的社交生活场景。如《镜湖竹枝词三首》：

红塘粉壁绿窗纱，女郎往往说无家。
夜来独宿朝无伴，愁煞鸳鸯睡浅沙。

越女红裙娇石榴，双双荡桨在中流。
憨妆又怕旁人笑，一柄荷花遮满头。

杏子红衫一女郎，郁金衣带一苇航。
堤长水阔家何处？十里荷花分外香。

他还记录下了当时流传的民间仙女故事，故事情节曲折、空灵，大体如襄阳一带的郑交甫遇二仙女，仙女赠以珮玉，有自媒之意。

干溪许某是蠢子，山行遇二仙女，折松花，令其送往香炉峰上，见二人棋。他日又见二女，令其送往秦望山上，与二桃、一符、一诗，曰：子父母肯令子来，则啖以桃而来，否者且烧符。后许亦不与父母桃，阴置香厨上，父母亦不与来，而许辄烧符，后视桃不见。余登秦望山，山人对余说，乃是前年事。

求仙尚自隔蓬莱，仙子一双何事来？
解珮人间托流水，吹箫去路向瑶台。
望中海岛茫茫断，别后松花岁岁开。
世事如斯浑不解，青山落日坐莓台。

在一个相对自由的生活环境里，徐渭曾与女子发生过恋情，比如桃叶渡头，可是等他以后再来时已经物是人非。他对景怅然若失，留下美好的回忆，将这种情感倾注在《桃叶渡三首》中。

书中见桃叶，相忆如不死。
今过桃叶渡，但见一条水。

忆渡桃叶时，绿杨娇粉面。
丈水五石泥，好影照不见。

忆渡桃叶时，徘徊影自顾。
丈水五石泥，钗落在何处？

在觥筹交错的宴席上，有一位他钟情的女子在侍候客人。他这个疾病加身的诗人情思翩翩，充满了思恋，想像自己不能上席，她对我有意思吗？一整天她都在席上劝酒，要是我在席她会递酒给我喝吗？

她脸色桃红，眉宇间秋波宛转，是钟情于我吗？我这么老了，又袭一身病，能接受她这份情意吗？她何必钟情于我？真是五味杂陈，无可奈何。于是他将这复杂的情思凝结在《漫兴三首》之中。

昨夕书邀赴绮筵，朝来卧病客窗前。
自知一饮犹无分，那得双飞更有缘？

方朔慵多拥被眠，飞琼尽日侍芳筵。
想应昨夜瑶池上，玉手持杯未便传。

眉借春山脸晕红，文君何必定临邛？
相如已老无情思，只听弹琴绮席中。

这些男女交往中夹杂的择偶情感，若有若无，相互试探，总是那么不经意，总是那么不可捉摸，让人心意难平，浮想联翩。四百多年后我们欣赏这些诗作，依然感觉到与现代青年的情感何其相似，简直一模一样！这种真情实意的诗作穿透了时空，不仅在当时，在如今它仍然闪耀着璀璨的光芒！这就是其人已去，其诗长存的秘密。

第二十回 孟玉楼义劝吴月娘 西门庆大闹丽春院

# 失迷了家乡，那里寻犊儿去！

第三十回《来保押送生辰担　西门庆生子喜加官》中说道，农历六月下旬，正是三伏天气，炎热异常。刚娶过来不久的李瓶儿就要临盆生产了。大家在聚景堂中欣赏荷花，饮酒避暑。月娘要丫环绣春叫李瓶儿也过来吃酒听唱，便向三姐孟玉楼说："李大姐七八临月，只怕搅撒了。"潘金莲接话说："大姐姐，她哪里是这个月？约他是八月里孩子，还早哩。"

按正常情况，女子嫁到夫家，一年时间生孩子是正常的，潘金莲说的就是这个意思。但李瓶儿不一样，她不是黄花闺女，曾嫁给花子虚，后又将太医蒋竹山入赘，其间又与西门庆隔墙偷情，勾搭成奸，嫁过来后过早生育，这孩子是谁的种就难以确定，不一定是西门庆的。所以李瓶儿六月里胎动，引起潘金莲的怀疑，正好成为她打击李瓶儿的借口。

接生婆请进来后，也说是六月里生的样子。孟玉楼邀潘金莲去看接生，潘金莲不去，回应说："这回连你也韶刀（糊涂）了。我和你恁算：他从去年八月里来，又不是黄花女儿，当年怀，入门养。一个后婚老婆，汉子不知见过了多少，也一两个月才生胎，就认作是咱家孩子。我说差了，若是八月里孩儿，还有咱家些影儿；若是六月的，踩小板凳儿糊险道神——还差一帽头子哩！失迷了家乡，那里寻犊儿去！"

如今，按女子受孕到小孩正常出生为 266 天计算，官哥儿 6 月 21 日出生，则李瓶儿受孕的时间应在上年 9 月 25 日。这时已是李瓶儿嫁到西门庆家一个来月了，毫无疑问，生下的官哥儿是西门庆的种。但过去人们不按现在这么精确计算，通常就是说十月怀胎，一朝分娩。李瓶儿从上年 8 月下旬嫁到西门庆家，到 6 月 21 日官哥出生，就是 10 个月，刚好掐在这个门槛上，潘金莲以此为借口，一个劲地拿这说事，挤兑受宠的李瓶儿。

儿子官哥出生，西门庆喜上加喜，在玉皇庙吴道官那里打醮，替他寄名求护佑。吴道官为官哥取了法名“吴应元”，赠给官哥一套道士衣服行头、镌刻“金玉满堂　长命富贵”的银项圈，还有朱书黄绫符，上书“太乙司命，桃延合康”八字，让官哥的灵魂皈依三宝，蒙受庇护。（第三十九回《西门庆玉皇庙打醮　吴月娘听尼僧说经》）

回到家来，官哥穿上小道士服后，月娘见玉楼抱弄着孩子，说穿着这衣服就是个小道士。金莲接过话来说：“什么小道士儿，倒好相（像）个小太乙儿！”被月娘正色说了两句：“六姐，你这个什么话？孩儿们上，快休恁的！”那金莲讪讪的不言语了。这里金莲说好像个小“太乙”不是道教真神“太乙”——北斗星，而是谐音“太医”，意指官哥像李瓶儿前夫蒋竹山，是蒋竹山的儿子，所以月娘赶紧禁潘金莲的嘴。

对于李瓶儿这个孩子，西门庆的女婿陈经济也附和潘金莲。他吃醉了酒回来，给潘金莲生日上寿，对她说：“五娘，你老人家乡里姐姐嫁郑恩——睁着个眼儿，闭着个眼儿。早出儿子——不知他什么账儿，只是伙里分钱就是了。”即管他是谁的儿子，不要追根究底，只要能得到好处就行。这番话被他老婆西门大姐——西门庆的女儿听到特别不舒服，抢白了他一顿：“贼囚根子，快磕了头，趁早与我外头挺去！又口里恁汗邪胡说！”

月娘众姊妹到乔大户家作客，乔大户家里生的小女儿与官哥儿在炕上一起嬉戏，活像小两口儿，两家人都很高兴，当即割襟结下襁褓娃娃亲。回到家来，月娘告诉西门庆，西门庆心里不同意，说乔大户虽然家产大，但只是个白身，没有居官，不相称；二是小女儿是偏房生的，不是乔大户正房娘子亲生的，也隔了一层。这话被潘金莲听到，就插话说："嫌人家是（偏）房里养的，谁家是房外养的？就是今日乔家这孩子，也是房里生的。正是险道神撞见那寿星老儿，你也休说我的长，我也休嫌你那短！"西门庆听了此话，勃然大怒，呵斥她滚开。这里潘金莲的意思是，你家的官哥儿也不是正头娘子月娘生的，而是偏房李瓶儿生的，自己的孩子是这样，人家乔大户家的女儿也是一样，半斤八两，就不要计较都是偏房出生的了。

潘金莲被羞辱后，到孟玉楼这边来出气说："我不说的，乔小妗子出来，还有些乔老头子的些气儿；你家的失迷了家乡，还不知是谁家的种儿哩！"像这样扳亲家，无非是图往来，后来的事说不准，也有三五年后一方小孩出事，亲家结不成了的，所以孟玉楼说："如今人也贼了，不干这个营生。"并要潘金莲说话看对象，不要动不动直肠子直来直去。潘金莲却认为自己只是说了实话而已，孟玉楼一声不吭。再与孟玉楼谈论这事，潘金莲继续重复着她对官哥来路不正的看法，没有丝毫改变。（第四十一回《西门庆与乔大户结亲　潘金莲共李瓶儿斗气》）

小说作者在李瓶儿小孩出生时间上大作文章，贯穿了十回，可以说是念念不忘。为什么作者对这一问题这么重视，将其作为妻妾之间相互攻讦的借口之一？诚然，小说是创作，可以展开丰富的想象，但为何小说作者只以这个问题说事，而不以其它问题？这就和小说作者的生活经历、生活体验有关。是这个问题给小说作者太深刻的印象、太多的磨难，作为生活经历，他必须将这一素材融入到他的小说情节中去，才能解脱，他心中的块垒、积郁才能化解。有这个相同经历的人就是徐渭。

徐渭 40 岁左右时，到胡宗宪幕府作记室。胡宗宪十分信任他，从上报朝廷和皇帝的公文写作，到筹划与倭寇作战的事宜等方面都倚重他，当然在生活上对他也特别关心，为徐渭找合适的对象，让其安家立业，终于在杭州城找到了徐渭心仪的姑娘张氏而娶之。当时按徐渭所写的话说是“明公宠以书记，念及室家，为之遣币而通媒，遂使得妇而养母”。

这时徐渭是心情舒畅的，“一年乐事花流水”，可是这其中也潜藏着忧虑，那就是多次科举考试不第之下，他心理有些失常和障碍，常常夜中惊悸自语，头疼发枯健忘，精神憔悴，几乎到了崩溃的边缘。他自己说患了脑风，即和曹操类似的病。这种情况下，他与新婚妻子的关系当然不会和谐，特别是与妻子还相差二十多岁的情况下，观念、志趣、生活上可以肯定是不合拍的。

第二年一开年的正月初二，他就告别妻子，踏上一路随幕府辗转的行程，没有回家。这段时间，他在《畸谱》中写道：“随幕至崇安，再入武夷，至衢，入烂柯山。冬，枳生，为壬戌十一月四日酉。未几，幕被逮。”

张氏生子徐枳在阴历十一月四日，按现在的推断，张氏受孕应在阴历二月八日左右，这时徐渭离开张氏已经一个多月，孩子肯定不是徐渭下的种。徐渭自己对此最清楚，就是不清楚，别人也会提醒他。但考虑到对张氏的感情，对小孩的抚养，自己此前又数次婚姻不幸，他没有与张氏离异。胡宗宪政治处境不妙，被解职闲居，幕府解散，他迁居酬字堂。

46 岁时，在精神失常的状态下，他用铁锹将张氏杀死下狱。此后坐了数年牢，53 岁时在朝廷多位朋友帮助下，才得以获释。出狱后，他将张氏生下的小孩名字由徐杜改为徐枳。笔者猜测，其用意是小孩虽非己出，但毕竟是张氏留下的骨肉，不管其父亲是谁，他都要将孩子教育好，抚养成人。“橘生淮南则为橘，生淮北则为枳”，环境变了，人也会变的。虽然其生物属性不来源于徐渭，但他要将这个小孩的精神塑造成自己所希望的类型，也算是他杀死年轻美貌的妻子张氏，犯下过错的自我救赎吧。

我们说，小说家可以张开思维的翅膀，在想象的天空中飞翔。想象可以以道听途说为基础，也可以以自己的切身感受为依凭。但要写得真切感人，最终还是要靠自己的亲身经历。我们可以说，徐渭是借潘金莲的口说出了自己潜意识里的东西，也是替自己杀死张氏所作的隐晦辩护：是张氏犯下了不可饶恕的罪过，他才一时冲动下手的，他情有可原。

# 笑笑生与兰陵笑笑生

吃透一本书，知道作者是谁当然有必要。他的生活经历、才艺及其它的文章，对于了解其思想观点，加深我们对作品的理解，很有好处。

《金瓶梅》小说作者只用了个笔名“兰陵笑笑生”。自该书刊行四百年来，作者是谁就一直是个问题，至今没有定论。其实，兰陵笑笑生就是山阴徐渭，那个秀才徐文长、画家青藤道人、书法家田水月、那个狂狷诗人、那个杀妻疯子……

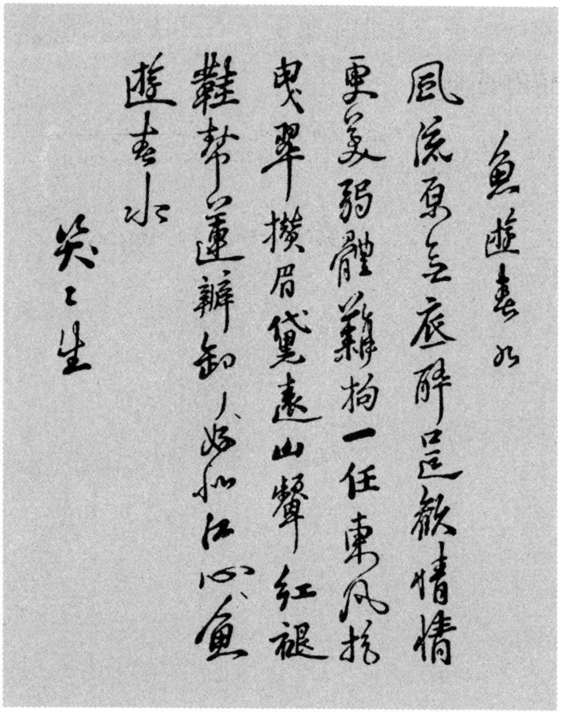

《花营锦阵》第 22 图“鱼游春水”题辞

笑笑生这一名字是比徐渭晚大约二十来年的另一位名人屠隆的笔名。徐渭用过呵呵、一笑等笔名，但没有用过笑笑生。确切可考的是《花营锦阵》题字出自屠隆手笔，墨迹落款为笑笑生。屠隆“笑所笑者笑笑之”，故被称为“笑笑先生”。《花营锦阵》第22图“鱼游春水”题辞咏曰：

风流原无底，醉逞欢情情更美。
弱体难拘，一任东风摇曳。
翠攒眉黛远山颦，红褪鞋帮莲瓣卸，
好似江心，鱼游春水。

经台湾有关专家将《花营锦阵》题字与屠隆手迹反复比勘，证实确实为屠隆笔迹（屠隆真迹现藏于宁波天一阁）。据此，部分学者认为，《金瓶梅》小说的作者“兰陵笑笑生”即为屠隆。这肯定是不对的。

屠隆（1543年—1605年），字长卿，号纬真子，号赤水先生，宁波鄞县人，出生于今宁波江北区桃渡路商人之家。他大器晚成，35岁才中举人，万历五年（1577年）以殿试第三甲第110名的成绩被赐予进士。曾任颍上、青浦知县，迁礼部主事。为官清正，关注民生疾苦。离任青浦知县时，当地士民数百人尾随送别至太仓。他才思敏捷，“生有异才”，“落笔数千言立就”，“诗文率不经意，一挥数纸。尝戏命两人对案拈二题，各赋百韵，咄嗟之间二章并就。又与人对弈，口诵诗文，命人书之，书不逮诵也”。

他多才多艺，风流倜傥，在晚明那个淫风甚炽的年代，寄情于勾栏。万历十一年，屠隆擢升礼部仪制司主事。一年后，早年对他心存芥蒂的刑部主事俞显卿给万历皇帝上一道论疏，称屠隆与西宁侯宋世恩淫纵，“翠馆侯门，青楼郎署”，言辞不仅有失文臣体面，而且媟语还牵涉勋戚闺帏。万历皇帝看后大为光火，不仅将屠隆贬斥，连同上疏的俞显卿也一并削职，二人只好各自回乡。屠隆在宁波江北王家汇三间老屋中安身，时年42岁。他至死疏狂放逸，生性风流，生活糜烂，患了所谓“情寄之疡”，即现在的梅毒病，断筋毁骨，痛苦不已，成为有载以来首位以梅毒而死的文人，享年62岁。

“淫纵”“情疡”二事成为天下新闻，都源于屠隆，因此《金瓶梅》小说用笑笑生作笔名就再适合不过了。但这不表明该小说就是屠隆所作。如果是屠隆所作，则用“笑笑生”或“鄞县笑笑生”作笔名就够了，为什么还要用“兰陵笑笑生”呢，结论只有一个——该书决不是屠隆所作。“兰陵”二字将他与《金瓶梅》一刀二断，彻底割裂开来。

《金瓶梅》小说开始是以手抄本流传，大约在明代万历二十四年出现，此时离徐渭去世3年，而屠隆此时才50岁出头。他要是写了这本书，不会藏匿不发，那不是他的性格，不是他的作派，他会大张旗鼓宣扬，哪里还要署什么笔名呢，直接写屠隆或屠长卿就行了。

据潘承玉考证，明万历年间流传的各种《金瓶梅》抄本，其最初的源头都可以追溯到徐渭的学生陶望龄。而徐渭去世后，陶望龄是徐渭手稿唯一的收藏者和管理者。陶望龄本人并不喜欢通俗文学创作，所以其手上的《金瓶梅》小说极有可能就是徐渭创作的原稿。

作为一名书法家，徐渭对王羲之书法作品是十分推崇的，有两点逸事：

他曾在季子微所藏摹本《兰亭》上留下墨迹，说临摹兰亭书法贴的人很多了，但只有时时流露出自己笔意的才称得上高手。高手不求临摹处处都像，关键是要摄取其神情气概。

他还在朱太仆所藏王羲之的《十七贴》上留下墨迹，谈得诙谐风趣，全文如下：

> 昨过人家园榭中，见珍花异果，绣地参天，而野藤刺蔓，交戛其间，顾谓主人曰：“何得滥放此辈？”主人曰：“然。然去此亦不成圃也。”予拙于书，朱使君令予首尾是贴，意或近是说耶？

在书圣的作品面前，他说自己留下墨迹是班门弄斧，只能让人笑话。一个是“珍花异果”，一个是“野藤刺蔓”，岂不相形见绌？他与书圣王羲之有如此的渊源，又生活在王羲之的家乡，还写过大量的兰亭诗文，所以以“兰陵笑笑生”谐“兰亭笑笑生”，做小说的笔名是十分自然的。

而屠隆的书法并不好，与兰亭也攀不上任何关系。他家虽然与徐渭家乡不远，一个在正东，一个在正西，但在明代，一个是绍兴府，一个是明州府——后来称宁波府，两者根本不是同一地方，八杆子打不到一块。历史上，国家机关在绍兴的设置非常特殊，山阴与会稽是其城中二县，隔界河而治，这种郡（州、府）县同城而治，两县同城而治的格局，迄于清末，历一千三百余年不变。在两县界河上曾有公案不知该由谁来处理，互相踢皮球，所以绍兴民间就有“山阴不管，会稽不收”这一名谚，也流传徐渭智赚山阴、会稽两知县，为民请命的传奇故事。

然后，我们看看徐渭本人的暗示。在《徐文长佚草》卷四《复李令公》之三中，他说了：“……更有一言不识进退，仆有胡说六七百叶，今拟刻其半，得参十五斤可矣。待尽之人，妄希一二语传后，此故人千百之惠也。以公不弃鬼物，故聊及之，不敢必也。”

这说明，去世之前，徐渭对老朋友李令公托陶望龄送来人参、川扇表示十分感激，并向他提出要求，将其几百页文稿出版一半，稿费十五斤人参即可，这主要是期待传之后人。自己行将过世，一般不对他人道及，你老朋友不忘记我，我便说出，如你能做到这一点，就是对我莫大的恩惠了。

袁宏道作为当时文坛领袖，有非常高的鉴赏力和历史眼光，对徐渭这个人的才华称赞不已，谓为“有明一人”。他说：“先生诗文倔起，一扫近代芜秽之习，百世而下，自有定论，胡为不遇哉？”几百年以后，我们现在来看，他确实有穿透历史的深邃目光，所言极是，不愧一代文宗。

# 守墓田

墓田，即坟墓旁边的田地，为守墓者提供衣食所用。是有名望、有地位、或为国家社会作出突出贡献者去世后，国家或家族亲人为保护坟墓不致湮灭，让后人长期祭祀、纪念，而形成的一种祭祀制度。

墓田又叫赡坟田、烝尝田、祭田等，是中国儒家文化、宗族文化衍生出的特殊现象，加上风水观念将墓田与子孙后代的兴旺与门户的兴盛结合，使得人们格外重视，不惜倾家荡产也要对坟墓、墓田加以保护。

墓田属于公田，为家族共同所有。一个对国家、家族贡献很大的人或者对此情结很深的人，如果死后没有墓田，那将是件很遗憾、很悲哀的事。这意味着无人看管守护，坟墓会湮灭为泥土；也意味着无子孙延续香火，只能“托体同山阿”。

墓田制最早出现在晋代，《晋书·忠义传·嵇绍》中有记载：“帝乃遣使册赠侍中、光禄大夫，加金章紫绶，进爵为侯，赐墓田一顷，客十户，祠以少牢。”

晋代王羲之暮年所书《墓田丙舍帖》，历代视为珍品，其用笔娴雅，字体风流，不乏古意，点画生动流转，饶有天趣，乃善书之绝妙。失其拙厚朴质之意，得其精密秀逸之姿，用笔温润，结体劲健，正是他创造性地临摹钟繇书法而成的新作，成为历代书法爱好者的正宗法帖。这说明晋代墓田制已经在社会上广泛施行。

南北朝时，崔挺（445年—503年），字双根，博陵安平（今属河北）人，与弟弟崔振互相推让田产房产等旧资，但崔挺只守着祖坟的祭田，虽然家徒四壁，兄弟却感情融洽。崔挺手不释卷，后被州县推举为秀才，射策中了好名次，朝廷拜他为中书博士，转任中书侍郎，一路升迁，提拔为昭武将军、光州刺史，其女儿为孝文帝元宏的嫔妃。崔挺不争家产守墓田，兄弟和睦，乡里称颂，堪称学子典范；后当高级官员，为国家出谋划策，造福一方百姓，也成为干部楷模。他的为人和政绩，与他守墓田尽忠尽孝不无关系。

唐代诗人张祜发现扬州是个好地方，不仅是人间天堂，就是死后也是丧葬佳处，他在《纵游淮南》诗中写道："十里长街市井连，月明桥上看神仙。人生只合扬州死，禅智山光好墓田。"

南宋诗人高翥（1170年—1241年）写过一首诗："南北山头多墓田，清明祭扫各纷然。纸灰飞作白蝴蝶，泪血染成红杜鹃。日落狐狸眠冢上，夜归儿女笑灯前。人生有酒须当醉，一滴何曾到九泉！"

我们老家有一句老话，叫做"七十岁不管阳间事"，那身体健康、神智清楚时管什么事呢？管阴间事。徐渭就是这样，他去世之前，写了《春兴诗》数首，其中一句为"七旬过二是今年，垂老无孙守墓田"，对自己没有孙儿发出了无可奈何的感叹。没有墓田可以买得到，但孙儿是买不到的。没有后代延续香火，就是有墓田又如何？没有断子，却绝了孙，这让饱经沧桑的风烛老人又平添了一丝苍凉。

在徐渭的头脑中，有没有人守墓田是个大问题。他很早就十分关注，超过常人，自己的事是这样，别人的事也是如此。例如他在《春日过宋诸陵》诗中说："过客悲山鸟，王孙种墓田。"曾经的贵胄沦落为守墓田者，岂不悲哉！他很在乎这件事，除了没有孙子延续香火祭祀外，还有一个原因是他对家乡先人项羽、虞姬了解深切。

虞姬是绍兴人。《史记》项羽本纪记载，项梁杀人后，项羽随叔父项梁一起避仇于此，结识了这位农家女，相互爱恋，成为伴侣。虞姬在战时一直追随项羽，不离左右。“汉兵已略地，四面楚歌声。大王意气尽，贱妾何聊生？”虞姬在垓下自杀后，家人在家乡项里立墓，有其墓田，岁时奉祀。那里有项里溪、项里山，即绍兴府城东南三十余里平水。不仅如此，还有虞姬庙，《康熙会稽县志》卷十四《祠祀志》载：“永贞庵，……内有虞姬庙，列二门联，左曰：‘今尚祀虞，汉代已倾高后庙’；右曰：‘斯真霸越，西施惭上范家船’。又至闸桥，建一石亭，亦祀虞姬。”

该志还载：“虞姬庙，在平水，倪文正联见前永贞庵。”

倪文正是明代天启朝翰林学士倪元路，说明当时的虞姬庙为文人看重，应是香火大庙。由此上推，在明代中期时，这里对虞姬的祭祀很流行。

这里当然还有项羽庙、项羽祠。民俗学者说，这里的姑娘取名不能用“翠”字，因为这个字是由“羽”“卒”组成，即“项羽死了”，不吉利，说明乡人对虞姬和项羽这对有情人的怀念。

作为一名关注家乡民俗、关注历史的文人，徐渭对这些故事应该再熟稔不过了。因此，《金瓶梅》小说便从吴地风物宝剑、西楚霸王项羽、虞姬、汉代创立者汉高祖刘邦、戚夫人谈起，并写有这样的诗句：

> 刘项佳人绝可怜，英雄无策庇婵娟。
> 戚姬葬处君知否，不及虞姬有墓田。

如果小说作者不知道虞姬家乡典故，凭白能写出“虞姬有墓田”的事实来么？只有对虞姬史实特别了解的人、对墓田之事特别关心的人，才能如此写来。这个人就是虞姬家乡人徐渭。

# 拆字隐语

隐语属于谜语之类，在生活中经常碰到。比如亲人过世，我们不好意思说“死了”，就以“走了”代之，应该说是一种避讳，一种委婉、隐讳的说法。大家都明白，毋需直截了当说出来。《金瓶梅》书中有很多方式的隐语，其中拆字这一方式则贯穿始终。

第二回《西门庆帘下遇金莲　王婆子贪贿说风情》中，西门庆问王婆做“杂趁”是什么意思，王婆说：“迎头儿跟着人家说媒，次后揽人家些衣服卖，又与人家抱腰、收小的，闲常也会做牵头、做马泊六，也会针灸看病，也会做贝戎儿。”

这里“贝戎”二个字加起来就是“贼”的意思。“杂趁”就是杂活，王婆做过各种职业，有媒婆、卖衣小贩、接生婆、江湖郎中、中介、撮合偷情者以及偷盗者等，由于撮合偷情以及偷盗都是不光彩、不允许的非法职业，所以用隐语“做马泊六”“做贝戎”替代。

第四回《淫妇背武大偷奸　郓哥不愤闹茶肆》中，西门庆与潘金莲偷情后，王婆问西门庆：“这雌儿风月如何？”西门庆说：“这色系子女不可言。”“色系”是绝字拆开，“子女”是好字拆开，连起来就是“绝好”，这句话意思就是“她妙不可言”。

第十六回《西门庆谋财娶妇　应伯爵庆喜追欢》中，应伯爵生日请西门庆做客，席间小厮玳安牵马来接西门庆回去，应伯爵不让走，对玳安不满说：“……你应爹一年有几个生日？恁日头半天里就拿马来，接了你爹往哪里去？端的谁使了你来？或是你家中那娘使了你来？或是里边十八子那里？你若不说过，一百年也不对你爹说，替你这小狗秃儿娶老婆！”

“十八子”是李字的拆开，即指与西门庆勾搭成奸的花子虚老婆李瓶儿。西门庆与花子虚是拜把子兄弟，按理朋友之妻不可欺，朋友之妻不可偷，这是做人的社会规范和准则，违背了则为社会所不齿。应伯爵不明说出来，是在公共场合，碍于西门庆的面子不点破，所以以“十八子”来代替，意思是我应伯爵知道你们的把戏和秘密，骗不倒他。

第二十三回《玉箫观风赛月房　金莲窃听藏春坞》中，正月里妻妾们轮流摆酒，李瓶儿小孩的奶妈惠莲在玉箫的撮合下与西门庆勾搭成奸，在月娘房里坐在西门庆怀里乱摸他那话儿，向他要茶要钱，西门庆解开惠莲的裤子要干好事，惠莲说：“不好，只怕人看见。”西门庆说：“你今日不出去，在后边晚夕咱好生耍耍。”惠莲摇头说道：“后边惜薪司挡住路儿——柴众。咱不如还在五娘房里，色丝子女。”

“色丝子女”与“色系子女”一样，都是“绝好”这两个字拆开，意思是“到五娘潘金莲房里干那事最好”。那里偏僻，避免人多碍事。

这种拆字隐语在第三十二回《李桂姐拜娘认女　应伯爵打诨趋时》中发展到登峰造极。李桂姐、郑爱香、吴银儿、玉钏儿四个歌女一齐到月娘房里坐，谈到她们这一行当里的男女情事时，吴银儿道：“张小官儿，先包着董猫儿来。”郑爱香说：“因把猫儿的虎口内火烧了两醮，和他丁八着一向了，这日只散走哩。”

“丁八”是“不”字拆开，这句话是指张小官儿曾对她虎口烧香，设誓盟情，可最近一段时间以来又和她关系不好了，到其它勾栏去另找妓女玩耍。

郑爱香又谈起李桂姐和周肖、聂钺两个嫖客来看她的事儿，李桂姐向郑爱香使眼色，撇清关系，对郑爱香等姐妹们解释说：“……你和别人家打热，俺傻的不匀了。真是硝子石望着南儿丁口心。”

“硝子石望着南儿丁口心”，这隐语迄今没有全部解开。“丁口”即“可”字拆开，“丁口心”即可心，这是没有异议的。难解的是“硝子石望着南儿”，有人认为“硝子石”是假玉石，隐为“假”的意思；“南儿”谐音隐为“难”的意思，“南儿丁口心”即难可心，难以称心如意。全句话的意思是“假心假意，望着都难以称心如意”。因为李桂姐责怪周肖、聂钺他们用情不专一，既想缠住她，又与别的妓女打得火热，她不干。

这些隐语变成行话、黑话，只在妓女们这个小圈子里传播，大家都心知肚明，是明明白白的“大白话”，但出了这个圈子就变成了“外语”。难怪月娘说：“你们说了这一日，我不懂，不知说的是那家话。”那家话？还不就是“勾栏话”？

第四十二回《豪家拦门玩烟火　贵客高楼醉赏灯》中，应伯爵与迟到的韩玉钏儿、董娇儿互掐互损。应伯爵说他有两个法子让两位姐儿犯难：一是以违犯夜禁让巡捕拿下她们，叫管治安的周爷即周统制周秀狠狠处罚；二是将轿夫灌醉，让姐儿们回不去，叫鸨婆子痛打一顿。韩玉钏说：“晚了回不去的话，可以在西门老爹家里过夜，或是叫爹差人送回家，不过是花点钱罢了——不在于你。好个淡嘴女又十撇儿！”“女又十撇”是“奴才”两个字拆开，“淡嘴”是正话反说，即多嘴的意思。全句意思是“晚了和你没有什么关系？好个多嘴的奴才！”

第八十回《陈经济窃玉偷香　李娇儿盗财归院》中，西门庆死后，与他有染的王六儿来灵前烧纸，无人接待，自感尴尬得很。小厮来安儿不知就里，吴大舅要他向月娘禀报，他禀报后被月娘大骂了一顿。吴大舅再见到他问向月娘禀报了没有，来安儿把嘴谷都着不言语，问了半日，才说：“娘稍出四马来了。”四马即“骂”字拆开，“稍”是正话反说，全句意即“月娘狠狠地臭骂了我一顿。”

第八十三回《秋菊含恨泄幽情　春梅寄柬谐佳会》中，潘金莲与陈经济的私情自从被丫环秋菊泄露之后，月娘晚上把各处门户都上了锁。金莲与陈经济阻隔，每日难挨绣衾孤枕，怎禁画阁凄凉，未免害些木边之目，田下之心。“木边之目”是相字，“田下之心”是思字，全句意为“未免害些相思”。

这些拆字写法，不需一一列举，特别是中间章回的例子没有提及，只是说明该书自始至终、一脉相承运用这种手法，成为一种极具个性的写作现象，是鉴定小说作者为谁的依据之一。

那么，谁有这种独特的癖好呢？徐渭。

徐渭用过很多笔名，有天池道人、青藤老人、青藤道人、青藤居士、天池渔隐、金垒、金回山人、山阴布衣、白鹇山人、鹅鼻山侬、田丹水、田水月等，其中田水月就是“渭”字拆开。他在《答人问参同契》一文中很明白地解释他为何要署名阜阜冬冬、秦田水月。“初某注此书（参同契），不欲章（彰）己之名，而又不欲尽没其迹，故为此隐诀。”秦田水月者，徐渭也。他的解释是：“秦”首三画，以“徐”旁三画“彳”准之，则徐字也。从他这种思考法、写作法来看，《金瓶梅》一书署名为兰陵笑笑生，也是同样道理，即“山阴徐渭”之意。兰陵为“会稽山阴之兰亭”，王羲之流觞曲水、集会修禊、结社赋诗之地，徐渭就出生在此地，以此地有如此风雅之事为荣，写过多篇与此相关的诗作。此地也是越王勾践种兰之所，亦可称为兰陵。笑笑生也是徐渭的笔名，他经常用“一笑”“呵呵”等来称呼自己，在往来书信中作为自己的代称。

更值得注意的是，玩这种文字游戏成为徐渭的癖好，终其一生。在他的文集中就收录有他做的不少灯谜。其中有：问管仲。打一字（答案：他。孔子回答说：人也，“人”“也”合起来即“他”字）。何可废也，以羊易之。打一字（答案：佯）。三点水，六点水，称呼同，左右异。打一字（答案：洲）。二画大，二画小。打一字（答案：秦）。上又无画，下又无画。打一字（答案：卜）。四十八个头。打一字（答案：井）。上有可耕之田，下有长流之川。一月复一月，两月共半边。一字共六口，两口不团圆。打一字（答案：用）。先写了一撇，后写了一画。打一字（答案：孕）。四山纵横，两日绸缪，富是他起脚，累是他起头。打一字（答案：田）。出自幽谷，迁于乔木。打一字（答案：呆）。这些字谜虽是文字游戏，却动了不少脑筋，看得出他思虑精深，字谜拐了几道弯，不是一般人能猜想得到，能得出正确谜底来的。

# “人不识”

天产奇葩在空谷，佳人作佩有余香。
自是淡妆人不识，任他红紫斗芬芳。

兀然有物气豪粗，莫问年来珠有无。
养就孤标人不识，时来黄甲独传胪。

一篙春水半溪烟，抱月怀中枕斗眠。
说与傍人浑不识，英雄回首即神仙。

东坡画竹多荆棘，却惹评论受俗嗔。
自是俗人浑不识，东坡特写两般人。

代国夫人死可怜，寒边故不化啼鹃。
路人不识摩笄事，只说唐初驻跸年。

生前常戚戚。我们从徐渭这些愤懑的诗文中多次窥视到，他借题借物影射，抱怨那个社会“人不识”他。“人不识”是徐渭对他所处的社会的怨恨、唠叨，这三个字成为他诗中的“口头禅”，成为他诗文的一个小特征。《金瓶梅》小说中也有一处，那就是最后一回中描写普静法师将孝哥儿剃度，取名为“明悟”后，在月娘痛哭之时化作清风而去。作者描述法师“三降尘寰人不识，倏然飞过岱东峰”。

徐渭晚年暗示自己写了一部作品，虽然自认为是明珠宝玉，但因惊世骇俗，能否付梓出版问世都成问题，心中充满了失意与落寞，正如他在一幅画中题诗：“半生落魄已成翁，独立书斋啸晚风。笔底明珠无处卖，闲抛闲掷野藤中。”就是这一无可奈何的心境表露。

徐渭的生母是小妾，作为庶出，他饱尝了家庭和人间的辛酸。他来到这个世界本是不该，而处在这个世界又处处不遂意，样样不得志。科举考试道路上8次应试都名落孙山，不得“进士”，终其一生只是个秀才。他一生颠沛流离，虽出身官宦之家，早年财产却被豪强夺走；与结发妻子情感深厚，却“夫妻恩爱不到头”，妻子产后患病撒手而去；中年续娶继室，却狐疑丽质小美眉与和尚私通，激情之下将其杀死而下狱；聘为幕僚，受到军政长官胡宗宪赏识，想在剿倭事业上有一番作为，却无意中卷入政治漩涡，在强大政治迫害压力之下精神失常，锥头脑、砸肾囊以自戕。这个世界对他太不公平了！他愤世嫉俗，精神苦恼到了极点。无奈之下，他把一生精力与才情都奉献给了“书、诗、文、画”，却不能得到这个社会的充分承认，带着满腔愤恨孤独地离开人世。

生前默默无闻，死后大放异彩。他的写意画自成一派，二百年后，郑板桥自称为“门下走狗”，对他钦佩之至，愿作其衣钵传人。他的书法肆意纵横，狂放不羁，开一代先河。他的诗文更是为当时公安派所称道，赞为“我朝第一”。

他对自己的小说佳作没有十足的把握，也不敢署上自己的真名。但大浪淘沙，是金子总会闪光，历史有着真正的鉴别能力，慧眼识珠，他的名作最终能拨云见日，被人们视为文学珍品。

# 曲水流觞

兰亭是一个文化圣地。自王羲之与文人雅士一起踏青春游，曲水流觞，写诗作赋，留下书法名篇《兰亭集序》以来，它就一直为历代文人所津津乐道，有的不远千里前来参观旅游，顶礼膜拜。而当地文人，包括徐渭在内，则沿袭这种习俗，建亭集会，吟诗作赋，不断发扬光大。徐渭有不少留世诗篇印证。

《兰亭》

师每游兰渚，春风服尚凉。

江流亦九曲，恐未可传觞。

这首五言绝句写的是他随老师们一起在早春时节去兰亭春游，天气乍暖还寒，加之春汛高涨，游则游矣，要想曲水流觞恐怕是不行了。

这是我们所知的他写得最早的一首兰亭诗，大概在20岁左右，也就是嘉靖中期。

《和玉芝上人兰亭诗》

茂林修竹旧相传，千古残碑野草湮。

碧水曾闻王谢语，青山不异永和年。

叶飞锡杖峰前路，樵指流觞涧底泉。

回首云门孤月上，清光遥送鉴湖船。

这是首酬谢之作，玉芝上人写来兰亭诗，他唱和一首七律回赠，记述初夏之时到兰亭寻踪觅迹，明月之夜回返时看到沿途的景象和神游往事的感叹，写得情真意切，应是其中年成熟之作。

《某觞予辈于新复之兰亭，某至自铅山，某至自建阳，并有作，铅建邻分水一关》

命驾皆千里，流觞复九回。
马嘶不出谷，鸟影屡横杯。
分水邻封会，双珠明月胎。
今朝修禊地，益见永和才。

这也是应酬之作，说的是兰亭重新建成，有人主持诗会，有从铅山那边赶来的，有从建阳那边赶来的，作为山阴本地人，徐渭也在邀请之列，于是他作诗纪事。该诗说实话看不出多少文采，只有“鸟影屡横杯”这句值得称道一下。

一个姓王的老人主持将兰渚疏通，召集文人们一起写诗作词纪事。徐渭聚会时没有写诗，王老先生要将诗作结集出版，找上门来索要。徐渭就仿效晋代诗人们的五言古体诗作了这首，以示“交差”。

《补再游兰亭诗，副王翁之索　戏效晋体》

使君疏九曲，吾党非一游。
新觞肇后汎，旧水送前流。
游鳞聚忽逝，鸣吭响复收。
迁谢理在斯，胡为乎他求。

崇德不择时，晚节志弥遒。
燕笑非所置，沉湎戒前修。

《兰亭次韵》
长堤高柳带平沙，无处春来不酒家。
野外光风偏拂马，市门残帖解开花。
新觞曲引诸溪水，旧寺岩垂几树茶。
回首永和如昨日，不堪怅望晚天霞。

这是他一个人坐在家里，一边欣赏收集到的兰亭字贴，一边在高处欣赏春光春景，想象当年王羲之如何和友人们兴致勃勃地吟诗饮酒作乐，观光修禊。山川景物依旧，可自己人生过半，如日西斜，怆凉悲寂。春色无限好，只是人垂老，让人无限感慨。

兰亭是文坛盛事举办地，王羲之留下了至文墨宝。如此频繁地畅游、纪游，如此欣赏这样有友、有景、有酒、有诗、有书法的活动，徐渭是热忱参与者之一。在他看来，这种诗社活动的意义四海之内无以上之。因此，我们联想，他将自己不便署名的小说《金瓶梅》改署笔名“兰陵笑笑生”，与兰亭相近，不是很自然的吗？事实上，徐渭死后就葬在兰渚山，兰渚山当地就叫兰陵，与兰亭东西相望。兰陵与兰亭，不仅地理上相近，精神上也相同，而这正是徐渭一直崇尚的文化境界，用其作笔名，顺理成章，用意深远。

第四十九回《西门庆迎请宋巡按　永福寺饯行遇胡僧》中，西门庆给蔡御史提供歌妓陪伴住宿，实施性贿赂。蔡御史假意推辞，西门庆笑道：“与昔日东山之游，又何别乎？”蔡御史道：“恐我不如安石之才，而君有王右军之高致矣。”按：谢安，字安石，曾隐居会稽东山，每游，必携带妓女自娱。这里山阴史上两个名人王羲之和谢安都一起出现了，而这二个人恰恰都是徐渭所推崇、景仰的。

对谢安，徐渭在他的画作中有这样的题诗：

《东山赌墅图，有双环侍侧》

闻道东山赌墅年，胭红粉白两婵娟。

主人出画催题急，愁擦金钗打翠钿。

对王羲之，他也在画作上题诗：

《右军修禊图，二鹅浴于溪》

兰亭成蹊不待言，鸟言人昧枉啾喧。

要知猿叫肠堪断，除是侬身自做猿。

在《和玉芝上人兰亭诗》中有“碧水曾闻王谢语”，王、谢即是王羲之和谢安。

徐渭同时推崇王羲之和谢安，而小说中蔡御史也是如此说，世上哪有这么奇巧、一致的事？我们只能说，《金瓶梅》小说作者的心理结构与徐渭一模一样，或者说徐渭就是该书作者，除此之外，没法解释。

# 性贿赂与东山拥妓

大腕遇到高官会怎样？这是两个不同社会领域精英的交往，正常情况下，权力与财富相遇，各取所需，互为利用，而不是拆台互损。因为互为利用则各自受益，都能保持在自己领域的地位，否则只会各自沉沦。这是社会交往的基本法则。

西门庆与宋巡按、蔡状元的交往就是如此。

第四十九回《西门庆迎请宋巡按　永福寺饯行遇胡僧》中，宋巡按与蔡状元两人分别担任陕西巡按御史、两淮巡盐御史，同乘大型官船从京杭大运河南下，来到东昌府地面，轰动了府州县官吏。西门庆早先就和蔡御史有过一次交往，有心做地主接待两位贵客，便出城 50 里到新河口百家村迎接，延请他们俩来东平府清河县作客。这能抬高西门庆的身价，朝中有官相助，清河官吏就会另眼相看。其实，西门庆本人亦商亦官，也居官理刑千户，执掌刑名，享有维护一方平安之权责。这理刑千户相当于现在地方政法部门要职，副厅级干部，但在这些京官面前，那是小巫见大巫。

这次相聚，宋巡按是初次，不愿久驻，只看了一出戏就告辞。西门庆自始至终毕恭毕敬，礼数周全。宋御史临走之际，西门庆除了对其下属各有酒肉、点心相送外，特意将宋巡按桌席上的两坛酒、两牵羊、两对金丝花、两匹缎红、一副金台盘、两把银执壶、十个银酒杯、两个银折盂、一双牙箸，一共二十抬都送与他。宋巡按来头不小，名叫宋盘，是江西人，蔡京的老乡，又是蔡京之子蔡攸的内兄，居陕西巡按御史之职，曾暗受蔡京之命弹劾清官曾孝序，逮捕其家人下狱，将其除名，迁徙到岭南荒蛮之地惩罚，的确是蔡京的派系成员。收了礼后，告别时，他对西门庆说："今日初来识荆，既扰盛席，又承厚贶，何以克当？徐容图报不忘也。"投之以桃，报之以李，宋巡按还是会知恩图报的。

宋巡按一走，天色渐晚，西门庆有心实行"性贿赂"，让蔡御史"春风一度"。他叫来贴身小厮玳安，低头耳语，吩咐他去妓院叫董娇儿和韩金钏，把她们俩个用轿子抬着，从后门进入，不让别人知道。其实，蔡状元也想沾沾腥味，风流一下，这可以从他叫海盐弟子唱的男女相思戏曲窥见出来。海盐弟子在宴席上供唱，最后以"苍天若肯行方便，早遣情人到枕边，免使书生独自眠"煞尾。

一个有心潇洒，一个有心成全，双方一拍即合。西门庆又趁机将乔亲家所托盐引之事说出来，蔡御史满口应承。随后，这两个小妮子就出现了。蔡御史一见，故意作秀说："四泉，你如何这等爱厚，恐使不得。"西门庆笑道："与昔日东山之游，又何别乎？"蔡御史道："恐我不如安石之才，而君有王右军之高致矣。"

秋水堂对此深为赞赏，认为西门庆这个大字不识几个的庸俗之徒突然变得高雅起来，可能是得知于当时的戏曲唱词。

这可真是知其表，不知其里。

小说人物能说出这样的话，首先在于小说作者有这样的见识，是作者自己的生活经历、文化修养给了小说人物以高雅话语的泉源。

东山拥妓与曲水流觞都发生在会稽山阴，作者必然对这些事极为熟稔、欣赏，才津津乐道，借小说人物信口道出。这个作者便是山阴本地人徐渭。

东山拥妓的故事，徐渭曾有诗文题其画，如《谢太傅携妓东山图》，诗曰：

闻道东山赌墅年，胭红粉白两婵娟。
主人出画催题急，好下真真付墨研。

徐渭与沈嘉则同在剿倭军政首领胡宗宪幕府当幕僚，相交默契，一生有很多诗文相酬和，沈嘉则是徐渭最为亲密的朋友之一。他在《嘉则拟红杉四貌》中，分别写了《春郊走马》《东山拥妓》《秋江把钓》和《高楼对雪》四首。其中《东山拥妓》曰：

道人道帔剪轻霞，醉卧青楼小妓家。
小妓红衫何处买？同是南京杏子纱。

这首诗把沈嘉则与小妓同乐、如鱼戏水的细节写得活灵活现，生动俏皮，当然这是想象的，“拟”嘛。

可见，自从谢安拥妓去东山游乐肇始，千百年来，东山拥妓已经发展成为当时地文人贵胄的一项保留节目，代有因袭。流风所至，莫不以为风流雅事，莫不以为人生至乐。徐渭当然也是极为欣赏的。

因此，西门庆明说和过去先辈们的东山之游，又有什么区别呢？暗地里，他或许忖量道：小样的，这是我们会稽的风尚，你们还真是没见过世面，不开放啊！

小说此时的地理位置在山东，但人物的思想感情和文化根基在吴中山阴。这就是《金瓶梅》小说中的现实。

# 多人名号中带“泉”字

古人的称呼有姓、名、字、号。小说第三十六回中，西门庆首次出现其号。接到蔡京的管家翟谦的书信，告知有二位新科进士要路过清河回家省亲续亲，西门庆盛情款待了他们。交谈中，西门庆问其尊姓大名，状元蔡蕴答道：“学生本贯滁州之匡庐人也。贱号一泉，侥幸状元，官拜秘书正字，给假省亲。”进士安忱道：“学生乃浙江钱塘县人氏。贱号凤山。见除工部观政，亦给假还乡续亲。敢问贤公尊号？”西门庆道：“在下卑官武职，何得号称？”询之再三，方言：“贱号四泉，累蒙蔡老爷抬举，云峰扶持，袭锦衣千户之职。见（现）任理刑，实为不称。”

说实话，从西门庆的回答来看，他是不愿意说出自己的号来的，为什么？我想主要是西门庆非科举“正途”出身，没有读多少书，自然也就没有什么字号之类。他能当上理刑官，纯粹是通过行贿，攀附权贵，结交宰相蔡京而由后者赠送的，故而难以启齿，心中阻梗。两位进士询之再三，他才勉强说出自己号“四泉”。

不过，他号“四泉”还是其来有自。此前的第三十回，小说作者交代过，西门庆要买隔壁赵寡妇家庄子，展开合为一处。赵寡妇家田庄里面有一眼井，四个井圈打水，好像四个泉眼，故而西门庆取号“四泉”。第五十一回中，他又对黄主事说：“学生贱号四泉，因小庄有四眼井之说。”

那小说作者让西门庆号“四泉”，背后的真正意义是什么？几百年来，众说纷纭，花样迭出。

其一是清代张竹坡，他根据书中人名很多谐音，如应伯爵即“硬白嚼”，吴典恩即“无点恩”，车淡即“扯淡”，管世宽即“管事宽”；游守和郝贤便是“游手好闲”谐音，认为“四泉”是“市井”的谐音，隐喻西门庆为市井小人。

如今又有人认为，“四泉”即“四全”的谐音，喻西门庆酒色财气“四全”，即书前所列出的诫世箴言，将西门庆作为反面教材来规劝世人。这也聊备一说。

还有一种是与书中其它人物的号联系起来考察，如状元蔡蕴号一泉，进士出身；尚小塘号二泉，举人出身；武学肄业的王三官号三泉，与秀才相当；而西门庆乃一介白丁，便叫四泉，即以“学历”的高低来排序，冠以“泉”的高低。

有人就说过：一般方志都按进士、举人、监生、白丁这种次序记述人物的资料，看来一二三四泉的排名应该就是按照功名学历的顺降序排列的。由于“三泉”处于“一泉”“二泉”之后，“四泉”之前，说明他的功名应在“举人”与“白丁”之间，该是监生出身。虽然《金瓶梅》只写他是“武学肄业”，没说他是监生，但“武学肄业”其实就具备了上国子监的资格。明朝“学校有二，曰国学，曰府州县学。府州县学入国学者，乃可得官，不入者不能得也。入国学者，通谓之监生”，“举人曰举监，生员曰贡监，品官子弟曰荫监，捐资曰例监”（《明史》卷六十九，第一六七六页）。例监就是纳贡监生。据《景州志》记载“王寀是纳贡监生”，可见王寀就是靠捐资而入国子监的。这位支持《金瓶梅》小说作者为王寀的人士考证王三官为监生。四泉是按学历顺序来的，独具一说。

还有人认为“泉”喻“权”。新科状元蔡蕴，自称“贱号一泉”，回乡省亲，缺少盘缠，由翟谦介绍，到西门庆家打“秋风”。蔡蕴官拜秘书正字，是个没有实权和油水的闲官，只好不无腼腆地对西门庆说“学生此去回乡省亲，路费缺少”。收到西门庆丰厚的馈赠，他喜出望外，一再感谢：“此情此德，何日忘之！”初入官道的蔡蕴信誓旦旦地表示：“倘得寸进，自当图报。”后来，他当上了两淮巡盐御史，便为西门庆“早掣一个月盐引”，使西门庆获得高额利润。蔡蕴只和西门庆进行了一次权钱交易，便践诺报答其馈己之恩。

尚小塘，尚推官的儿子，号二泉，乡试中举，故而又称尚举人。他上京会试，曾向西门庆借皮箱、毡衫等物。尚举人虽有功名，但能不能有权，处在两可之间。西门庆虽然有钱有势，但内心对用钱买来的武职颇有遗憾，很希望官哥儿“还挣个文官，不要学你家老子，做个西班出身，虽有兴头却没十分尊重”。

一泉、二泉是由科举之途而取得“权”，三泉是武职出身，对于封建官场来说，这不是做官正途，显得有点不三不四，旁门左道。出身于一个败落的官宦家庭，王三官的“三泉”和西门庆的“四泉”比照，两人都是浪荡子弟、妓院常客。王三官武学肄业，心里想权却无从下手；西门庆有了权，就愈加肆无忌惮地贪赃枉法，偷税漏税，编织官场关系网，使自己在经济上获得高额利润。他在江湖上走标船，到扬州贩盐引，利用官场关系包揽古玩生意，这一切都是因为有了“权”。“权”可以为他换来更多的“钱”。权钱结合，互为促进，又成为他无休止的色欲催发剂。他用手中的金钱奸淫一个又一个仆妇、丫环；也以权势、地位堂而皇之地私通招宣府遗孀林太太。他以权钱行乐，穷奢极欲，也最终因此步入黄泉。追求权钱最终走向了反面，“四泉”也是“死权”——权和钱是他滥淫致死的主要根源。

除了四泉之外，《金瓶梅》还写到了另外两泉：山东巡抚侯蒙，号石泉，或谐“实权”。蔡京收了西门庆送来的贿银一千两，便写信给侯蒙叫他把收监的十二名盐客“尽行释放”（第二十七回）。后来侯蒙升任太常正卿，山东大小官吏在西门庆家为他设宴饯行。新任山东理刑所理刑何永寿，号天泉，是太监何沂的侄儿。因皇帝赏赐太监近侍李彦、孟昌龄、何沂等人各“荫弟侄一人为副千户，俱见（现）任管事”（第七十回），何沂太监便央求后宫刘娘娘传出旨来，让其侄何永寿做山东理刑。一场人事安排的角逐中，夏延龄败下阵来，结果是西门庆升做正理刑，何永寿做副职。何是个不满20岁的青年，只因皇恩浩荡便得到了官，这“权”是“天”赐的，所以作者给他取一个号，叫“天泉”。

《金瓶梅》小说中多人号“泉”，有“权”“钱”双重涵义，人们这样理解，或许没有偏离小说作者的本意。将泉喻为权、钱，两者在生活中互相转换，也是一种创造性思考，对我们深层次理解小说作者的良苦用心大有裨益。

但笔者更倾向于潘承玉的观点，即西门庆号“四泉”乃源于当地的历史典故，源于西门庆对美色的猎取。我们且看潘承玉是怎么独辟蹊径，来挖出西门庆号“四泉”的源由，以隐晦曲折地表达其对美色的贪恋：四泉、四眼井，或解作四口名泉，或解作井盖上有四个眼打水的井，似乎都勉强可通，然终觉未探到其中底蕴。

其一，西门庆说的是有四眼井之说，而不是单纯的有四眼井，四眼井包含一个传说。其二，古人的名与号一般有非常密切的联系，上述几种解释无法使人看出这种名号之间的联系。这个问题的完满解释存在于绍兴的历史传统之中。《乾隆诸暨县志》卷四《山川志》载：“四眼井，城中。”《光绪诸暨县志》卷四十一《坊宅志》载：“蟹眼桥里，四眼井在其南。真人遗宅，在四眼井头。”诸暨为绍兴近府属县，诸暨县城为什么会有四眼井，史志作品为什么总要提到它？今人《诸暨县志》载：“四眼井位于城关镇光明路南端。上置相对井栏四眼，俗称四眼井头。世传西施、郑旦常以此井为镜，暗自媲美，四眼凝视，双媛现影，因名四眼井。这就既有了四个井圈，又有了美人四目之说。”

《万历绍兴府志》卷四《山川志》又引旧志载：“县东二百步有西施滩，上有西施门。”《光绪诸暨县志》卷四十一《坊宅志》亦载：“西施滩上有西施门。”四眼井里乃美人之影，西施门里才是美人之身。四眼井变减一字成四泉，西施门少一字不就成了西门吗？西门、四泉分别用作小说主人公的姓和号，恰好概括了他最突出的性格特色好色，和最终的命运：既入了西施之门，也走上了吴王夫差式的亡于色欲之路。小说主人公姓和号的内在联系，与小说主题的密切关联于此昭彰。

潘承玉的观点有说服力，揭示了西门庆号四泉的历史文化渊源，以及背后的寓意，挖掘到了小说的精髓。这也可以从西门庆与王三官两人对年轻美貌的妓女郑爱月的争夺看得出来。

郑爱月是郑爱香的妹妹，能说会唱，心灵手巧，西门庆用银子梳笼了她。但同时，林太太的儿子王三官也对她爱慕有加。西门庆与林太太私通后，西门庆将游手好闲的街头混混抓起来一顿毒打，办妥了她托付的事。王三官也拜西门庆为干爹，在争夺郑爱月上主动退出。我们从王三官的号“三泉”入手看西门庆是怎样面对这一尴尬局面的。

在林氏家里，西门庆起身告辞。王三官再三款留，又邀到他书院中。独独的三间小轩里面，花竹掩映，文物潇洒。正面悬着一个金粉笺匾，曰“三泉诗舫”，四壁挂四轴古画。西门庆便问：“三泉是何人？”王三官只顾隐避，不敢回答，半日才说：“是儿子的贱号。”西门庆便一声儿没言语，这时他才确定王三官和他都是郑爱月的相好，两人是情敌。

西门庆后来到郑家姊妹处来玩耍时，酒足饭饱，听完唱歌后，姐妹两个又拿上骰盆儿来和西门庆抢红顽笑。杯来盏去，各添春色。西门庆忽看见郑爱月房中，床旁侧锦屏风上，挂着一轴《爱月美人图》，题诗一首：

有美人兮迥出群，轻风斜拂石榴裙。

花开金谷春三月，月转花阴夜十分。

玉雪精神联仲琰，琼林才貌过文君。

少年情思应须慕，莫使无心托白云。

西门庆看了，便问：“三泉主人是王三官儿的号？”慌的郑爱月儿连忙遮说道：“这还是他旧时写下的。他如今不号三泉了，号小轩了。他告人说，学爹说：‘我号四泉，他怎的号三泉？’他恐怕爹恼，因此改了号小轩。”一面走向前，取笔过来，把那“三”字就涂抹了。西门庆满心欢喜，说道：“我并不知他改号一节。”粉头道：“我听见他对一个人说来，我才晓得。说他去世的父亲号逸轩，他故此改号小轩。”

“三泉”与“四泉”表面上是义子与义父的关系，实际上义父却是母亲的姘头。这是一层关系，另一层关系则同为妓女郑爱月的情敌，可谓错综复杂。由于西门庆权大势大，神通广大，加之名义上为尊者，王三官主动退出。他还向西门庆借 300 两银子进武学学习，当然作为义父，西门庆也乐得借给他，而且要求他一定归还。

如果说“四泉”与“三泉”是猎取美色的隐晦代称，那王三官败阵给西门庆就是自然的结果。

但怎么解释其它人又叫“一泉”“二泉”“三泉”“石泉”“天泉”呢？这个问题不能回避，应给予合理的解答。小说作者肯定有用意，并非信手拈来。笔者的理解是小说作者这样大量地用“泉”字取号，除了西门庆号四泉的基本涵义外，还带有一个根本目的，即以此表明自己是这部匿名小说的作者。

汉代即有将“钱”“泉”两字等称互换之例，如东汉王莽就铸过“小泉值一”“大泉二十”“大泉三十”等铭文的套钱。这里就是取“钱如泉水，流布天下”之意。因此，“一泉”“二泉”“三泉”“石泉”“天泉”也即是“一钱”“二钱”“三钱”“石钱”“天钱”。“石钱”谐音为“十钱”，“天钱”即“天数的钱”“数不过来的钱”，引申为“万万钱”。那么这些人物的称号也就是“一钱”“二钱”“三钱”“十钱”“万万钱”。翻遍书籍，只有徐渭在其著作中专门就“钱”编辑过一篇标题为《自半钱至万万钱止》的文章：比如“半钱”，他引用了宋代毗陵李氏女的诗：“半轮残月掩尘埃，依稀犹有开元字。想见清光未破时，买尽人间不平事。”说“一钱”，他引用了李白文：“清风明月不用一钱买。”说“二钱”，他引用杜甫诗：“一夜水高二尺强，数日不可更禁当。南市津头有船卖，无钱即买系篱傍。”说“三钱”，他引史料：“唐项仲山清甚，每饮马渭水，辄投三文。”“四钱”则引用“卖油翁弄巧取钱，置葫芦，乃反臂于肩上，取杓油注钱口，注毕而钱四边不湿。”说到“十钱”，他引用了郭诩诗：“两束焦薪仅十钱，雪深泥冻自堪怜。市城不念清狂瘦，尽日厨头不断烟。”说到“万万钱”，他引用了《梭山家制》，“愚今考国之制，为居家之法，随资产之多寡，制用度之丰俭。合用万钱者，用万钱不谓之侈；合用百钱者，用百钱不谓之吝。是取中可久之制也”。他还引用了“张鷟之文如青铜钱，万选万中，号青钱学士”。

明代中期，商品经济越来越发达，金钱在社会生活中的地位和作用越来越重要。有了金钱，可以买到美色，可以买到权力，可以买到文章，可以买到名声等，几乎无不可买。西门庆这个角色的生活就是如此，他通过经营商业，获得美色、权势，然后又通过权势，捞取更多财富，用财富来满足自己无休止的淫欲，年纪轻轻就命丧黄泉。而没有金钱，则身为下贱，寸步难行。徐渭深深意识到这一点，他在《酒牌引》中谈到钱在人生中的重要性时说，人在生活中依赖钱，就像鱼儿离不开水一样，无处不需要，“终身为鱼，而求避湿，无之也”。

# “羡余之利”与“蠲丁之忧“

人们，包括相当一部分学者，都将《金瓶梅》作为一部淫秽小说来看待，这是不全面的。实际上，它还是一部历史小说、社会风俗小说、市井人情小说等，其中隐晦地记录了明代中期的历史，也曲折地表达了作者在当时重大政治事件中的态度，以及忧国忧民的情怀。可以说是史家之创作、国士之胸怀。比如，张居正实行的一条鞭法就在小说中体现出来。

第七十八回《西门庆两战林太太　吴月娘玩灯请蓝氏》中，话说到了新春佳节，西门庆正月里赴同僚处拜年，也接受各位亲朋好友和同僚贺岁。此前他已经帮正妻吴月娘的大哥吴大舅即吴铠升为济宁卫指挥佥事兼屯所所长。

吴大舅非常荣耀，冠冕堂皇，身束金带，前来妹夫（尊称为“姐夫”）家致谢。房间火盆烧得旺旺的，盛席饮酒之时，西门庆问他公事了当了没有？吴大舅说，基本了当了，但还没有上任。因为前任坏了事，被巡抚侯爷参劾。他要汲取教训，到屯所去指导工作，将手下负责人叫来训话：“须要振刷在册花户，警励屯头，务要把这旧管新增开报明白，到明日秋粮夏税，才好下屯征收。”西门庆问：“通共约有多少屯田？”吴大舅道：“这屯田，不瞒姐夫说，太祖旧例练兵卫，因田养兵，省转输之劳，才立下这屯田。后吃宰相王安石立青苗法，增上这夏税。那时只是上纳屯田秋粮，又不同民地。而今这济州管内，除了抛荒、苇场、港隘，通共二万七千亩屯地。每顷秋税、夏税只征收一两八钱，不上五百两银子。到年终才倾齐了，往东平府交纳，转行招商，以备军粮马草作用。”西门庆又问：“还有羡余之利？”吴大舅道：“虽故还有些抛零人户、不在册者。乡民顽滑，若十分征紧了，等秤斛斗量，恐声口致起公论。”西门庆道：“若是有些甫馀儿也罢，难道说全征？若征收些出来，斛头等秤上也勾咱上下搅结。”吴大舅道：“不瞒姐夫说，若会管此屯，现一年也有百十两银子。到年终，人户们还有些鸡鹅豚米相送。那个是各人取觅，不在数内的。只是多赖姐夫力量扶持。”西门庆道：“得勾你老人家搅给，也尽我一点之心。”

这里吴大舅所说“每顷秋税、夏税只征收一两八钱”，说明此时屯田已经按一条鞭法计税征银了。

明代万历九年（1581年），在施行考成法，完成全国丈量田亩的基础上，首辅张居正下令在全国推行一条鞭法，即把原来的田赋、徭役和杂税合并起来，折成银两，分摊到田亩上，按田亩多少收税。一条鞭法，顾名思义就是简化赋、役征收手续。一是把田赋和繁杂的徭役、杂税合并统一征收；二是把徭役部分地摊入田亩，既根据人丁又依照田亩征收；三是田赋、徭役和杂税合为一条后，一律征银。这种做法确定了货币在赋税征收中的主导地位，而实物折税和徭役等则渐行渐远，淡出税外。

考成法、丈量田亩、一条鞭法这三方面配套改革，相互促进，都有助于增加国家财政收入。由于纳税只定金钱多少，简便明了，也得到纳税者的赞成。

实行考成法，各级官员不敢懈怠，督责户主们把当年税粮完纳，改变了拖欠的状况，国库日益充裕。万历五年，户部统计全国的钱粮数目，岁入达435万两（《明通鉴》卷六七），比隆庆时每岁所入250余万两，增长了74%。财政收支相抵，尚结余85万余两，扭转了国家财政长期亏虚的状况。执行考成法时，万历四年规定，地方官征赋数额不足九成者，一律处罚。同年12月，据户部给事中奏报，地方官因此而受降级处分的，山东有17名，河南2名；受革职处分的，山东2名，河南9名。

丈量田亩，在大部分州县执行彻底，打击了贵族、缙绅地主隐田漏税的现象，额田大大增加。万历八年，全国田地为7013976顷，比隆庆五年（1571年）增加了2336026顷，相应地，田赋收入也大为增加。这一工作是在冲破重重阻力后施行于全国的。万历九年（1581年）九月，山东清丈完毕，增地36万余顷，吏部对有功官员进行了嘉奖。同年十二月，江西清丈完毕，增地6万余顷，抚按等官12人受到嘉奖。同月，松江知府闫帮宁、池州知府郭四维、安庆知府叶梦雄、徽州掌印同知李好问，因清丈田亩不得力、不认真，受到停俸戴罪管事处分。各省陆续清丈完毕后，有关官员都根据在清丈中的功过，分别给予嘉奖或降处。由于张居正运用考成法，信赏必罚，各级官员不得不着实奉行。除云南于万历十一年（1583年）五月完成外，其余各省都于万历十年（1582年）年底丈量完毕。

万历十年，随着清丈田亩工作的完成和一条鞭法的推行，明朝的财政状况进一步好转。这时太仆寺存银多达400万两，加上太仓存银，总数约达700多万两。太仓的存粮可支十年之用。这年二月，张居正上疏请求免除自隆庆元年（1567年）至万历七年（1579年）间各省积欠钱粮，改革取得了巨大成功。

实施这套新政首先增加了国家财政收入，其次是简化了征收手续，客观上做到了均平赋役，既限制官吏巧立名目，加征赋役，又减轻了农民负担，提高了生产积极性，促进了商品经济发展。徭役折银，农民可以离开土地成为自由劳动力，为资本主义发展创造条件。为交纳银两，农民、手工业者必然把大量产品投入市场；国家采购物资悉用银两在市场上购取，大大提升了市场交易量，社会产品商品化程度加深，促进了商业繁荣，商品经济向纵深发展。商业资本向土地投资的现象大大减少，即或有余资亦不多置田产。

这一改革最早实行于嘉靖十年（1531 年）二月，南赣都御史陶谐在江西运用，做到了“田不荒芜，人不逃窜，钱粮不拖欠”，成效显著。当时御史傅汉臣曾上疏说：“顷行一条鞭法……均派一省徭役……则徭役公平，而无不均之叹矣。”

据山东《峄县志·田赋》载，嘉靖间，峄县农民田赋并无银两，只是起运夏粮、秋粮、绢和马草等实物。自万历五年后才开始计亩征银。“以宅基、园圃为上，每亩征银一分；坡熟地次之，每亩征银七厘；坡荒地又次之，每亩征银二厘五毫；荡卤荒地为下，每亩征银一厘一毫五丝。”照此推算，小说中吴大舅所管的屯地，属于荡卤荒地，征收银两偏低。峄县到“万历八年从新例，丁地相兼”，即以一条鞭法征税。吴大舅所言“每顷秋税、夏税，只征收一两八钱，不上五百两银子”，按峄县田赋对照，每顷只应征收一两一钱五分，他每顷多征收了七钱五分银，这可能是摊入的人丁税。屯田是为军队种田，又与一般农民种田不一样，不可能多征。那时征税特别严格，在考成法约束下，各级官员不能随意乱征收。

尽管实施一条鞭法的结果大大改善了国家财政状况，但在开始实行时，许多大臣依然是强烈反对的。山东的贾三近、于慎行都因反对而受到张居正排挤。贾三近于万历九年请求告老还家，他当年撰修县志，批评一条鞭法。于慎行在《兖州府志·户役志》指出，实行一条鞭法造成“农病”“田病”“下户病”。

徐渭在万历三年时，接受太史张元忭的委托，替他牵头编撰《会稽县志》，对一条鞭法的态度与贾三近、于慎行的看法截然相反。他认为该法是迄今为止最好的、最公平的赋税法律。当然，由于他是为张办事，替张元忭立言，在政治立场上不能轻率，不能不依从张元忭的立场。当时，张居正主政推行新政，在众说纷纭甚至有大臣强烈反对的情况下，张元忭必须站边，表明其支持态度。

笔者认为，徐渭、张元忭两人不管是表面还是内心都是支持一条鞭法的。因为县志里谈到的不是他们两人的态度怎样，而是县里父老乡亲的看法。县里的父老乡亲是站在社会大众的立场上来看问题的，他们都支持这一新的赋税制度。修县志也不是三五天就能完成的事，一般也得两年至三年，所以徐渭在修县志过程中撰写的《徭赋论》有可能是在万历五、六年后才完成的，好在该篇文章不长，特录如下：

> 余闻诸长老云，徭赋之法，盖莫善于今之一条鞭矣，第虑其不终耳。其意大略谓均平之始行也，下诸县长吏自为议，县长吏以上方从俭，奈何令己独冒奢之嫌，乃忍取其疑于奢者，一切裁罢以报。而今者每一举动，或承上片檄，则往往顾橐匣而局脊，掌橐之吏与辅肆之人且愁见及矣。至于顾役之繁且苦，若仓传者，亦往往直不称劳，莫肯应募，故长老相与言曰，诚使更派数百金于槩邑，不过亩费一毫厘，不然，行且见千百年之大利坐变矣。何者？图躅丁者将乘其隙而阴坏之也。始正统间，御史朱英创为十年一役议，当时便之，今仅百余年，乃更之如反掌。志民瘼者，慎毋为亩惜一毫厘，使图躅者得乘之，以变此良法，则幸甚矣，则幸甚矣！

无疑，徐渭对实施一条鞭法的认可和赞扬是无以复加的，他唯一担心的就是该法不能善始善终。为什么？因为那些想免除赋税徭役的人钻空子使坏，损害这一制度，而将这一好的赋税法律改变。他们怎样钻空子从中取利？徐渭在小说中通过吴大舅掌管屯田征税的过程揭露出来。

钻空子首要的一点是“繇丁者”逃避赋税，即那些没有登记入册的人口可以免除赋税。这些人在册与否，当地官员如吴大舅之类是一清二楚、心知肚明的。因各种原因而不在册的“繇丁者”逃不过当地官员的视线，当地官员可以责令、督促他们纳税。但这又不能做得太过，逼得太紧时，这些人狗急跳墙，传出风声，闹得社会上都知道了这里还有不在册人口逃避赋税，岂不成了丑闻、众矢之的？对当地官员不是件好事。何况一旦上级追究，便断绝了当地官员从中牟利的可能性。因此，抛零人户、不在册者虽然逃过了赋税，但还得或多或少地向当地官员“进贡”银两，他们和官员才能相安无事。这就是西门庆所说的“甫馀儿”，不用上缴国库，成为官员们的“小金库”，可以用来上下打点，或是中饱私囊。当然，不在册者、抛零人户也可向官员交纳实物，如鸡鹅豚米之类代替。如此一来，各自都得了好处，却损害了国家利益，也让赋税变得不公正、不均平，有失社会正义。但这只是特殊情况，没有演变成普遍性的问题。要制止这种情况出现、蔓延，才是徐渭所要向社会昭示的。

《徭赋论》是徐渭在县志中理论上的阐述，吴大舅所说则是徐渭在小说上的形象表达，都涉及同一个主题，思想上完全契合，并无二致。他在县志和小说中大声疾呼，支持新政，为新政堵漏补缺，提合理化建议，让我们看到了一位正直的知识分子在涉及国家和社会利益的重大改革上所持的立场和忧国忧民的拳拳之心。

两者相互印证，也佐证了谁是《金瓶梅》小说的作者。笔者推断，此回写在万历八年之后、十一年之前这三年时间。万历十一年，张居正死后“江陵狱起”，政治风云突变。作为小说作者的徐渭不会与时局作对，只有保持沉默，再不在小说中谈及这方面的事情了。

# 秀才——徐渭的投影

## 水秀才

西门庆靠送礼打通关节，傍在蔡太师蔡京手下，太师给了他理刑千户的官当。西门庆办案、结交上下，都要文书往来。不是科举出身，不识几个字的西门庆这时感到了斯文的重要。他想聘请一名文书，来为他处理文牍。第五十六回《西门庆周济常时节　应伯爵举荐水秀才》中，结拜十兄弟中的老二——应伯爵介绍水秀才。

伯爵道："哥，你若要别样却有，要这个倒难。第一要才学，第二就要人品了。又要好相处，没些说是说非，翻唇弄舌，这就好了。若是平平才学，又做惯捣鬼的，怎用的他！小弟只有一个朋友，他现是本州秀才，应举过几次，只不得中。他胸中才学，果然班马之上，就是人品，也孔孟之流。他和小弟通家兄弟，极有情分。曾记他十年前，应举两道策，那一科试官极口赞他好。不想又有一个赛过他的，便不中了。后来连走了几科不中，禁不的发白鬓斑。如今他虽是飘零书剑，家里也还有一百亩田、三四带房子，整的洁净住着。"

西门庆道："他家几口儿也勾(够)用了，却怎的肯来人家坐馆？"

应伯爵道："当先有的田房，都被那些大户人家买去了，如今只剩得双手皮哩。”

西门庆道：“原来是卖过的田，算什么数！”

伯爵道：“这果是算不的数了。只他一个浑家，年纪只好二十左右，生的十分美貌。又有两个孩子，才三四岁。”

西门庆道：“他家有了美貌浑家，那肯出来？”

伯爵道：“喜的是两年前，浑家专要偷汉，跟了个人上东京去了。两个孩子又出痘死了。如今正存他一口，定然肯出来。”

西门庆笑道：“恁地说的他好，都是鬼混。你且说他姓甚么？”

伯爵道：“姓水。他才学果然无比，哥若用他时，管情书柬诗词歌赋，一件件增上哥的光辉哩。人看了时，都道西门大官恁地才学哩！”

西门庆道：“你才说这两桩都是吊谎，我却不信你的吊谎。你有记的他些书柬儿，念来我听。看好时，我便请他来家，拨间房子住下。只一口儿，也好看承的，寻个好日子，便请他也罢。”

伯爵道：“曾记得他捎书来，要我替他寻个主儿。这一封书，略记的几句，念与哥听：

【黄莺儿】书寄应哥前，别来思不待言。满门儿托赖都康健。舍字在边，傍立着官，有时一定求方便。羡如椽，往来言疏，落笔起云烟。”

西门庆听毕，呵呵大笑将起来道：“他满心正经，要你和他寻个主子，却怎的不捎封书来，到写着一只曲儿来，又做的不好。可知道他才学荒疏，人品散弹哩？”

伯爵道：“这到不要作准他，只为他与我是三世之交。……上学堂读书写字，先生也道：‘应二学生子和水学生子一般的聪明伶俐，后来已（一）定长进。’落后做文字，一样同做，再没些妒忌。……故此不拘形迹，便随意写个曲儿……”

西门庆道：“第五句是甚么说话？”

伯爵道："哥不知道，这正是折白道字，尤人所难。舍字在边，旁立着官字，不是个'馆'字？——若有馆时，千万要举荐。因此说：'有时定要求方便。''美如椽'，他说自家一笔如椽，做人家往来的书疏，笔儿落下去，其烟满纸。因此说'落笔起云烟'。哥，你看他词里，有一个字儿是闲话么？只这几句，稳稳把心窝里事都写在纸上，可不好哩！"

西门庆被伯爵说的他恁地好处，到没的说了只得对伯爵道："到不知他人品如何？"

伯爵道："他人品比才学又高。如今且说他人品罢。"西门庆道："你且说来。"伯爵道："前年，他在一个李侍郎府里坐馆，那李家有几十个丫头，一个个都是美貌俊俏的；又有几个伏侍的小厮，也一个个都标致龙阳的。那水秀才连住了四五年，再不起一些邪念。后来不想被几个坏事的丫头、小厮，见他似圣人一般，反去日夜括他。那水秀才又极好慈悲的人，便口软勾搭上了。因此，被主人逐出门来，哄动街坊，人人都说他无行。其实水秀才原是坐怀不乱的。若哥请他来家，凭你许多丫头、小厮，同眠同宿，你看水秀才乱么？再不乱的！"

西门庆道："他既前番被主人赶出了门，一定有些不停当哩！二哥虽与我相厚，那桩事不敢领教。前日敝僚友倪桂岩老先生，曾说他有个姓温的秀才，且待他来时再处。"

伯爵与西门庆这番对话，将他的嘴巴子功夫说到了绝处。他先介绍私人文书应具有的条件和品德，然后又讲这个水秀才的背景、家产、婚姻及生活经历等，一张一驰、一放一收的讲来，让人感到他口才确实不一般。在谈到人品时，伯爵说他在李侍郎府中做文书时，有与丫头、小厮乱来的事，但那本不是水秀才的错，是丫头、小厮的错！被李侍郎逐出门去后，他吸取了教训。伯爵说，这一次你西门庆家中再有多少美女、娈童，他也不会同眠共宿了。

西门庆听说这样，感到水秀才“人品”不好，请到家来，说不定又出现李侍郎家一样的事，便不想要他。

我们看，水秀才的情况有没有徐渭的影子？有。

徐渭小时聪颖过人，才华横溢，“六岁受《大学》，日诵千余言；九岁成文章，便能衍章句”。嘉靖九年，他 10 岁时，因诉讼拜见山阴县令刘昺（bǐng），刘赏识其才思敏捷，鼓励其多读古书，“勿徒烂记程文”，对徐渭进行启蒙教育。但就是这样一位才子，参加科举考试时却累试不中，命运多舛。嘉靖十六年（1537 年），他 16 岁，第一次参加本县童试落第。嘉靖十九年（1540 年），他 19 岁，第二次参加童试不取，愤然上书提学官员，幸得准许复试，取为县学增广生员，即童生。12 年后参加乡试落第，以后参加数次考试均名落孙山。嘉靖三十一年（1552 年），他第 5 次参加乡试，初试第一名，录取为廪生，复试不中。嘉靖三十四年（1555 年），他 34 岁，第 6 次参加乡试，初试第二名，复试依然不中。这与伯爵说水秀才“应举过几次，只不得中”，“曾记他十年前，应举两道策，那一科试官极口赞好。不想又有一个赛过他的，便不中了。后来连走了几科，禁不的发白鬓斑”是不是极其相似？

至于家产。嘉靖二十四年（1545 年），他 24 岁，长兄徐淮炼丹服药丧生，家产为权豪无赖强占，徐渭告诸官府也无济于事，生活陷入困境。27 岁时，他设馆收徒。这与伯爵说的“当先有的田房，都被那些大户人家买去了，如今只剩得双手皮哩”何其相似乃尔。

徐渭一生有两个儿子，一个是与结发妻子潘似生的长子徐枚，潘似 26 岁时产后因肺痨病逝。嘉靖四十年（1561 年），他 40 岁，在胡宗宪的主持安排下，迎娶年轻貌美的张氏为妻，第二年冬天，次子徐枳出生。这与应伯爵说水秀才有两个儿子也是一致的。

年轻妻子风流，徐渭怀疑她与人偷情。嘉靖四十五年（1566 年），徐渭 45 岁，疯病稍愈，重新温习八股准备参加科考，年底，因怀疑妻子不贞失手将其杀死。下狱后，经友人斡旋，他免于一死，改为长期监禁，后假释。

比徐渭稍后的文学家冯梦龙记载了他的这一故事："渭为人猜而妒。妻死后再娶，辄以嫌弃。续又娶小妇，有殊色。一日，渭方自外归，忽户内欢笑作声，隔窗斜视，见一俊僧，年可二十余，拥其妇于膝，相抱而坐。渭怒，往取刀杖，趋至欲击之，已不见矣。问妇，妇不知也。后旬日，复自外归，见前少年僧与妇并枕昼卧于床。渭不胜愤怒，声如吼虎，便取灯檠刺之，中妇顶门而死，遂坐法系狱。后有援者获免。

一日闲居，忽悟僧报，伤其妇死非罪，赋《述梦诗》二章云：

伯劳打始开，燕子留不住。
今夕梦中来，何似当初不飞去。
怜羁雄，嗤恶侣。
两意茫茫坠晚烟，门外乌啼泪如雨。

跣而濯，宛如昨，
罗鞋四钩闲不着。
棠梨花下踏黄泥，行踪不到栖鸳阁。

自是绝不复娶。"

这与伯爵所说"浑家专要偷汉"何其相似！

还有，史载徐渭在京城做过李春芳的文书。

我们说，作家的创作是个人的行为，那么他的作品文风和内容便是独特的，会留下独有的印记，别人不能模仿和替代；其次，作家的创作大多以其自身的生活经历为基础，无形中会将自己的生活经历和情感融入到小说的人物故事中，这在所难免。水秀才的身上就留下了徐渭的影子！

但据明代学者沈德符考究，该小说第五十三回到五十七回，在传抄的过程中佚失，不能雕版成书，现存的这五回系“陋儒所作”，为的是将原书连成一个整体，而水秀才开始出场时便是在第五十六回。这也就是说，水秀才这个人物形象是补充这五回的作者“陋儒”所塑造的，即徐渭去世之后不久的文人。这些文人对小说作者是谁，心知肚明，对徐渭的人生经历也是了如指掌，自觉或不自觉地将其生活经历融入其中。

水秀才这个人物虽是“陋儒所补”，但小说作者徐渭确实是设计了这个人物的。西门庆死时，应伯爵邀请诸位结拜兄弟祭拜，就请水秀才写了篇暗含讥讽的祭文，因此，水秀才这个人物是小说作者事先就设计好了的，只是在佚失的那五回中，“陋儒”补充而已。水秀才作的祭文曰：

> 维重和元年，岁戊戌二月戊子朔，越初三日庚寅，侍生应伯爵、谢希大、花子由、祝日念、孙天化、常时节、白来创，谨以清酌庶羞之奠，致祭于故锦衣西门大官人之灵曰：
>
> 维灵生前梗直，秉性坚刚；软的不怕，硬的不降。常济人以点水，恒助人以精光。囊箧颇厚，气概轩昂。逢药而举，遇阴伏降。锦裆队中居住，团天库里收藏。有八角而不用挠掴，逢虱虮而骚痒难当。受恩小子，常在胯下随帮。也曾在章台而宿柳，也曾在谢馆而猖狂。正宜撑头活脑，久战熬场；胡何一疾，不起之殃？见今你便长伸着脚子去了，丢下小子，如班鸠跌弹，倚靠何

方？难上他烟花之寨，难靠他八字红墙。再不得同席而偎软玉，再不得并马而傍温香。撇的人垂头跌脚，闪的人囊温郎当。今时奠兹白浊，次献寸觞。灵其不昧，来格来歆。尚享。

如果说这水秀才就是作者本人，那这篇祭文就确实反映了作者对西门庆及其结拜兄弟一群人的真实态度和评价。

## 温秀才

西门庆谢绝了应伯爵推荐的水秀才，而对夏提刑文书倪秀才的同窗好友温秀才很满意，将他延聘到家中。

第五十八回《怀妒忌金莲打秋菊　乞腊肉磨镜叟诉冤》中，那温秀才的形象是“年纪不上四旬，生的明眸皓齿，三牙须，丰姿洒落，举止飘逸”。而后来的绣像本中则是这样描写的：“只见那温必古，年纪不上四旬，生的端庄质朴，落腮胡，仪容谦仰，举止温恭”。注意，绣像本将温秀才由道者形象改成了儒者形象，本近乎仙道之人改成了淳厚儒生；还有“三牙须”改成了“落腮胡”。

小说以独立一段介绍了他的行为举止、精神状态：

虽抱不羁之才，惯游非礼之地（心性高傲，特立独行）。功名蹭蹬，豪杰之志已灰（科举不第）；家业凋零，浩然之气先丧（家产丧失）。把文章道学，一并送还了孔夫子；将致君泽民的事业及荣身显亲的心念，都撇在东洋大海（意志消沉）。和光混俗，惟其利欲是前；随方逐圆，不以廉耻为重（顺应社会，不图虚名，屈身营生）。峨其冠，博其带，而眼底旁若无人；席上阔其论，高其谈，而胸中实无一物（但知高谈阔论，不曰知易行难）。三年叫案，而小考尚难，岂望月桂之高攀；广坐衔杯，遁世无闷，且作岩穴之隐相（自负高才，竟然数试不能小就；心灰意冷，只愿归隐苟度余生）。

总的说来，温葵轩是个郁郁不得志、落拓不羁的秀才，心胸高傲，而与世同流合污；性格倔强、特立独行，一般人难以与之相处。

温秀才随倪秀才一起前来与西门庆第一次见面，西门庆就对他很满意。对于这位仪表堂堂、知书达礼的秀才，西门庆在他告辞时便说："容日奉拜请教。寒家就在对门收拾一所书院，与老先生居住。连宝眷都搬来，一处方便。学生每月奉上束修，以备薪水之需。"

此后，西门庆就安排后边独自收拾一所书院，将温秀才请来作西宾，专修书柬，回答往来士夫。每月三两束修，四时礼物不缺，又拨了画童儿小厮服伺他。西门庆家中宴客，常请过来陪侍饮酒，俱不必细说。

我们看当时徐渭这个人在他人心中的印象。沈德符是明代中后期的一名文学家，大概在十多岁时，他见到过这位行将沉帆谢幕的孤独老者。他说："徐渭暮年游京师，余尚孩幼，犹略记其貌。长躯皙面，目如曙星。馆于同邑张阳和太史（元忭）家，一语稍不合，即大诟詈，策骑归。后张殁，徐已癃老，犹扶服哭奠，哀感路人。"

这说明徐渭是个高个子，皮肤白皙，目光炯炯有神。与人相处，常常因所持观点不同发生冲突，即个人意气行事。但他很看重个人感情，作为门客幕僚，他馆于张元忭家，多有不合。他与张相知很深，自己一时激愤，将少妻打死，身陷囹圄。为死囚时，是张元忭和朋友们将他解救出来，免其一死。没有张的援救，他不能终老。因此，张元忭死时，他扶服哭奠，哀感路人。与人交往，不外乎"义、利"，徐渭自己就说过，他是以"义"作为交友标准，他认为不合于"义"时就与人口角相向，但并不介意，也并不影响到个人之间的感情。这给外人以其行为举止乖张、不可理喻的感觉。

从遗留下来的徐渭画像（见右）来看，他个人形象最主要的特征就是“三牙须”，而不是“落腮胡”。所以，绣像本做这样的改动，很大程度上违反了作者的本意。而词话本上温秀才的形象描写活脱脱就是徐渭的自画像。

徐渭像

后来，西门庆与温秀才又闹翻了，主要是温秀才的人品出了问题。一是好男风，与画童鸡奸；二是唆使画童偷银器；三是时常打听西门庆家中各娘房里的事；四是将西门庆官场上的文书机密有意无意透露给倪秀才，让同僚夏提刑知道，使西门庆受到蔡太师的管家翟谦批评，好没面子。这最后一件是要紧的，温秀才吃里扒外，完全违反了职业道德，让西门庆勃然大怒，骂道：“画虎画皮难画骨，知人知面不知心。我把他当个人看，谁知他人皮包狗骨东西，要他何用？”一面喝令画童去吩咐：“再不消过那边去了。”那画童磕了头，起来往前边去了。西门庆向月娘道：“怪道前日翟亲家说我机事不密则害成，我想来没人，原来是他把我的事透泄与人，我怎的晓得？这样的狗骨秃东西，平白养在家做甚么？”

在吴地方言中，“水”与“徐”发音近似，水秀才即徐秀才；“温”与“文”发音近似，温秀才即文秀才，而徐渭字文长，秀才出身，当时大家都叫他徐秀才、文秀才。因此，小说作者在创作这二个秀才形象时，投下了徐渭自己的影子。这两个秀才的特征合二为一，便是他的写照。

但这两个秀才的行为和书中大多数人物一样，都不是好东西，虽有才而无德，不是与主顾的丫头小子乱来，就是好打听主顾家中私事，更可恶的是泄露机密，偷盗东西。这不是说徐渭本人就是这样，事实上，他是非常仗义疏财的，决不会干这种小人之事。徐渭曾当过胡宗宪、李春芳等人的文书，有着类似的经历，说不定也见识过别的文书干过这样的事。在塑造文书这类人物时，会不自觉地将自己的经历融入其中，将其它文书的劣迹也掺合进去，创作成水秀才、温秀才这样的角色。

# 徐渭透露出的蛛丝马迹

从目前的情况看，没有谁留下写作该小说的直接证据。不过，徐渭在其文集中留下了一些蛛丝马迹。

在其尺牍《复李令公》之三中，他说："仆昨以病甚而归匆忽，屏绝人事，如梦寐未醒。顾复承多仪，此何异施缗钱之纸于鬼物，非不责报者不能也。久卧床席，音问寂然。适领参一斤、参人二躯、川扇两把于陶君，并慰问勤恳。遥想德衷，哽哽者数日，至今尚摇摇也。陶君行，敬复数字，尚以病困不能缕悉，特奄奄于楮笔间耳。更有一言不识进退，仆有胡说六七百叶，今拟刻其半，得参十五斤可矣。待尽之人，妄希一二语传后，此故人千百之惠也。以公不弃鬼物，故聊及之，不敢必也。"

我对这段话的理解是，这是徐渭晚年弥留之际，对自己的好友李令公道出写作《金瓶梅》书稿并希望出版的心声。他对自己在世时日无多已有预感，所以心情十分沉重，说话将自己比作"鬼物""待尽之人"。他从学生陶望龄那里收到了李令公送来的一斤人参、二株整参以及两把川扇，非常感激。感激之余，他述及自己写了一本小说，自谓为"胡说"，有六七百页纸，想先出版一半，分上下集，只要十五斤人参充当稿费就行了。这是他个人的大事，目的在自己去世之后，托其帮助出版，传之后世。本来他不想麻烦别人，因为李令公对他这个行将沉帆落幕之人不离不弃，所以才说出来，不是强求，不能做到也就算了。

这里有几点值得注意：

一，《金瓶梅》小说写作已经在他手里完成。不像其它研究者认为《金瓶梅》是合作、集体创作或是续作等，其实该小说就是他个人创作的。这与小说整体内容具有鲜明的特色是一致的。

二，徐渭说该小说有六七百页，与词话本字数在一百万左右大体相同。

三，他对该书出版有了大致的安排，分上下集出版，先出版上集。其意可能想对下集进行一定的修改。如果李令公不能帮上忙，也没有关系。他主要期待他的学生陶望龄来做这件事。实际情况是，徐渭去世后，陶望龄出于种种原因将此书书稿转移到他处保存，并没有出版。后来该小说以手抄本的形式传播，名曰《金瓶梅》，再付诸南方书商出版问世时，离徐渭去世已经20多年了。

徐渭对小说感兴趣是有年头的。在《与萧先生》一文中，他提到“旧于郎君处假小说九本，兼奉归之”。萧鸣凤是其表姐夫，进士出身，做御史时曾痛殴某知府，科举考试时将自己的门生徐阶擢拔为第一，后成为内阁首辅。在官场得罪了人后，于嘉靖十三年“被去世”，改名换姓隐居在家乡。徐渭在书中引为第一知己，对他十分尊敬景仰。嘉靖三十一年，萧鸣凤65岁，他接到徐阶的来信，墓表的事落实，他已经“死亡”，不能再用原名，必须改名换姓。《与萧先生》一文必写于此事之前，也是就是徐渭32岁之前。文中提到的“郎君”即萧鸣凤的女婿应可，与徐渭年龄相差无几。这说明徐渭对小说的兴趣由来已久，他还有写戏剧的经历，将四部剧本合编为《四声猿》，表现出惊人的写作才华。这些都为其写好《金瓶梅》小说打下了扎实的基础。

徐渭还写过一首诗：

卌年前有一相知，去矣思量哭不回。
哭既不回知久绝，请将一物付秦灰。

诗下自注：吾欲尽焚旧草，故作此诗，一友止之，遂止。相知者是姓唐人。

这一相知姓唐人就是唐顺之。在《畸谱》中，徐渭将其列入师类，复引为知己。他深情回忆自己文章每写出时，“唐先生顺之称不容口，无问时古，无不啧啧，甚至有不可以自鸣者”。可见这位先生对他的赏识。徐渭在幕府当记室时，唐顺之曾于嘉靖三十七年以兵部郎中视师浙江，与胡宗宪协作谋划剿除倭寇事宜，两人共事过一段时间。徐渭与唐顺之也有酬和之作，相从极密，或许写这小说曾受过他的启发和支持也很难说。正因为此，他面对耗尽毕生心血的手稿，是存还是毁充满了疑虑时，便想起了这位引路人，想到了知音者少、知己者稀的悲催，油然而生作诗感慨。

“一物”是什么没有明说，但他自注是“旧草”，既然说是“付秦灰”，则这一物必是书稿无疑。这表明他临终弥留之际还有一部重大书稿没有出版，他自己也是犹豫不决，想自己将其烧掉算了。为什么这样？笔者推测主要是其内容惊世骇俗，还有当时的政治气候不利和社会思潮逆转，他自己对此书稿能否存世，能否付梓出版问世都不敢肯定。

# 土豆为证

夜看《金瓶梅》小说，突然发现其中记述了土豆，让人激动不已。

第七十三回《潘金莲不愤忆吹箫　郁大姐夜唱闹五更》中，西门庆酒醉后，晚上搂着春梅玩耍睡觉。月娘则与李娇儿、孟玉楼、潘金莲、西门大姐、大妗子、杨姑娘听三个佛姑子宣卷讲佛法。大家坐在一起，为西门庆思念李瓶儿叫戏子唱“忆吹箫”这事评头论足。说话间，丫环小玉拿上一道“土豆泡茶”来，每人一盏。吃完后，便开始进入正题，听薛姑子讲五戒禅师破戒占有红莲姑娘的故事。

“土豆泡茶”这种夜宵小吃在此回出现，说明小说作者行文到此，当地社会已经开始时兴这种吃法。要知道，土豆一词出现在该小说里，有且只有这一次。据笔者所知，这也是我国史上最早记载这种外来植物，约在明代万历早期。土豆出现在该书中是将小说作者与徐渭联系起来的中介。

徐渭专门写过一首《土豆》诗：

《土豆　绝似吴中落花生及香芋，亦似芋而此差松甘》
榛实软不及，菰根旨定雌。
吴沙花落子，蜀国叶蹲鸱。
配茗人犹未，随羞箭似知。
娇颦非不赏，憔悴浣纱时。
（见《徐渭集》第190页）

诗里说“配茗人犹未”，即“土豆泡茶”这二种食材合在一起吃，社会上还没有时兴，但“土豆烧肉”这盘菜已经有了，即“随羞筋似知”。

徐谓秉性对新鲜事物有强烈的好奇心，记录了当时很多的社会新闻、奇闻轶事，可以说是一名很优秀的“记者”。这首诗写于徐渭中年时期，60 岁左右，将土豆描述得很到位，株形、叶子像落花生，地下结的块茎像香芋，但吃起来比香芋更松软而味甘。而且从这首诗看出，这种来自南美洲印第安人培育的作物自一开始起，就叫作土豆，原意为“土里长出的豆子”，很形象生动。它后来虽然有马铃薯、洋芋等别名，但土豆这一名称400年来自始至终没有变化。

土豆原产于秘鲁和智利的高山地区。哥伦布开辟新航路后，这种农作物就陆续从新大陆传入世界各地种植，成为人们重要的蔬菜和粮食作物。百度百科说，土豆传入中国只有三百多年的历史，据说是华侨从东南亚一带引进的；另有说法是 17 世纪中叶由荷兰人传入中国。对照徐渭此诗来看，这些流行的说法都不对。土豆引进种植距今至少400年了，约在麦哲伦率船队实现环球航行后五十年左右就在我国江浙一带引进种植。

不仅土豆，玉米、西红柿等这些植物都相继引进中国，丰富了我国人民的餐饮，成为人们喜爱的食材。

杭州人田艺衡的《留青日札》刊印于明万历元年（1573 年），最早记载了玉米，书中说：“御麦，出于西番，旧名番麦，以其曾经进御，故曰御麦。干叶类稷，花类稻穗，其苞如拳而长，其须如红绒，其粒如芡实，大而莹白。花开于顶，实结于节，真异谷也。吾乡传得此种，多有种之者。”

第一个记载西红柿的文献见于明赵函的《植品》(1617 年)，赵函在书中提到，番茄是西洋传教士在稍早的万历年间，和向日葵一起带到中国来的。成书于1621年的《二如亭群芳谱》载："番柿，一名六月柿，茎如蒿，高四五尺，叶如艾，花似榴，一枝结五实或三四实，一树二三十实。缚作架，最堪观。来自西番，故名。"

至于向日葵，王象晋所著《二如亭群芳谱》中附有"丈菊"，即向日葵。原文如下："丈菊一名本番菊，一名迎阳花，茎长丈余，秆坚粗如竹，叶类麻，多直生，虽有分枝，只生一花大如盘盂，单瓣色黄，心皆作窠，如蜂房状，至秋渐紫黑而坚，取其子种之甚易生，花有毒能堕胎"。"向日"之名，见于文震亨《长物志》(1635年左右)。

以上这些记载说明，在万历早期，这些新的农作物品种就开始在浙江一带种植。所有这些种子均是由西洋传教士（西番僧）一起带来的。作为文化交流的信物，西洋传教士把它们作为奇珍异宝，敬献给朝庭，以取悦、取信于天朝。当时吴下是富庶之地，也是全国的文化中心，那里文化程度最高，读书人思想最为开明，最早试种了这些作物，并由当时的学者文人所记述下来。因此，土豆、玉米等这些农作物最早均不是从所谓的西北丝绸之路、或是从马六甲海峡进入中国南方，或是从福建东南沿海一带传来的，而是西洋传教士进贡给朝庭，在吴中试种，或观赏，或食用，以后才陆陆续续扩散到全国的。

这些情况说明：

第一，土豆在书中出现，将小说写作时间限定在万历年间。土豆最先在吴中种植，也说明小说作者是江浙一带人。小说的作者兰陵笑笑生，由漫无边际锁定到一个特定的时空里。

第二，徐渭是兰陵笑笑生的不二人选。他留下了土豆的最早诗作，"土豆泡茶"的餐饮吃法，与《金瓶梅》小说中的吃法一致。尽管其诗中说还没有风行，在小说中则已经效法，两者有很强的自洽性，水到渠成，顺理成章。这只能说明是同一人所为，因为两者虽然形式不同，一是诗作，一是小说，但关注的问题是一样的。试问，对于土豆与茶搭配食用这一新鲜事，如果“土豆”诗和小说中的“土豆泡茶”是不同作者所作，会有这么巧合吗？会想到一起去吗？这从侧面亦证明徐渭就是《金瓶梅》小说作者兰陵笑笑生。

# 红椒是不是辣椒?

有一种动物，明代分布颇广，南北都有，江浙一带俗称“铁脚”，现在不知叫什么，是什么种类。徐渭特地为这种动物写了首五言律诗：

吴下绵披细，燕中铁跖纤。
俄为群少炙，只用一竿黏。
暗雪辞饥啄，红椒餩醉髯。
窥螳黄雀事，公子慎金丸。

第三行“暗雪辞饥啄，红椒餩醉髯”，意思是寒冬腊月，漫天大雪时，它就不吃不喝也不饿，一个劲地冬眠。它嘴唇红扑扑的，像红椒一样，两边各长着一撮长毛，似醉非醉，憨厚可爱。

注意，这里徐渭用了红椒两字，红椒是不是我们现在普遍食用的辣椒？过去我国没有辣椒这种植物，辣椒原生于美洲，在明代才开始引种到我国。徐渭生活的那个时代，正是辣椒引进种植之时，他写的这句诗是不是对辣椒引种的记载就值得探讨。

成书于元末明初的《水浒传》记载了麻辣豆腐这种菜的烹饪方式。第三十九回《浔阳楼宋江吟反诗　梁山泊戴宗传假信》，说的是宋江在浔阳楼题反诗后，被当地一个叫黄文炳的通判官告发，九江知府蔡大人拿他下狱，如何处置要请示朝廷蔡京太师。他便写了封信叫下属神行者戴宗日夜兼程送去。戴宗来到一个傍水临湖的酒肆，酒保问他要吃什么？戴宗道："我却不吃荤腥，有甚么素汤下饭？"酒保道："加料麻辣爊豆腐如何？"戴宗道："最好，最好！"酒保去不多时，爊一碗豆腐，放两碟蔬菜，连筛三大碗酒来，戴宗正饥又渴，一下把酒和豆腐都吃了。却待讨饭吃，只见天旋地转，头晕眼花，就凳边便倒。原来是梁山好汉在酒里加了蒙汗药，设计将他毒倒。

从这里我们知道，麻辣豆腐这道菜由来已久，至少在元末明初即出现了，有六百多年历史。当时加了什么料《水浒传》里没有明说，我们不清楚。但一般认为，肯定是没有辣椒的，那时的麻辣豆腐用的是花椒，这与现在的麻辣豆腐有着本质的不同，现在的麻辣豆腐除了放花椒外，必须放辣椒才行。花椒、姜和茱萸是中国传统的三大辛味调料，其中花椒最常用，为我国本地产出，那麻辣味便是花椒产生的，与后来的辣椒辣味有区别。比如第三十八回中宋江点了三份"加辣点红白鱼汤"加的也是花椒，不可误认为是现在的辣椒。

这一看法是正确的。比《水浒传》晚些问世的《金瓶梅》中也一样没有出现辣椒这个词。笔者全面检视该小说，发现作者也是个吃货、美食家，有十来处都提到了"椒"字，但都不是指辣椒，而是花椒。

第十回《武二充配孟州道　妻妾宴赏芙蓉亭》中，武松被发配孟州后，西门庆去除了心腹之患，好不喜欢，与妻妾一家饮酒作乐，与他勾搭成奸的隔壁花家娘子李瓶儿托小厮送来了两盒礼品，揭开盒儿看，一盒是朝廷上用的果馅椒盐金饼；一盒是新摘下来的新鲜玉簪花。果馅椒盐金饼应是用花椒或胡椒粉与盐调和做成的咸中带辣的好吃饼子。

第十六回《西门庆谋财娶妇　应伯爵庆喜追欢》中，西门庆要盖房子，有卷棚、山子、花园、玩花楼，与李瓶儿家连通起来。他与李瓶儿偷欢时说起这事，李瓶儿要拿出财物来资助他，说："奴这床后茶叶箱内，还藏三四十斤沉香、二百斤白蜡、两罐子水银、八十斤胡椒。你明日都搬出来，替我卖了银子，凑着你盖房子使……”

胡椒产自印度、印度尼西亚等热带地区，有黑白两种。黑胡椒辣味比白胡椒强烈，香中带辣，祛腥提味；白胡椒药用价值较大，可散寒、健胃等，增进食欲、助消化，可发汗。两者都是果仁，不像我国内地产的花椒一样，食用的是果皮。李瓶儿储存有八十斤胡椒，那可是一笔大财产，在国内是稀罕货、硬通货，随时都可以兑换成银两的。

第五十二回《应伯爵山洞戏春娇　潘金莲花园看蘑菇》中，西门庆道：“昨日我在夏龙溪家吃酒，大巡宋道长那里差人送礼，送了一口鲜猪。我恐怕放不的，今早旋叫厨子来卸开，用椒料连猪头烧了。你休去，如今请谢子纯来，咱每打双陆，同享了罢。”第六十一回《韩道国筵请西门庆　李瓶儿苦痛宴重阳》中，他的拜把子兄弟常时节送来了一盒螃蟹，答谢西门庆帮忙盖成房子。西门庆道：“常二哥，你又费这个心做甚么？你令正病才好些，你又禁害他！”伯爵道：“我也是恁说。他说道别的东西儿来，恐怕哥不稀罕。”西门庆令左右打开盒儿观看：四十个大螃蟹，都是剔剥净了的，里边酿着肉，外用椒料、姜蒜、米儿团粉裹就，香油煠，酱油醋造过，香喷喷，酥脆好食。

这两处出现椒料一词，应该都是对猪头、螃蟹调味的花椒。

第七十六回《孟玉楼解愠吴月娘　西门庆斥逐温葵轩》中，吴月娘谈起贲四的女儿在夏提刑家当丫环，夏大人娘子好不喜欢，抬举她，也不把她当房里人，只做亲儿女一般看她。西门庆道：“还是这孩子有福，若是别人家手里，怎么容得，不骂奴才少椒末儿，又肯抬举他！”被月娘瞅了一眼，说道：“碜说嘴的货，是我骂了你心爱的小姐儿了！”

这里“不骂奴才少椒末儿”是指贲四的女儿若在别人家里，就不被当人看，被颐指气使，谩骂侮辱，骂得像花椒粉末儿一样辛辣，更谈不上抬举她。“椒末儿”取花椒粉辛辣之意，拟骂人狠毒。

第九十四回《刘二醉殴陈经济　洒家店雪娥为娼》中，春梅为了整治雪娥，要她下厨做鸡尖汤喝。原来这鸡尖汤是雏鸡脯翅的尖儿碎切做成的汤水。这雪娥一面洗手剔甲，旋宰了两只小鸡，退刷干净，剔选翅尖，用快刀碎切成丝，加上椒料、葱花、芫荽、酸笋、油酱之类，揭成清汤。盛了两瓯儿，用红漆盘儿，热腾腾，兰花拿到房中。春梅灯下看了，呷了一口，怪叫大骂起来："你对那淫妇奴才说去，做的甚么汤！精水寡淡，有些甚味？你们只教我吃，平白叫我惹气！"慌的兰花生怕打，连忙走到厨下对雪娥说："奶奶嫌汤淡，好不骂哩。"这雪娥一声儿不言语，忍气吞声，从新洗锅，又做了一碗。多加了些椒料，香喷喷，教兰花儿拿到房里来。春梅又嫌忒咸了，拿起来照地下只一泼，早是兰花躲得快，险些儿泼了一身。

这二处出现椒料一词与第五十二回、第六十一回里的意思相同，都是以花椒作为作料来调味的，一个是调汤味，一个抹在表面让猪头、螃蟹入味。椒字就是特指的花椒。也就是说，自从元末明初到明代万历年间，还没有出现辣椒一词，更没有用辣椒来作食品调料的情况。

与《金瓶梅》几乎同时问世的《西游记》一书中，在饮食方面也包含了很多辣味，书中曾提及"饭店又有好汤饭、好椒料、好蔬菜"，"油盐酱醋、姜椒茶叶俱全"，"椒姜辛辣般般美"，"我这山间实是寒薄，没什么香蕈、蘑菰、川椒、大料"，"花椒煮莱菔，芥末拌瓜丝"，"姜辣笋"，"辣芥"等辣味调味品，书中所说的椒料和川椒是花椒，调出的是花椒的辣味，辣椒同样没有出现。

目前已知我国有关辣椒的最早记载见于明代高濂(1573年—1620年)的《遵生八笺》，其中记述道："番椒丛生，白花，子俨秃笔头，味辣，色红……"辣椒引入我国时，列入《燕闲清赏笺》的《四时花纪》中，与桃花、迎春花、玫瑰花等并列，被视作观赏植物。与高濂同时代的戏曲家汤显祖（1550 年—1616 年）在《牡丹亭》里描述一个富贵人家的后花园，其中就栽培有包括辣椒在内的多种花卉。徐渭与汤显祖有交集，大汤显祖 30 多岁，是忘年之交，在京城结识，对汤特别尊重，尤其佩服其写的戏剧，尊其为君。清初的《花镜》中有“初绿后朱红，悬挂可观”。康熙年间《杭州府志》中记载“又有细长色纯丹，可为盆儿玩者，名辣茄……”这说明在明代万历年间以后到清初这段时间，辣椒被引入中国栽培后，只是因为其果实色彩艳丽，由绿到红转变而作为花卉观赏，其后食用应该经过了一个漫长的尝试过程，才为我国各地逐渐接受，并普遍种植的。

那么，徐渭诗中记载的红椒是不是辣椒？笔者认为很有可能是辣椒。首先，徐渭写的这首有关“铁脚”的诗不是单独的，而是写了一组诗，涉及到动物的还有黄鼠、“半痴”鸟儿、河豚、黄羊、熊等动物，涉及植物的除了土豆外，还有梨、杏、李、频婆、胡桃、白樱桃、薯蓣（山药）等，并列在一起，总计有十多首，这说明徐渭是有计划的写作，将相同题材的事物集合在一起进行诗词创作。而这时正好是辣椒、土豆等外来植物相继传入国内，特别是吴中一带的时候，引起了他极大的兴趣，作为新闻写进诗中。其次虽然本地花椒也有由绿转红的转变过程，但花椒果实小，不显眼，用来比喻“铁脚”这种动物的嘴唇并不恰当，只有新种植的辣椒长出的通红果实才能配得上形容铁脚红扑扑的嘴唇，才能让赏诗者印象深刻。

徐渭这首诗写成于他北上北京、辽东回归山阴之后，因为“铁脚”诗首句“吴下绵披细，燕中铁跖纤”，就说明他是在游历过燕地后才写的。他回到老家山阴时应该已经 58 岁，即万历七年左右，是 1579 年之后的事了。如果他诗中说的红椒是辣椒的话，那这要比高濂《遵生八笺》记载的早了 10 年左右。像土豆一样，我国引入辣椒这种外来植物的时间应向前推进 10 年。

第五十二回　应伯爵山洞戏春娇　潘金莲花园看蘑菇

# 向日葵

今天，向日葵是一种很普通的植物，天南地北都有种植。作为世界四大油料作物之一，向日葵的籽粒炒熟后又香又油腻，味道特别好。我们小时候经常“嗑瓜子”，那时“嗑瓜子”一般是指“嗑葵花子”。

可这种植物并不是本土植物，而是从美洲引进的。百度百科说，向日葵又叫朝阳花，因其花常朝着太阳而得名。英语称之为sunflower，却不是因为它的这一特性，而是因为它的黄花开得像太阳的缘故，尽管sunflower 也多少带着“向日”的含义。其原产地据说为北美洲，但现在它已是俄罗斯、乌克兰、葡萄牙、秘鲁、玻利维亚的国花，日本北九州市的市花。

百度百科还说，最早记载向日葵的文献为明朝人王象晋所著《二如亭群芳谱》(1621 年)，该书中尚无“向日葵”一名，只在《花谱三·菊》中附“丈菊”，原文如下：“丈菊一名本番菊，一名迎阳花，茎长丈余，秆坚粗如竹，叶类麻，多直生，虽有分枝，只生一花大如盘盂，单瓣色黄，心皆作窠，如蜂房状。至秋渐紫黑而坚，取其子种之甚易生。花有毒，能堕胎。”

其实，百度百科这方面的说法是很欠缺的。

首先，最早记载向日葵的文献不是明朝人王象晋所著《二如亭群芳谱》，而是徐渭的诗歌。这些诗歌写在他 40 岁至 60 岁期间，即嘉靖晚期至万历早期，比《二如亭群芳谱》大约早 40 年。

其次，这种植物落地中国时，它的中文名字各地叫法都不一样，如叫葵、秋葵、葵榴、黄蜀葵等，当然还有叫丈菊、番菊、迎阳花、望日莲等。由于大家一开始就认识到它有向日的特性，所以就叫向日葵，最终向日葵这个名字占了主导地位，压倒其它名字，流传至今，就像美洲另一种植物土豆的名字一样。当然，土豆还有另一个学名马铃薯，而向日葵就只一个名字，一般称葵花。

明朝是地理大发现的时代，原产于北美洲的向日葵被西班牙探险家于1510年带往欧洲，一百年后大明朝刊印的《植品》中便有了记载："又有向日菊者，万历间西番僧携种入中国。干高七八尺至丈余，上作大花如盘，随日所向。花大开则盘重，不能复转。"这里很明确地说，向日葵是"万历间西番僧携种入中国"，按徐渭的诗作，可以更准确地说是在万历早期由西方传教士从欧洲带来的，更有可能是与土豆、西红柿、辣椒等一起带来的。

向日葵之名，一般认为始见于明末文震亨的《长物志》(约1635年左右)："一曰向日，别名西番葵。"成书于清朝康熙年间的《花镜》中，可以知道当时人是怎么看向日葵的："向日葵亦名西番葵。六月开花，每干顶上只一花，黄瓣大心，其形如盘，随太阳回转，如日东升则花朝东，日中天则花直朝上，日西沉则花朝西。结子最繁，状如蓖麻子而扁。只堪备负，无大意味，但取其随日之异耳。"其实，这种植物叫作向日葵，最早出现在《金瓶梅》小说中，比明末文震亨的《长物志》早了数十年。

徐渭的葵花诗歌保存在《徐文长逸稿》和《补编》中，共有6首，《秋葵》有二首，其中一首不能说明问题，兹列这5首诗如下：

一、《葵　戏少日》

柘颊糁红盐，将心向日悬。

莫教辜负尔，急画海乌添。

二、《葵榴》

明月珠含锦鷓鸪，丹砂肝胆向金乌。

世间草木有如此，堪付徐熙入画图。

三、《黄蜀葵》

自叹南冠奏曲时，不如画里向阳枝。

赭衣一着从摇落，总有丹心托向谁？

四、《秋葵》

丹墨毫厘有是非，莫言斗木便轻凝。

中间一寸灵砂紫，随着金乌到处飞。

五、《葵阳篇　中舍吕君》

相公植忠孝，传家惟两字。

辟彼桥树枝，垂荫南山梓。

南山文梓干云材，鸣珂出入向金台。

殿中仙翰乘春酒，池上新词对月裁。

自抱孤贞谁共说，种葵广署纷成列。

葵花向日有时红，臣心恋主何年歇。

舒傍尧阶蓂共芳，移来汉圃芝同茁。

会稽野人方食芹，欲献徒令笑迂拙。

这五首诗中前四首都是画中题诗。后一首是以葵喻人，写给姓吕的人，称颂其忠孝。我们能从中看出，徐渭画葵花、赞葵花，始终突出其向阳品质、特性，如“向日悬”“向金乌”“向阳枝”“随着金乌到处飞”“葵花向日有时红”，比喻忠君护主，不管是说自己还是评论、称颂别人都是如此。在徐渭看来，“葵花向日”就如同文天祥的“磁针指南”一样。“臣心一片磁针石，不指南方不肯休”，“柘颊糁红盐，将心向日悬”，那都是其本性显现，与生俱来，不能移易。

作为一个一生不得志，八次科举都落第的穷秀才，徐渭只有在加入胡宗宪的幕府时才有过一时的辉煌。可是这犹如天上的焰火，炫目一刹那，一切又归于黑暗和沉寂。但他的文学艺术才能是无法磨灭的，他自己就说“吾书第一，诗二、文三、画四”。在颠沛流离、坎坷曲折的生活中，他将目光转向了光怪陆离的社会生活，感悟世态炎凉；转向生机勃勃的大自然，陶醉其中，吟诗作画，舞文弄墨，抒发自己心中的不快，留下了诸多不朽的文化艺术作品。正是因为作画，他才注意到向日葵这种外来植物，认识到其显著的向阳特征，以画以诗升华其可贵的品质。要知道，当时文人并不看重葵花，在花品中都是兰、梅、菊、牡丹等排在前列，葵花作为低等的花草，只排在倒数第二位，受到轻视。可徐渭却对这种植物情有独钟，独重其质，画此表达心迹，以此称颂君子。

诗《葵阳篇》说：“种葵广署纷成列。”“广署”二字值得斟酌，这是指种植葵花的地点，有三种解释：一为广东衙门，二为吕君府邸，三为京城。吕君种植葵花，乃是这种外来花一如金盆，赏心悦目；再者可以明志，表明自己对朝廷忠诚。从“舒傍尧阶蓂共芳，移来汉圃芝同茁”来推测，吕君似乎住在京城府邸，他将葵花与蓂草、芝草种在一起，让它们争香斗艳，茁壮成长。此外，这位吕君有很高的文学素养，说他“殿中仙翰乘春酒，池上新词对月裁”，其文为皇上所欣赏，其人为皇上所器重。由于我们对这位吕君不了解，仅是推测其地在京城。但可以说明，葵花不只是一地，也不只是一人喜爱，在当时社会，特别是社会高层大都喜爱，传播范围越来越广。

读者细心的话，能发现小说有二处提到了葵花。第十三回《李瓶儿隔墙密约　迎春女窥隙偷光》中，西门庆应约到花子虚家来，拟同花子虚一起到勾栏妓女吴银儿家玩乐，祝贺她过生日，花子虚硬是先留下他吃饭再一道去。席上喝酒，用的就是“银高脚葵花钟（盅）”。第十九回《草里蛇逻打蒋竹山　李瓶儿情感西门庆》中，西门庆将新花园建好了，作者专写成一段锦绣文章描述，其中说“卷棚前后，松墙竹径，曲水方池，映阶蕉棕，向日葵榴”。

这说明金瓶梅小说作者留意到葵花向日，与徐渭文集中的诗作一致。葵花也是将徐渭与小说作者兰陵笑笑生对接起来的桥梁。徐渭看重这种植物，而这部小说中偏偏有之。葵花是徐渭无意留在书中的隐证，不知读者同意否？

# 疑医之伪

生老病死，是人生的必经之事。没有人一生不患病，不求医。一部伟大的文学作品，不能不涉及到生病和医治。只是在《金瓶梅》这部小说中，主要角色生病和医治占了相当大的篇幅，几度构成整篇回目。病人及其亲友想方设法百般求医问药，甚至求神占卜，符水遣邪，做法事禳解等，然而无济于事，最终都没有治好。病者年纪轻轻，甚至在婴儿时期就无奈地走向死亡。这使小说色调灰暗，当然也是小说的一大特征。

我们且看小说主人翁西门庆的宠妾、富婆李瓶儿。

李瓶儿患了妇科崩漏之病，下体流血不止。西门庆来到李瓶儿房里住歇，李瓶儿告诉他："自从养了孩子，身上只是不净。早晨看镜子，兀那脸皮通黄了，饮食也不想，走动却似闪朒了腿的一般。倘或有些山高水低，丢了孩子教谁看管？"西门庆见她掉下泪来，便道："我去请任医官来，看你脉息，吃些丸药，管就好了。"

任医官诊脉、观色后对西门庆说："夫人尊颜，学生已是望见了。大约没有甚事，还要问个病源，才是个望、闻、问、切。"奶妈如意儿便把李瓶儿那口燥唇干、睡炕不稳的病症，细细说了一遍。那任医官即便起身，打个恭儿道："老先生，若是这等，学生保的没事……学生诊了脉，问了病源，看了气色，心下就明白得紧。到家查了古方，参以己见，把那热者凉之，虚者补之，停停当当，不消三四剂药儿，登时好了。”

任医官依旧到厅上坐下，西门庆便开言询问道：“不知这病症端的何如？”任医官说：“夫人这病，原是产后不慎调理，因此得来。目下恶露不净，面带黄色，饮食也没些要紧，走动便觉烦劳。依学生愚见，还该谨慎保重。如今夫人两手脉息虚而不实，按之散大。这病症都只为火炎肝腑，土虚木旺，虚血妄行。若今番不治，后边一发了不的。”

说毕，西门庆便问：“如今该用甚药才好？”任医官道：“只用些清火止血的药——黄柏、知母为君，其余再加减些，吃下看住，就好了。”西门庆听了，就叫书童封了一两银子，送任医官做药本，任医官作谢去了。不一时，送将药来，李瓶儿屋里煎服，不在话下。

可是，吃了药后，因李瓶儿思念病死的孩子官哥儿，又与潘金莲怄气，旧病复发，下边经水依旧淋漓不止。西门庆再请任医官来看，讨将药来吃下去，这李瓶儿如水浇石一般，病情不仅不好，反而药越吃血流得越旺，半月之间，容颜顿减，肌肤消瘦，无复昔时精彩丰标之态矣。

第六十一回《西门庆乘醉烧阴户　李瓶儿带病宴重阳》中，李瓶儿回答西门庆道：“我到屋里坐杩子，不知怎的，下边只顾似尿也一般流起来，不觉眼前一块黑黑的。起来穿裙子，天旋地转，就跌倒了，恁甚么就顾不的了。”西门庆见她额上磕伤一道油皮，说道，“丫头都在那里，不看你，怎的跌伤了面貌？”李瓶儿道：“还亏大丫头都在跟前，和奶子搊扶着我。不然，还不知跌的怎样的。”西门庆于是决定次日早晨再请任医官来。任医官诊毕脉，走出外边厅上，对西门庆说：“老夫人脉息，比前番甚加沉重些，七情感伤，肝肺火太盛，以致木旺土虚，血热妄行，犹如山崩而不能节制。复使大官儿后边向去，若所下的血紫者，犹可以调理；若鲜红者，乃新血也。学生撮过药来，若稍止则可有望，不然难为矣。”

西门庆重谢过任医官后，按其药方做“归脾汤”，让李瓶儿趁热吃下去，谁知她血越发流之不止。西门庆慌了，又请大街口胡太医来瞧。胡太医说是气冲血管，热入血室，亦取将药来吃下去，也如石沉大海一般，没有任何止减效果。

西门庆雇佣经商的下属韩道国告诉西门大娘子吴月娘说：“东门外住着一个看妇人科的赵太医，指下明白，极看得好。前岁小侄媳妇月经不通，是他看来。老爹这里差人请他来看看六娘，管情就好。”

这时，亲家乔大户向西门庆推荐了何大人，他说：“咱县门前住的行医何老人，大小方脉俱精。他儿子何歧轩（即后面的何春泉），见（现）今上了个冠带医士（相当于如今中央直属医院医生）。亲家何不请他来看看亲家母？”西门庆道：“既是好，等小价请了赵龙岗（即赵太医）来看了脉息，看怎的说，再请他来不迟。”乔大户建议让何大人与赵太医一起见面会诊，得到了西门庆首肯。

81 岁的何大人皓首苍髯，被请至房中，就床看李瓶儿脉息。李瓶儿已经“面如金纸，体似银条。看看减褪丰标，渐渐消磨精彩。胸中气急，连朝水米怕沾唇；五脏膨脝，尽日药丸难下腹。隐隐耳虚闻磬响，昏昏眼暗觉萤飞。六脉细沉，东岳判官催命去；一灵缥缈，西方佛子唤同行。丧门吊客已临身，扁鹊卢医难下手”。

何老人诊毕后说：“这位娘子乃是精冲了血管起，然后着了气恼，气与血相搏，则血如崩。细思当初起将病之由，看是也不是？”西门庆道：“你老人家如何治疗？”

正说话之间，赵太医从外而入，他自我介绍说自己以医为业，家祖现为太医院院判，家父现充汝府良医，祖传三辈，习学医术。每日攻习王叔和、东垣勿听子，《药性赋》《黄帝素问》《难经》《活人书》《丹溪纂要》《丹溪心法》《洁古老脉诀》《加减十三方》《千金奇效良方》《寿域神方》《海上方》，无书不读。药用胸中活法，脉明指下玄机。

六气四时，辨阴阳之标格；七表八里，定关格之沉浮。风虚寒热之症候，一览无馀；弦洪芤石之脉理，莫不通晓。

何老人听了便问看病当以何者为先。赵太医道："老先生，你就不知道，古人云，望闻问切，神圣功巧。学生三辈里出身，先问病，后看脉，还要观其气色，就如同子平兼五星一般，还要观手相貌，才看得准，庶乎不差。"何老人道："既是如此，请先生进看去。"

西门庆陪他进入李瓶儿房中。那李瓶儿方才睡下安逸一回，又扮扶起来，靠着枕褥坐着。这赵太医先诊其左手，次诊右手，便教："老夫人抬起头来，看看气色。"那李瓶儿真个把头儿扬起来。赵太医教西门庆："老爹，你问声老夫人，我是谁？"西门庆便教李瓶儿："你看这位是谁？"那李瓶儿抬头看了一眼，便低声说道："他敢是太医？"赵先生道："老爹，不妨事，死不成，还认的人哩。"西门庆笑道："赵先生，你用心看，我重谢你。"那赵太医一面看视了半日，说道："老夫人此病，休怪我说：据看其面色，又诊其脉息，非伤寒则为杂症；不是产后定然胎前。"西门庆道："不是此疾。先生你再仔细诊一诊。"赵先生一会儿说是黄病，一会儿说是脾虚泄泻，一会儿说是经水不调，最后说："我有一妙方，用着这几味药材，吃下去管情就好。听我说：

甘草、甘遂与硇砂，
黎芦、巴豆与芫花，
人言调着生半夏，
用乌头、杏仁、天麻：
这几味儿齐加。
葱蜜和丸只一挞，
清辰用烧酒送下。"

何老人听了，便道："这等药吃了，不荡杀人了？"赵先生说自古毒药苦口利于病。西门庆见他满口胡说，因是韩伙计举保来，不好嚣他，称二钱银子，打发他走了。何老人道："老拙适才不敢说，此人东门外有名的赵捣鬼，专一在街上卖杖摇铃，哄过往之人，他那里晓的甚脉息病源！"因说："老夫人此疾，老拙到家撮两帖药来，遇缘看。服毕经水少减，胸口稍开，就好用药。只怕下边不止，饮食再不进，就难为矣。"说毕起身。

话说西门庆见李瓶儿服药无效，求神问卜发课，皆有凶无吉，无法可处。初时，李瓶儿还能挣扎着梳头洗脸，下炕来坐净桶，次后渐渐饮食减少，形容消瘦，下边流之不止。那消几时，把个花朵般人儿，瘦弱得不好看，也不起炕了。只在裀褥上铺垫草纸，恐怕人进来嫌秽恶，教丫头只烧着香在房中。

一天，夜半时分，丫鬟们向床上视之，李瓶儿还面朝里，摸了摸，口内已无气矣。不知多咱时分呜呼哀哉，断气身亡。可怜一个美色佳人，都化作一场春梦。正是：阎王教你三更死，怎敢留人到五更！

丫鬟迎春慌忙推醒众人，点灯来照，果然没了气儿，身底下流血一洼，慌了手脚，忙走去后边报知西门庆。西门庆听见李瓶儿死了，和吴月娘两步做一步奔到前边，揭起被，但见面容不改，体尚微温，脱然而逝，身上止着一件红绫抹胸儿。

纵观李瓶儿的病，依现在医学来看，应是她血液里缺少凝血因子，以致血液不能凝固，故流血不止。这病放在四百多年前是没法治疗好的。一是当时医疗技术水平没有达到现在这一地步，没有对血液进行化学分析的方法，找不到病源；二是就算找到了病根，也生产不出相应的药品，对症施治。所以众医师都爱莫能助，无能为力。

我们看西门庆请来的诸位医师，既有给王孙贵族看病的任医官、胡太医，也有临床经验丰富、深孚众望的老者何大人，还有江湖郎中赵太医。从他们各自的诊断和开出的药方来看，可谓花样百出，莫衷一是。各个和尚念自己的经，并没有一个共识，也没有任何标准和客观尺度来为病症定性、确诊。

赵太医是完全摸不准，说的都是模棱两可的话："非伤寒，只为杂症；不是产后，定然胎前"，"多管是脾虚泄泻，再不然定是经水不调"。如果连是什么病都没法断定的话，就无从下药。当西门庆说出是经水淋漓不止的情况时，赵太医便附和说是这病，而开出的竟是那虎狼之药。幸亏何大人有见识，阻止了他，不然李瓶儿吃了这药死得更快。

而那街口胡太医诊断的是"气冲血管，热入血室"，李瓶儿吃下取来的药后也如石沉大海一般。

初始时，任医官说的是产后调理不慎，只为火炎肝腑，土虚木旺，虚血妄行，于是只用些清火止血的药——黄柏、知母为君，其余再加减些就够了。但李瓶儿病发展到严重后，他再来诊断时，倒是指出了这病的严重性："若今番不治，后边一发了不的（得）。"第三次来诊治时，他发现李瓶儿已经流血过多，神形俱败，面色枯黄，形体瘦削，流血犹如山崩不能节制。他告诉西门庆说："若所下的血紫者，犹可以调理；若鲜红者，乃新血也。学生撮过药来，若稍止，则可有望；不然，难为矣。"这番话触及到了根本，那就是身体内缺少凝血因子的问题。血液出现紫色，说明有凝血因子存在，病情可以治好。血液鲜红则无凝血因子，这种情况就是扁鹊再世，华佗亲为，也爱莫能助了。所以他开出"归脾汤"，寄希望于万一。李瓶儿趁热饮下后不仅没有好转，血反而越发流得多了。这就事实上等于宣判了她的死刑。

何老人的判断与任医官大体相当，他说："老夫人此疾，老拙到家撮两帖药来，遇缘，若服毕经水少减，胸口稍开，就好用药。只怕下边不止，就难为矣。"事实上，他对治好李瓶儿的病也没有什么把握。他开出两帖药来，如果吃了有点效果，经水减少就好办。如果没有效果，就没有法子了。言外之意，医生无可奈何，她只能坐着等死。

李瓶儿的病情是这样百般无治，而小说中并非只有她的病情如此，过后西门庆也同样。

第七十九回《西门庆贪欲得病　吴月娘墓生产子》中，西门庆吃淫药，用淫具，与林太太、王六儿、来爵儿媳妇等众多妻妾、妓女淫欲无度，日夜不息，不知自持，终于乐极生悲，先是头晕、头沉，身体发软无力，继而重症悄悄向他袭来，他却浑然不知。与王六儿夜晚偷情后，他吃得酩酊大醉，回家又与潘金莲继续鏖战，于是病情发作了："初时还是精液，往后尽是血水出来，再无个收拾。"西门庆昏迷过去，四肢不收，精尽继之以血，血尽出其冷气而已。良久方止，头目森森然莫知所以。到次日清早辰，他起来梳头，忽然一阵晕眩，往前一头抢将去，险些摔倒在地，被春梅双手扶住，才不曾跌着磕伤了头脸。他在椅上坐了半日，方才回醒过来。吴月娘要手下做了些粥来，那西门庆拿起也只吃了半瓯儿，吃不下。春梅扶着西门庆，刚走到花园角门首，觉眼便黑了，身子晃晃荡荡，做不得主儿，只要倒。月娘又叫雪娥做了些水角儿（馄饨），拿了前边与西门庆吃。他只吃了三四个，就不吃了。到次日，内边虚阳肿胀，不便处发出红晕来，连肾囊都肿得明滴溜如茄子大。但溺尿，尿管中犹如刀子犁的一般。溺一遭，疼一遭。

实在受不了，他才使琴童往门外请了任医官来，进房中诊了脉。任医官说："老先生此贵恙，乃虚火上炎，肾水下竭，不能既济，此乃是脱阳之症。须是补其阴虚，方才好得。"说毕，作辞起身去了。一面封了五钱银子，讨将药来吃了。

这药止住了头晕，但西门庆身子依旧还软，起不来。

拜把子兄弟应伯爵见此，推荐大街上胡太医，说他最治得好痰火。月娘赶紧来说，谁知西门庆却反对："胡太医前番看李大姐不济，又请他？”月娘道：“药医不死病，佛度有缘人。看他（她）不济，只怕你有缘，吃了他的药儿，好了是的。”西门庆道：“也罢，你请他去。”不一时，使棋童儿请了胡太医来。胡太医对旁边的吴大舅、陈经济说：“老爹是个下部蕴毒。若久而不治，卒成溺血淋之疾。乃是忍便行房。”又卦了五星药金，讨将药来，吃下去，如石沉大海一般，反溺不出来。

月娘慌了，又请何老人儿子何春泉来看。何春泉说是“癃闭便毒，一团膀胱邪火，赶到这下边来；四肢经络中又有湿痰流聚，以致心肾不交”。封了五钱药金，讨将药来，越发弄的虚阳举发。

到次日，同僚何千户来看望，推荐了一相识，在东昌府探亲，昨日新到舍下，乃是山西汾州人氏，姓刘号橘斋，年半百，极看的好疮毒。西门庆随即差玳安拿贴儿，同何家人请了这刘橘斋来。看了脉，并不便处，连忙上了药，又封一贴煎药来。西门庆答贺了一匹杭州绢，一两银子。吃了他头一盏药，还不见动静。

比及晚夕，西门庆又吃了刘橘斋第二贴药，遍身痛，叫唤了一夜。到五更时分，那不便处肾囊胀破了，流了一滩鲜血。又生出疳疮来，流黄水不止。西门庆不觉昏迷过去。

这么多医生看病后，西门庆病情不仅不见起色，反而越发沉重。

西门庆自觉身体沉重，要便发昏过去，眼前看见花子虚、武大在他跟前站立，问他讨债，又不肯告人说，只教人厮守着他。他自感来日无多，便安排后事。过了两日，月娘还痴心指望他能好过来，谁知天数造定，到于正月二十一日，五更时分，他相火烧身，变出风来，声若牛吼一般，喘息了半夜，挨到早辰，呜呼哀哉断气身亡。正是：三寸气在千般用，一旦无常万事休。

西门庆的病，前前后后看过几个医生，有任医官、胡太医、何春泉、刘橘斋，他们的诊断与看李瓶儿病一样，也是花样百出，各执一词，令人无从判断。任医官的诊断是虚火上炎，肾水下竭，不能既济，乃脱阳之症。吃了他的药后，止住了头晕，但身体还是软绵绵的。而胡太医的诊断则是下部蕴毒，若久而不治，卒成溺血淋之疾。乃是忍便行房。只是吃了他的药后，尿液屙不出来了。原来还只是尿道如刀割一般，屙尿并不碍事，这下不能屙尿，病情加重，成了大问题。何春泉的诊断则是癃闭便毒，一团膀胱邪火，赶到这下边来。此外，四肢经络中又有湿痰流聚，以致心肾不交。但吃了他的药后也是反而加重，虚阳举发，麈柄如铁，昼夜不倒。最后到刘橘斋以疮毒之疾来治疗。西门庆吃了他的第二贴药，遍身疼痛，叫了一夜，肾囊胀破了，流了一滩鲜血。又生出疳疮来，流黄水不止，痛苦得昏迷过去。西门庆尽管经诸位名医诊治，都无力回天，依旧一步步走向黄泉。

小说两个主要人物患病、治疗到死亡，经历如此雷同，说明了什么？当然说明了医疗水平局限。但另一方面也说明了小说作者不仅对医学特别关注，而且对医师也不信任，对医术抱有极大的怀疑。我们知道，民国时期，西风渐进，一些出国留学的中国人学习了西医后，对中医嗤之以鼻，认为中医没有任何科学性、客观确定性，不屑一顾。不过这些人因有西医参照，不信任中医尚有情可原。但是，早在明代，就有一个人对中医充满了怀疑，这个人就是徐渭。

我们来看他写的一篇《赠余医师序》就可看出这一点。鉴于文章不长，兹录如下：

世之术无一不伪者，而医为甚。医中之术无一不伪者，而疡为甚。凡医有二，疾与疡而已。疾医之伪，犹知揣脉候之影响，时损益于方书，以尝试而幸中之。至于疡，则不复有所谓脉与候，而庸夫穷子目不识一字之人，方且口授而心记，撷草木，齐膏液，施金石，僦数廛之居，置榜而标之，以一切之技而投于人身无穷之变，往往至于杀人而不可救，故言医之伪者必曰疡，而疡之验者亦绝无闻。以予所读《灵枢经》痈疽论中，乃至于审血气，调虚实，辨营卫，其经纪合于天地日月之度数，而极其所败，乃自筋骨肌肉经脉以至于五脏，其理与诸篇所以训疾医者不少殊异，然则所谓伪者，岂疡之道端使然哉？予乡有余先生者工是业，有奇验。每诸疡师所不能治者，乃始求于先生。先生为一治辄起，名遂遍城市间。至是复愈予友柳君母于诸疡师之后，顾以柳君文学士，不责报。而柳君知先生家乡之柯亭，桥在其南而号南桥也，聚诸文人咏南桥诗赠焉，而委序于予。予遂得述经所论痈疽之理，而因知先生非世之所谓疡者也。

这次文人聚会，大家在南桥赋诗，形成诗集，徐渭不仅写了这一序言，还写了一首诗：

《题余医师南桥卷　题得雅医高隐约》
董奉门前朝暮霞，
无时不是杏开花。
桥南人渡迷桥北，
问道花开第几家。

言归正传，我们看江湖郎中赵太医、胡太医的表现。赵太医给李瓶儿下虎狼之药，胡太医给西门庆的病当蕴毒来治疗，吃了他的药后，反连屙尿都出不来了，这不是徐渭文章中所说的“至于杀人而不可救”吗？而各位医师对病情、病理的诊断各执一词，公说公有理，婆说婆有理，是不是让人感到医术之伪呢？

有什么样的三观，就怎么样来看待这个世界。对中医持什么态度，就在写作医案时呈现什么样的特点。小说的情节反映出小说作者对医学的立场观点、思想感情和所持态度。小说人物的病情诊治与徐渭的思想观点如此一致、吻合，好像事先有通谋一般。这在几百年前是不可能的，只能说明两者合一，即小说作者与徐渭是同一个人，再无他人可契合。

# “情寄之疡”

屠隆是比徐渭稍后的一位风流才子，因为经常出入于勾栏，与妓女厮混，染上了一种新的性病——梅毒，到了晚期，四肢百骸疼痛难忍，骨节损坏，在百般痛苦中去世。就在去世那年（万历三十三年，1605年），他的好友汤显祖写了一组十首七绝诗，寄给病中的屠隆，题为《长卿苦情寄之疡，筋骨段坏，号痛不可忍。教令阖舍念观世音稍定，戏寄十绝》。

所谓“情寄之疡”，即“梅毒”的雅称。

梅毒是由一种叫做梅毒螺旋体的病毒侵入人体所引起的慢性疾病，主要通过性行为传染，和现今的艾滋病毒、埃博拉病毒一样，起源于非洲，由非洲北部传播到欧洲。新航路开辟，发现美洲新大陆后，这种疾病随着欧洲殖民者带到印地安人那里，印地安人对这种传染性疾病毫无免疫力，患病后大批死去。随后，欧洲殖民者来到我国广东开展贸易，也将这种病传入。这种病在我国迅速由南向北蔓延，成为一大灾害。当时医学将这种病纳入疮疡之列，即体表化脓的感染性疾病。中医认为，疮疡多由毒邪内侵，邪热灼血，以致气血凝滞而成，包括体表上的肿疡及溃疡、痈、疽、疔疮、疖肿、流注、流痰、瘰疬及有关皮肤病，是外科疾病中最常见的一大类病症，具有发病迅速，部分病情较重等特点，在面部可引起疔疮走黄（西医称为败血症），在手足易引起伤筋损骨的严重后果。

如果我说西门庆可能是患了梅毒，你可能不相信。我们来看看他的病症就知道了。

请注意，西门庆的生殖器部位出现红疹症状，词话本描述是“不便处发出红晕来”，崇祯本将“红晕”改为“红瘰”。不管是红晕还是红瘰，都是指皮肤表面起红斑，里面结成硬块。随后，“又生出疳疮来，流黄水不止”。这些都是梅毒的早期特征。

病人感染梅毒的早期，主要表现为生殖器部位出现红斑、破溃，个别人会出现全身皮疹。临床特征是无痛性硬结及溃疡，称为硬下疳，好发生的部位是阴茎上，绝大部分患者硬下疳为单发，呈圆形或者椭圆形，边界清楚的一个小溃疡，高出皮面，疮面较清洁，但是多少会有一些分泌物，分泌物含有大量梅毒螺旋体，传染性极强。下疳常可自然愈合。到了第二期，主要表现为全身皮肤粘膜出现梅毒疹，全身淋巴结肿大，有时亦累及骨、关节、眼及其他器官。在梅毒疹及淋巴结中有大量螺旋体。到了第三期，主要表现为皮肤粘膜的溃疡性损害或内脏器官的肉芽肿样病变（梅毒瘤），经过 10 年至 15 年后引起患者心血管及中枢神经系统损害，导致动脉瘤、脊髓痨及全身麻痹等，造成组织缺损，器官破坏，可致残废，甚至危及生命。此时梅毒侵入骨及骨膜，形成树胶肿，骨损害多见于长管骨炎，可出现骨膜炎，患者感到疼痛，以夜间为甚。

另外感染梅毒的早期，患者可出现腹股沟淋巴结肿大，而西门庆正是“内边虚阳肿胀……连肾囊都肿得明滴溜如茄子大”。可以说，从描述的症状来看，西门庆除了患有梅毒外，同时还患有尿道支原体、衣原体感染等病。本来，梅毒并不是致命性疾病，但西门庆既好喝酒，又吃胡僧药，上火后导致前列腺肥大，堵住尿道，尿溺不出来，这就成了问题。他最后被尿涨住，导致各相关器官损坏，在痛苦吼叫中死去。今天尿溺不出来只要动个小措施导流出来就行了，梅毒等也能较好治愈，但在几百年前，这些病却让医师犯难，无计可施。

这应是最早描述梅毒症状的小说文本，《金瓶梅》小说作者为何描述得这么真实、细致呢？原来，小说作者自身就患过这种病，有亲身经历，有切肤之痛，才会手写体验，栩栩如生，如临其境。小说作者名义上是写西门庆，实际上是写自己患病的真切感受，套在西门庆身上而已。

这不是笔者胡说八道。这种事情不能耍嘴皮子乱说，须有事实佐证，否则会被指责败坏了人家的名声。

与稍后的屠隆一样，徐渭也一样风流潇洒，没有家眷的羁绊，流连于青楼歌女之中，醉花眠柳，沾染上了这种流行病。虽然在文人雅士中不以为耻，不以为过，但这种病的毒性之大、危害之烈，以及带来的身心痛苦，是令人难以忍受的，求神拜佛、呼天抢地都没用，正像屠隆一样。

请看徐渭自己对病情的描述。

《徐文长佚草》卷四《尺牍》中，他在《复李令公》中说："……比病，歇饮食者四日，勉强奉答，不能缐缕。便欲强作歪诗一首致区区，略思便觉心坎忡忡，臂腕振掉，怯把臂……"

在《复某》中说："……下体毒溃极楚，兼以襟袍龌龊，且未拟候教也。"

在《与萧先生》中说："渭无状，造化太苛猛相迫，火颔未解，重以火病。自前月二十七日以至今，四旬中间，症候不可言说，绝不饮食者十九日，顷方粥食，强起移步，扶杖可至中堂，欲过门而门限也。自闻门下迁陟以来……但每于清晨精神生复之时，便执笔拘赠别诗文。文成于心而书怯于手，中止十数，战兢便发。渭非不自惜也，前闻应可郎君已去扬州，渭无言以赠，又重悲矣。恐今复蹈是事，则渭虽填沟壑，无以塞恨。渭素喜小楷，颇学钟王，凡赠人必亲染墨。今试书有奉别等五六字，便手战不能，骨瘠肱弱，又五内馀热发为疮毒，指掌反强然也……”

徐渭一生患过最重的病是祟、易，即妄想型的精神病，现在看来他主要是神经过敏，并没有精神失常，但染上的性病也害苦了他，让他一生身心疲惫，不得安宁。性病症状是下体毒溃极为痛楚，以致于要柱杖才能行走，行动受限。即便这样，病发严重时，腿脚还迈不过门槛；二是病来时，饮食俱废；三是全身酸痛，特别是手臂不能用力，连握笔的劲都没有，这大大限制了他的写作和与友人通信往来；四是这病久发、久治不愈，消磨意志；五是久病成良医，这病迫使他关注医学，在《赠余医师序》中，我们可知他特别注重疡病，可这类病症的医治却是法无定法，莫衷一是，没有一定之规，于是他得出了医术虚伪，医治无验无效，于病无补的结论，即“世之术无一不伪者，而医为甚。医中之术无一不伪者，而疡为甚”。

这就是“情寄之疡”给滥情滥交者带来的惩罚报应，而当时医学水平还不能治愈，不能解除痛苦也是小说作者感到人生灰暗的因素之一，在写作小说时便自然地流露出来。

# 酒，金华酒，酒价

《金瓶梅》小说作者是个爱酒、嗜酒之人。纵观全书，几乎每一回中都有酒出现，这也许是明代社会实际生活的反映，书中不仅每个男人都能喝酒，而且有的女人也是海量，比如李瓶儿、林太太等。

酒是个好东西。我们现在说，烟酒不分家，即享用烟酒并不只是个人的事，须得亲朋好友同事在大大小小的聚会上“共享”才是其核心本质。作为社会交往的润滑剂，无酒不成席。在酒精的作用下，人们兴奋、欢乐，精神松弛，束缚解除，隔阂消失，彼此靠拢，很多事情在觥筹交错中就解决了。

酒与解决公共事务密切相联，人们在酒席上的地位即是在社会生活中的地位，所谓爵位即是以酒尊来区别，最后演变成为政治身份和政治等级的象征，成为政治生活中一项十分重要的制度。我国周代对功勋、贵戚、属国和部落首领等进行分封时，将爵位定为公、侯、伯、子、男五等，开创了维系八百年天下的制度。

酒与政务关系密切，与社会事务更不用说。就是在男女关系中也莫不如此。“风流茶说合，酒是色媒人”，西门庆与潘金莲、李瓶儿勾搭成奸，与林太太春风几度，与李桂姐、郑爱月等妓女性交易等等，都是以酒食为媒，从吃喝开始，才慢慢步入正题，催情激欲，融为一体的。

在小说提及的20多种酒中，作者特别偏爱金华酒。书中出现的酒有白酒、烧酒、葡萄酒、黄米酒、荷花酒、黄酒、豆酒、菊花酒、竹叶青酒、滋阴白酒、河清酒、茉莉花酒、药五香酒、南酒等，大致可以分为四类：白酒类、黄酒类、果酒类和药酒类。作者对金华酒情有独钟，格外垂青，笔者统计了一下，全书提到金华酒有30多处，远远高于其它酒出现的频率。

金华酒的用处笔者也归纳了一下：

送礼：书童为找李瓶儿办事，投其所好，送了一坛金华酒。

韩道国为答谢西门庆帮助他的亲戚打赢了官司，特地送了一坛金华酒、一只水晶鹅、一副蹄子、四只烧鸭、四尾鲥鱼，并写好帖子“晚生韩道国顿首拜”。西门庆知道后说，“这个使不得。你是我门下伙计，如同一家，我如何受你的礼！即令原人与我抬回去。”那韩道国慌了，央说了半日。西门庆最后吩咐左右，只受了鹅和酒，别的礼都令抬回去了。为属下办事，少收或不收礼，西门庆这老板当得还是够格的，能让职员死心塌地为自己卖命。

官哥儿寄名在吴道官手下，吴道官回礼是一张大插桌，又是一坛金华酒，又是哥儿的一顶青缎子绡金道髻、一件玄色纻丝道衣等物品，共约八抬，送到西门庆家。

西门庆与何千户合计要进京给朱太尉送礼，其中也有金华酒。何千户是两匹蟒衣、一束玉带；西门庆是一匹大红麒麟金缎、一匹青绒蟒衣、一柄金镶玉绦环；各金华酒四坛。

享乐：西门庆与李瓶儿两个相怜相爱，饮酒说话到半夜，方才被伸翡翠，枕设鸳鸯，上床就寝。灯光掩映，不啻镜中鸾凤和鸣；香气薰笼，好似花间蝴蝶对舞。两个睡到次日饭时。李瓶儿恰待起来临镜梳头，只见迎春后边拿将饭来。妇人先漱了口，陪西门庆吃了半盏儿，又教迎春：“将昨日剩的金华酒筛来。”拿瓯子陪着西门庆每人吃了两瓯子，方才洗脸梳妆。

腊尽春回，新正佳节，西门庆外出贺节不在家，美妾们无事下棋赌酒为乐，谁输了谁出钱作东买酒宴请。三人下棋，下了三盘，李瓶儿输了五钱。东西买来后，潘金莲使绣春儿叫来旺儿媳妇惠莲用一根柴禾儿烧了，不到一个时辰，把个猪头烧的皮脱肉化，香喷喷五味俱全。将大冰盘盛了，连姜蒜碟儿，用方盒拿到前边李瓶儿房里，旋打开金华酒来。三人坐定，斟酒共酌享用。

宴请招待：后晌时分，西门庆来家，玉箫替他脱了衣裳。西门庆便问："娘往那去了？"玉箫回道："都在六娘房里和大妗子、潘姥姥吃酒哩。"西门庆问道："吃的是甚么酒？"玉箫道："是金华酒。"西门庆道："还有年下你应二爹送的那一坛茉莉花酒，打开吃。"一面教玉箫把茉莉花酒打开，西门庆尝了尝，说道："正好你娘们吃。"教小玉、玉箫两个提着，送到前边李瓶儿房里。

金华酒属于上等黄酒，在元代、明代就十分有名。浙江金华在明代被命名为金华府，金华酒又被称作金华府酒。如范濂的《云间据目钞》里有句："华亭熟酒，甲于他郡，间用煮酒，金华酒。"冯时化在《酒史》里说："金华酒，金华府造，近时京师嘉尚语云'晋字金华酒，围棋左传文'。"明代弘治年间还流传一副对联："杜诗颜字金华酒，海味围棋左传文"，把金华酒与流风遗韵的杜甫诗、颜体字、左氏文这些精粹相提并论，可见当时金华酒被追捧之高，饮用非常风雅，和如今的茅台酒一样，被提拔到酒中至尊的地位。

据《武林旧事》记载，金华酒在南宋时期即扬名京都。南宋建都临安（今杭州），大批官宦、贵族、商贾云集，"北白南黄"（北方人饮白酒，南方人饮黄酒）的饮酒格局被打破，金华酒得益于舟楫之便，盛行于京都。金华酒元代进入我国名酒行列后，元人宋伯仁在他的《酒小史》中列举了许多名酒，如"春秋椒浆酒、杭城秋露白、西京金浆胶、相州碑玉、蓟州意珏仁酒、金华府金华酒、高邮五加皮酒、长安新丰市酒、汀州谢家红、南唐脑酒、处州金盘露、广南香蛇酒"等。明代王世贞在《酒品前后二十绝》中提到“金华酒，色如金，味甘而性纯，食之令人懑懑。即佳者，十杯后舌底津流旖旎不可耐，余尤恶之”。清康熙年间，学者刘廷玑在他的《在园杂志》中写到：“京师馈遗，必开南酒为贵重，如惠泉酒、芜湖四并头、绍兴酒、金华酒。”可见金华酒成为贡酒之一，扬名古代京都。清乾隆年间，诗人袁枚在《随园食单》中说：“金华酒，有绍兴之清无其涩，有女贞之甜无其俗，亦以陈者为佳，盖金华一路，水清之故也。”袁枚把金华酒与绍兴酒、女贞酒相比对后，给予金华酒很高的赞誉。

金华酒名冠当时，小说作者肯定熟稔，并有亲身感受才会写入小说。小说写的是自己熟悉的生活经历，一个无知无觉的人是不可能汲汲于此，热衷地写作这种酒的。由此，我们可以断定小说作者是一位嗜酒的吴中人，即现在的江浙一带人。

说起喝酒、嗜酒，徐渭可以追得上历史上的名士阮籍、刘伶等人。他在《梅雨几三旬，陈君以诗来慰，答之，次韵二首》中介绍，“每岁梅天，股肿几废步。贫惜费，且好饮，便以烧酒当药，希燥之也”。他写过《醉人》诗，那是对他自己酒后沉醉的真实写照：“不去奔波办过年，终朝酩酊步颠连。几声街爆轰难醒，那怕人来索酒钱。”为了喝酒，他入夜在街上狂呼乱叫，耍酒喝，耍酒疯。请看他写的诗《醉中赠张子先》摘录：“月光浸断街心柳，是夜沿门乱呼酒。猖狂能使阮籍惊，饮兴肯落刘伶后？……”对于为其酿造好酒，招待周到的女主人，他印象深刻，在其去世后特地写诗怀念，称赞不已。如《挽陈君之配蒋》：“陈君辖我饮青春，焦革贤闺酿绝伦。若举醉乡祠祭典，沉香先刻蒋夫人。”来客没钱买酒招待怎么办？那就画上竹枝替代吧。其诗《写竹与某，时某客居桃叶渡口》：“桃叶渡头一见君，为言岸上石榴裙。相逢无钱可买醉，赠与竹枝撩白云。”邀请朋友聚会，少不了酒，要写请柬正式通知，我们看他是怎么写的：“桃花盛开，荳醑满泛，北窗酬酢，不减西园，可谓宾主并佳，足占公子翩翩之兴矣。”老朋友、状元张太史冬天送来了御寒的酒品和珍贵的皮裘，他高兴得要死，半开玩笑半当真地回复说：真是送到了点子上，都是急需的对症药。酒喝完了，将酒瓶还上；冬天过完了，也要将皮裘晒干归还。这样好的东西，徐渭他这个下人不够格享受。就像冰在夏天是给老爷享受的，在冬天则是让劳工难受的一样。

酒，将他激发出天才的火花，文如潮涌；酒，将他麻醉，解除科举考试屡试屡败的痛苦。他因酒作孽，气急之下将年轻貌美的妻子用铁锹杀死，悔恨一辈子，为此写下了《酒业》等诗追悔。当然他也付出了惨痛的代价，坐了八年牢狱。此后半生中，他不再继室，成为鳏夫，酒便是他生命中的伴侣，写诗作画，卖文鬻字都离不开它。如《大醉为道士抹画于卧龙山顶》中说：“万竹当槛垂，一杯邀月掬。呼酌三百觥，不归抱予宿……”《大醉作勾竹两牡丹，次日始得题》中说：“画也昨日题今朝，酒杯虽冷墨犹潮。湘娥总有凌波色，姊妹江东数二乔。”《芭蕉玉·中秋后一日作》：“烂醉中秋睡起迟，苍蝇留墨研头池。合欢翠扇遮羞面，白玉搔头去嫁谁？”又如《芭蕉鸡冠》诗：“芭蕉叶下鸡冠花，一朵红鲜不可遮。老夫烂醉抹此幅，雨后西天忽晚霞。”

迷恋黄汤，为酒痴狂，生活中处处离不开酒，徐渭还将对酒的嗜好写进楹联中，贴到门两边，以此自娱自乐。写这些对联他是用了功夫的，充满了才气，欣赏起来是种高雅的享受。我们看家居对联：“无求不着看人面，有酒可以留客谈”；“堂上百年松柏酒，架中万卷圣贤书。”书舍对联：“花香满座客对酒，灯影隔帘人读书。”他给好友张文恭的大厅写的对联是：“舞彩衣从中禁赐，传觞花自上林移。”

《金瓶梅》小说中几乎回回写到酒，而提到金华酒最多，我们据此可以推测作者是吴中人。通过比对，徐渭又处处适合，但我们仍然不能就此一口断定小说作者铁定就是徐渭，因为其它人也可能适合，还必须进一步求证。

我们从酒价入手，看小说中是怎么提及金华酒的价格的。

西门庆的三个美妾下棋赌酒。潘金莲道："咱们赌五钱银子东道，三钱银子买金华酒儿，那二钱买个猪头来，教来旺媳妇子烧猪头咱们吃。说她会烧的好猪头，只用一根柴禾儿，烧的稀烂。"可见，一坛金华酒要价不会超过三钱银子。

书童把银子拿到铺子，克扣下一两五钱来，教人买了一坛金华酒，两只烧鸭，两只鸡，一钱银子鲜鱼，一肘蹄子，二钱顶皮酥果馅饼儿，一钱银子的搽穰卷儿，送到来兴儿屋里，央及他媳妇惠秀替他整理，安排端正。这里"一坛金华酒，两只烧鸭，两只鸡"价格是一两银子，那么一坛金华酒大概花费三钱银子。

到了次日初二日，西门庆称出四两银子，叫家人来兴儿买了一口猪、一口羊、五六坛金华酒和香烛纸札、鸡鸭案酒之物，又封了五钱银子，旋叫了来保和玳安儿、来兴三个送到玉皇庙去，给吴师父。四两银子可以买"一口猪、一口羊、五六坛金华酒和香烛纸札、鸡鸭案酒之物"，那折合下来，五六坛金华酒价格在二两银子左右，一坛金华酒的价格也就在三钱银子左右。

这些例子表明，在作者写小说的时候，当时金华酒的市场实际价格就是每坛在三钱银子左右。作者为什么会关注酒价？当然是写小说情节的需要，但同时也反映了小说作者自身关心酒价。如果作者没有喝酒的嗜好，喝酒没有被金钱所限制，他是不会刻意关注这一问题的，在写到这些情节时也会忽略酒价。

贫穷限制了想像力，这种时下的网络用语，用在这里是贫穷限制了嗜酒。如果一个人当官或经商等，有可靠的正当的经济收入来源，财大气粗，不为金钱发愁，他是不会在乎酒价的。但对于徐渭这种没有经济来源，只能靠鬻字卖画为生的文人来说，要满足自己的饮酒嗜好，就不能不考虑酒价——有钱才能买醉。囊中羞涩，只能干瞪眼睛流涎。

而徐渭关心酒价，笔者还真的在其诗里找到了。且看其一，《钟公子以诗赠，次答之》中介绍，“家百官，语言软款，而诗特老炼，不似其人。时酒价谩传骄甚，而钟以一壶相饷”：

裘马行中简，如侬得岂多。
迷天高酒直，特地挈壶过。
处女柔声气，将军警鹳鹅。
那能三日响，来敌百官歌。

其二，徐渭以诗记载了当时名酒的价格，并指出各种酒品价格没有多大差异。

《酒三品》
曰桑落、襄陵、羊羔，价并不远，每瓮可十小盏，须银二钱有奇
小瓮五双盏，千蚨五瓮香。
无钱可买醉，有客偶携将。
酝籍宜高价，淋漓想故乡。
狭斜垆不少，今夜是谁当？

明代交通运输不发达，没有形成统一的大市场，市场商品垄断严重，各地名酒大都只在本地流通，各据一方，但价格均相差不远。这就是徐渭诗中写下的不管是桑落酒，还是襄陵酒，以及羊羔酒等等，一坛酒的价格都在二钱银子以上，三钱以下。从小说来看，金华酒价格比这三种酒还要略为高点，这是由于江南乃富饶之地，经济比其它地区发达之故。

小说作者关心酒价，徐渭也关心，而且价格相同，如此密切的关系，说明了什么？说明了即使从酒及其价格来研究小说作者，也是可以取得突破的，结论都同样指向徐渭。

# 为何偏写倒卖盐引这件事？

蔡蕴和安忱参加科举考试，分别中了状元和进士，随后即分配在朝廷工作，一个在秘书省，一个在工部。单位给假，两人回乡省亲续亲，因同是南方人，从京杭大运河一同乘船南下，路过清河县。书生刚入仕途，囊中羞涩。经太师蔡京府邸的管家翟谦介绍，两人顺便造访了西门庆，目的是打点秋风，取得盘缠接济自己。西门庆果然十分热情，宴以珍馐，馈以厚礼，也因此结识了朝中新贵。

后来，西门庆的手下来保到京中办事，打听到两件事：其一是蔡状元被新点为两淮巡盐御史；二是蔡太师向朝廷上奏7件事，得到皇帝批准实行，其中就有在陕西等三边开引种盐。各府州郡县设立义仓，令民间上上之户赴仓粜米，讨仓钞，派给盐引支盐。

机会来了！西门庆与其亲家乔大户在高阳关上纳的三万粮仓钞，派三万盐引，就可以通过这层关系到户部坐等兑现了。西门庆满心欢喜，开始实施这一计划。他叫手下韩道国与乔大户手下崔本一同到高阳关户部韩爷那里挂号。蔡状元就任时，必定乘船经过清河县，到他这里下榻，因此他准备了丰盛的宴席和礼物招待。

两淮巡盐御史蔡蕴这次与陕西巡按御史宋盘同行，两位朝中大臣到来，哄动了当地文武百官。东平府州县官、方面有司、军卫官员、吏典生员、僧道阴阳等都连名手本，伺候迎接，军警披执清道，好不威风。两位在西门庆家就席后，西门庆将桌席上的金银器及酒食等全套送与。晚上宋御史走后，他又特地安排乐籍歌女，陪蔡状元过夜，进行性贿赂。交谈之中，他托请两件事，其一便是所谓商人来保、崔本有旧派淮盐三万引，乞求他到任时早点支放，“只是望乞到那里青目青目，早些支放，就是爱厚”。西门庆提出请求，蔡御史听了直率地说：“我到扬州，你等径来察院见我。我比别的商人早掣你盐一个月。”要知道，时间就是金钱，早掣一个月，就可以比同行早卖一个月盐。一步先，吃遍天，早占先机，那财源就如同长江之水滚滚而来，喜得西门庆赶紧说：“老先生下顾，早放十日就够了。”次日临走之时，西门庆又叮嘱道：“学生日昨所言之事，老先生到彼处，学生这里书去，千万留神一二，足叨不浅。”蔡御史说：“休道贤公华札下临，只盛价有片纸到，学生无不奉行。”

有了蔡状元这个两淮巡盐御史作硬靠山，西门庆就大刀阔斧地干起来。后面小说交待：

> 只见琴童儿背进个蓝布大包袱来，月娘问是甚么，琴童道：“是三万盐引。韩伙计和崔本才从关上挂了号来，爹说打发饭与他二人吃，如今兑银子打包。后日二十，是个好日子，起身，打发他三个往扬州去。”再往后又说到：只见应伯爵走到卷棚里，看见便问：“哥打包做甚么？”西门庆因把二十日打发来保等往扬州支盐去一节告诉一遍。伯爵举手道：“哥，恭喜！此去回来必得大利。”

自此，西门庆除了开店铺，放官吏债，外边江湖走标船外，又多了一条收入来源渠道——到扬州兴贩盐引。这就是文嫂作牵头，撮合西门庆与高官寡妇林氏通奸时，向她介绍西门庆时说的：“县门前西门大老爹，如今见在提刑院做掌刑千户，家中放官吏债，开四五处铺面：缎子铺、生药铺、绸绢铺、绒线铺，外边江湖又走标船，扬州兴贩盐引，东平府上纳香蜡，伙计主管约有数十……”

御史是奉命纠察国家机关各部门、各官员违法乱纪的京官要吏，如同现在的纪检监察官员，是管官的官，被赋予代表中央政府开展巡视工作、充当天子耳目之职责。巡盐御史则是专门派往主要盐产区的巡视官员，担负着查察盐政、纠举不法的使命。巡盐御史所巡视的对象是地方盐务官员，即都转运盐使司、盐课提举司等机构的官员。巡盐御史要出面办事的话，这些盐官无不允诺照办，可见其权力之大。

盐是百姓日常必需品，不可一日无之，关系到国计民生，必须充分保障；同时对其征税也是政府一项稳定的财政收入。春秋战国时，齐国就开征盐税，汉朝有关于盐铁专营的著名辩论，以后实行政府垄断，唐代后期的盐税已经占到政府财政收入四分之一。因此，盐政成为确保政府财政收入，又保障人民生活所必需的一项重要政务。政府在主要产盐区设置机关，派驻官员处理盐务。

到了宋明时期，为了保障边关军需，将粮草供给与盐务挂钩，实行盐引制度，具体就是商人将粮草运至边关出让给军人，可以得到一张盐引，凭这盐引到指定盐场，可以领取一引盐。商人凭盐引贩卖食盐获利。由于政府设立食盐专卖制度，没有盐引，那就是贩卖私盐，将被处以重罪。所以盐引制度，既是一种确保军需供给的具体措施，又是政府垄断经营的一项经济、财政制度。两者结合在一起，既有利又有弊。弊端就是这项制度逐步发展到商人纳粮或直接交钱买盐引，盐引到了盐场，也不能领盐，还要花钱买盐。但中间有利差，谁持有了盐引，谁就可以转让、交易，居中倒卖赚钱。盐引是一种经营、通行许可证，是市场准入的一个重要门槛，既成了纳税凭证，又变成了有价证券。有些商人并不需要按要求出让粮草给边关得到盐引，也不一定要以盐引换取盐后销售，只要中间有差价，就可以转手倒卖盐引。钻国家政策措施的漏洞来轻巧获利。而这一行当也极易滋生腐败，可以称为是原发恶性肿瘤生成的温床，以至于御史台等部门派驻专门干部重点监察。很多盐官因涉及腐败锒铛入狱，却依旧前仆后继，陷入恶性循环。

正因为此，明代盐引制度在政府部门和官员之间引起很大争议，多有反复，立而又改，改而又改，一直在摸索过程中，并没有建立起一套相对稳定的制度。

凡垄断、专卖之领域，必是权力之臂膀伸向民生经济之处。在消灭市场竞争的情况下，必然带来官员的腐败，必然会有商人成为暴发户。盐引制度的确立，产生了一个社会上极富的暴利阶层——盐商，尤其以扬州盐商闻名于世。清代早中期，扬州整个盐商集团凭着盐引，年入逾千万两，很多盐商家族百年经营，家资几百万两，而中央政府每年的财政收入也不过三千多万两。扬州盐商富甲天下。巡盐御史是监督管理盐官的官员，盐商能否赚到钱全都得仰仗巡盐御史。《红楼梦》中林黛玉的父亲林如海就被钦点出任巡盐御史，与蔡蕴的角色差不多，这是个既握有实权也握有财富的肥缺要职。

《金瓶梅》小说中为什么要着意写此呢？这是因为小说作者看出了盐引制度实行的严重弊病，必欲揭露出来而后快。从这一点来讲，《金瓶梅》一书不失为针砭时弊，关注国家制度改革的现实主义力作，作者自然充满了忧患意识和参与精神。谁对这一制度持有基本的否定态度，而与该书思想契合呢？这个人又是徐渭。

明代中期，有一位来自楚地的石姓官员极为廉洁，曾担任过苏州知府，因为坚持原则，出淤泥而不染，险些被罢免，后来调任为绍兴知府，也始终不渝，一时强者敛迹，弱者鼓腹。一般而言，但凡廉者，必然苛刻，但该人却严以律己，宽以待人。为此声名鹊起，谏官举荐其去担任这个别人垂涎欲滴的两淮盐使，以保持这一领域廉洁，“匪特盐使不能令染指，譬佛入宝山，不取一粒石子，人素谅之也”。但该官员深知此领域水深莫测，决意不就。对此，徐渭代人写下了一篇《送石府公之两淮盐使序》，论及这一制度的最初目的是满足军需，但多年来革故鼎新，改改废废，出新规易旧法，弊病越积越多，越积越大，“以致抑银与商，今商买引之弊极矣”，“盐司诸所积岁无论亿万，掌之者多以涅败。噫，涅败者固矣”。只有对这一制度有着透彻的了解和深切体会，才会发出这样沉重的感慨！在不为当政者所采纳的情况下，他便形之于小说中，振聋发聩，期待社会上最终有人站出来，力主废除。这就是小说着力写此的初衷，也表明了作者忧国忧民之心。对照徐渭文稿所反映出来的思想，《金瓶梅》作者是他不是又增加了一份旁证吗？

# 明代的房价

如今，我国房地产行业发展如火如荼，大大小小的城市无不大兴土木，高楼大厦鳞次栉比，高档小区如雨后春笋般涌现，市场火爆，城市圈不断扩大，城市化速度惊人，这种现象在我国历史上亘古未有。房产价格高得离谱，而人们仍然趋之若鹜，甚至不惜借款、贷款排队购买，以保值增值。房地产作为不动产，永远在整个家庭财富、社会财富中占有主导地位，压倒了所有其它形式的资产。

仔细想想，人生在世，衣食住行中，住还是最主要的，不可一日无之，要睡觉休憩，要遮风避雨，总要有个安身立足之地，才能谈得上其它生计。而一套功能齐全的房子却需要花费大量的劳动和各种建筑材料才能建成，比起衣食等需求，其价值自然将其它财产甩过了几条街。这是经济生活中的必然现象。

其实，房地产的价值远远高于其它财产，自古皆然。400多年前的明代也是这样。《金瓶梅》这部纪实小说中涉及的房地产，为我们提供了一个很好的观察视角。我们捋一捋几个主要人物家里的房产或地产。

首先是西门庆家的第三个妾孟玉楼，西门庆娶到家后，让家里仆人改叫她三姨。她的前夫叫杨宗锡，是个开染房的，即染布料的工厂，按现在归类，可叫布料加工业，杨宗锡属于工商业者。他在一次外出做生意时意外身亡，留下一大笔财产，其妻子孟玉楼没有生男女孩儿，成了年轻的寡妇。西门庆随薛嫂上门提亲时，作者这样介绍：

> 出的南门外，来到猪市街，到了杨家门首。原来门面屋四间，到底五层。坐南朝北一间门楼，粉青照壁。进去，里面仪门紫墙，竹枪篱影壁，院内摆设榴树盆景，台基上靛缸一溜，打布凳两条。薛嫂推开朱红槅扇，三间倒坐客位，正面供养着一轴水月观音、善财童子，四面挂名人山水，大理石屏风，安着两座投箭高壶。上下椅桌光鲜，帘栊潇洒。

趁着孟玉楼在闺阁打扮时，薛嫂与西门庆闲聊，最后说："这房子也值七八百两银子，到底五层，通后街。到明日，丢与小叔罢了。"薛嫂事先给西门庆打招呼：人可以娶去，房子不可搬走，是属于杨家的，须留给杨家人即其小叔子杨宗保。先说断，后不乱，薛嫂也是作为媒婆道出当时社会的一般公共观念，即寡妇改嫁可以带走自己的随身物品，但婆家的不动产房屋是无权处理的。所以以后娶孟玉楼时，西门庆叫来20多个守备府军牢，装了20多箱，将孟玉楼的个人动产全部扛走了，房产自然不可染指。

门面四间，到底五层，差不多就是20间房子的面积，当然不全部是房子，还应有院落、天井、过道之类，按3/4折算，大约有15间，以总价750两银子估算，则每间房子值50两左右。一间房子按15平方米计算，则每平方米价格超过了3两银子。傅二叔傅自新在西门庆家当会计出纳，每月的工钱也就2两银子。温秀才给西门庆当文书，每月的工钱也就3两银子。他们不吃不喝，一年的工资收入加上逢年过节收到的红包、奖金应该不超过30两到50两银子，最多只能买一间房子。作为给人家打工的工薪阶层，不吃不喝干上20年，仍然难以买到一套像杨宗锡家这样的豪宅。这就是四百多年前的现实！

我们再看西门庆家第五个妾李瓶儿，她原是花太监的侄儿花子虚的老婆，花太监死后将财产全部留给了花子虚。花太监属于吃财政饭的京官，花子虚也属准官二代，只是他整天不务正业，吃喝嫖赌，又加上老婆李瓶儿与西门庆勾搭上，两人同床异梦；后来堂兄弟几个打官司，争花太监留给他的房屋、田产，最终将家财耗尽而气死。

李瓶儿前夫花子虚的房地产有多少呢？我们看看在打官司过程中，外县官员给其作出的官方评估：

> 清河县委下乐县丞丈估：太监大宅一所，坐落大街安庆坊，值银七百两，卖与王皇亲为业；南门外庄田一处，值银六百五十两，卖与守备周秀为业。止有住居小宅，值银五百四十两，因在西门庆紧隔壁，没人敢买。花子虚再三使人来说要西门庆买下，西门庆只推没银子，不肯上帐。县中紧等，要回文书，李瓶儿急了，暗暗使冯妈妈来对西门庆说，教拿她寄放的银子兑五百四十两买了罢。这西门庆方才依允，当官交兑了银两，其堂兄弟花子由都画了字。连夜做文书回了上司，共该银一千八百九十五两，三人均分讫。

这场官司的处理结果是将所有资产变卖，折算成银子，三人均分，花子虚实际上损失了2/3财产。西门庆用李瓶儿寄放的部分钱财买下了花子虚的住宅，后来改造成卷棚山子、楼台亭阁，与自己的房屋连为一体，其中一部分房间作为迎娶李瓶儿到家的住房。

花子虚在住宅卖给了西门庆后，便拼凑了二百五十两银子，买下了狮子街一所房屋居住，该房子后墙紧靠着乔皇亲花园。银两、房舍、庄田又没了，两箱内三千两大元宝又不见踪影，花子虚心中甚是焦躁，又气又恼，搬家后不久便得了场伤寒病，一命呜呼。

花子虚一死，这狮子街的房产就属于李瓶儿的了。她只有几个丫环、小厮和一个保姆冯妈妈，住着还是蛮阔绰的。

正月十五是李瓶儿的生日，又是元宵节，李瓶儿家紧靠着灯市，便趁此机会请了西门庆家眷及西门庆本人前来作客，看市民闹元宵，联络感情，为以后成为其小妾作铺垫。小说作者介绍，李瓶儿新家是门面四间，到底三层：临街是楼；仪门内两边厢房，三间客坐，一间梢间；过道穿进去，第三层三间卧房，一间厨房。李瓶儿知月娘众人来看灯，临街楼上设放围屏桌席，悬挂许多花灯。先迎接到客位内，见毕礼数，次让入后边明间内待茶，不必细说。

李瓶儿这套住宅不算厨房、梢间、过道，以及临街门面上的 4 个并排观景楼台，只算大房，有四间门面、两间厢房、三间客座、三个卧室，总共 12 个房间，平均每间房价格也达到了 20 两银子。穷三年不断富气，李瓶儿家即使遭遇官司，损失大半不动产，仍然是超过寻常百姓的富贵之家。

关于西门庆家的房子，倒是有些模糊，《新刻金瓶梅词话》中没有具体细说。不过明末崇祯本中则说："他父亲西门达，原走川广贩药材，就在这清河县前开着一个大大的生药铺。现住着门面五间，到底七进的房子。""门面五间，到底七进"不知有何凭据，如果是这样，应该是最大的宅院了。但这是后来者改编而成，没有任何凭据，凭空杜撰，与小说中其它地方描述矛盾，属于败笔，只会增加混乱。

词话本中，西门庆与李瓶儿偷情时对话说："俺房下都在后边第四层房子里，惟有我第五个小妾潘氏，在这前边花园内，独自一所楼房居住，他不敢管我。"一般最后一层是卧室，从这里可以知道，西门庆的家应该是到底四层，而不是七层。

另外，西门庆将孟玉楼娶进门时，是这样安排她住宿的："西门庆就把西厢房里收拾三间，与她做房。排行第三，号玉楼，令家中大小都随着叫三姨。"

至于东厢房，则留给了西门大姐与女婿陈经济。陈经济因为其父犯事被弹劾，要抄家，就赶紧带着金银财宝来投奔岳父西门庆家避难。到家后，西门庆令家下人等，打扫厅前东厢房三间，与他两口儿居住。把箱笼细软都收拾月娘上房来。陈经济取出他那带来的五百两银子，交与西门庆打点使用。

西门庆将潘金莲娶到家，安排她住宿："收拾花园内楼下三间与她做房。一个独独小角门儿进去，院内设放花草盆景。白日间人迹罕到，极是一个幽僻去处。一边是外房，一边是卧房。西门庆旋用十六两银子买了一张黑漆欢门描金床，大红罗圈金帐幔，宝象花拣妆，桌椅锦杌，摆设齐整。"这个地方是与西门庆主要住宅隔开独立的，与花子虚的旧宅紧挨着，只有一墙之隔，成为西门庆翻墙与李瓶儿偷情的通道。也证实了西门庆对李瓶儿说的："我第五个小妾潘氏，在这前边花园内，独自一所楼房居住。"

西门庆将花子虚的住宅以五百四十两银子买下后，便大兴土木，重新改造，将花家与自家的墙垣拆除打通，拆毁花家那边旧房，筑起地脚，盖起卷棚山子、各亭台耍子去处。整整干了半年光阴，后边建起三间玩花楼，前边起盖个山子卷棚、花园，花园与那紧邻乔皇亲的花园取齐。到了阴历八月份，装修油漆完工，前后焕然一新。吴月娘在家整置了酒肴细果，约同李娇儿、孟玉楼、孙雪娥、大姐、潘金莲众人，开了新花园门游赏。里面花木庭台，一望无际，端的好座花园。但见：

正面丈五高，心红漆绰屑，周围二十板，砧炭乳口泥墙。当先一座门楼，四下几间台榭。假山真水，翠竹苍松。高而不尖谓之台，巍而不峻谓之榭。论四时赏玩，各有去处。春赏燕游堂，桧柏争鲜；夏赏临溪馆，荷莲斗彩；秋赏叠翠楼，黄菊迎霜；冬赏藏春阁，白梅积雪。刚见那娇花笼浅径，嫩柳拂雕栏。弄风杨柳纵蛾眉，带雨海棠陪嫩脸。燕游堂前，金灯花似开不开；藏春阁后，白银杏半放不放。平野桥东，几朵粉梅开卸；卧云亭上，数株紫荆未吐。湖山侧，才绽金钱；宝槛边，初生石笋。翩翩紫燕穿帘幕，呖呖黄莺度翠阴。也有那月窗雪洞，也有那水阁风亭。木香棚与荼蘼架相连，千叶桃与三春柳作对。也有那紫丁香、玉马樱、金雀藤、黄刺薇、香茉莉、瑞仙花。卷棚前后，松墙竹径，曲水方池，映阶蕉棕，向日葵榴。游鱼藻内惊人，粉蝶花间对舞。正是：芍药展开菩萨面，荔枝擎出鬼王头。

当下吴月娘领着众妇人，或携手游芳径之中，或斗草坐香茵之上，或临栏对景，或伏槛观花。她们游卧云亭、玩花楼，见楼前牡丹花畔芍药圃、海棠轩、蔷薇架、木香棚，又有耐寒君子竹、欺雪大夫松。端的四时有不谢之花，八节有长春之景。大家在楼上摆酒作乐，观景尽兴。

西门庆将李瓶儿娶进门后，让她住进了新房子。娶亲时对她不理不睬，也不与她行房，还为她嫁与蒋竹山的事狠狠地痛打了她一顿，害得她上吊自尽，被众人救下。最后，西门庆看到李瓶儿确实对他情根深种，才重归于好。小说是这样写的：

次日雇了五六副扛，整抬运四五日。西门庆也不对吴月娘说，都堆在新盖的玩花楼上。择了八月二十日，一顶大轿，一匹缎子红，四对灯笼，派定玳安、平安、画童、来兴四个跟轿，约后晌时分，方娶妇人过门。西门庆那日不往那里去，在家新卷棚内，深衣幅巾坐的，单等妇人进门。妇人轿子落在大门首，半日没个人出去迎接。孟玉楼走来上房，对月娘说："姐姐，你是家主，如今他（她）已是在门首，你不去迎接迎接儿，惹的他爹不怪？他爹在卷棚内坐着，轿子在门首这一日了，没个人出去，怎么好进来的？”这吴月娘欲待出去接他，心中恼，又不下气；欲待不出去，又怕西门庆性子不是好的。沉吟了半晌，于是轻移莲步，款蹙湘裙，出来迎接。热面皮遇着冷场，妇人抱着宝瓶，径往她那边新房去了。

李瓶儿尽管被西门庆一顶大轿抬进，娶为小妾，初时并不受待见。但她是富室女娘，房子是她出钱由西门庆转手从丈夫花子虚那里买的，翻新改造也是她出的钱。她从这里走出，到狮子街买新房居住，最后还是回到了旧窝。只不过经过这一番折腾，丈夫由花子虚换成了奸夫西门庆。

西门庆除了改造花子虚的旧宅，将其与自家连为一体，增大了宅院之外，还在外置办了田庄，买下了祖坟附近的田产，并修建各种居住休闲设施，置业为乡间别墅。

看护祖坟的张安来见西门庆，潘金莲问什么事，西门庆说：“张安前日来说，咱家坟隔壁赵寡妇家庄子儿连地要卖，价银三百两。我只还他二百五十两银子，教张安和他讲去。里面一眼井，四个井圈打水。若买成这庄子，展开合为一处，里面盖三间卷棚，三间厅房，叠山子花园、井亭、射箭厅、打毬场，耍子去处，破使几两银子收拾也罢。”妇人道：“也罢，咱买了罢。明日你娘每上坟，到那里好游玩耍子。”

将赵寡妇家庄子买下来后，西门庆叫贲四负责修建。贲四送菜蔬来，西门庆问他房子建得怎么样了，贲四答道：“前一层才盖瓦，后边卷棚昨日才打的基，还有两边厢房与后一层住房的料，都没有。客位与卷棚漫地尺二方砖，还得五百，那旧的都使不得。砌墙的大城角也没了。垫地脚带山子上土，也添够了百多车子。灰还得二十两银子的。”西门庆道：“那灰不打紧，我明日衙门里吩咐灰户，教他送去。昨日你砖厂刘公公说送我些砖儿。你开个数儿，封几两银子送与他，须是一半人情儿回去。只少这木植。”贲四道：“昨日老爹吩咐，门外看那庄子，今早同张安儿去看，原来是向皇亲家庄子。大皇亲没了，如今向五要卖神路明堂。咱们不要他的，讲过只拆他三间厅、六间厢房、一层群房就够了。他口气要五百两。到跟前拿银子和他讲，三百五十两上，也该拆他的。休说木料，光砖瓦连土也值一二百两银子。”应伯爵道：“我道是谁来！是向五的那庄子。向五被人争地土，告在屯田兵备道，打官司使了好多银子。又在院里包着罗存儿。如今手里弄的没钱了。你若要，与他三百两银子，他也罢了。冷手挝不着热馒头。”西门庆吩咐贲四：“你明日拿两锭大银子，同张安儿和他讲去，若三百两银子肯，拆了来罢。”贲四道：“小人理会。”

星移斗转，又到清明时节，西门庆的庄园已经落成。他加官做了理刑千户，又生了儿子官哥儿，便往坟上祭祖。那里新盖了山子卷棚房屋，从新立了一座坟门，砌的明堂神路，门首栽桃柳，周围种松柏，两边叠成坡峰。他一家妻妾、奴仆、小厮、丫环等人浩浩荡荡，出南门，到五里原外祖坟上，远远望见青松郁郁，翠柏森森，新盖的坟门，两边坡峰上去，周围石墙，当中甬道，明堂、神台、香炉、烛台都是白玉石凿的。坟门上新安的牌匾，大书“锦衣武略将军西门氏先茔”。坟内正面土山环抱，林树交枝。西门庆穿大红冠带，摆设猪羊祭品桌席祭奠。祭毕，阴阳徐先生念了祭文，烧了纸。西门庆邀请官客在前客位。月娘邀请堂客在后边卷棚内，由花园进去，两边松墙竹径，周围花草，一望无际。大家在前厅吃饭看戏，在花园内荡秋千。原来卷棚后边，西门庆收拾了一明两暗三间房儿。里边铺陈床帐，摆放桌椅、梳笼、抿镜、妆台之类，预备堂客来上坟，在此梳妆歇息，或闲常接了妓者，在此玩耍。糊的犹如雪洞般干净，悬挂的书画、琴棋潇洒。

算算西门庆将这处庄园建好，祖坟重新修葺，前后花费银子应该不下千两。

这是明代万历年间富贵人家的房产状况。那么一般平民百姓的住房情况如何？我们可以从西门庆给情妇王六儿买的别居大致了解当时的行情。当然，这里没有涉及到下层市民如武大郎、常时节等漂泊一族的租房居住情况。

西门庆外边又刮剌上了韩道国老婆王六儿，替她在狮子街石桥东边，使了一百廿两银子，买了一所门面两间，到底四层的房屋居住。除了过道，第二层间半客位；第三层除了半间供养佛像祖先，一间做住房；里面依旧厢着炕床，对面又是烧煤火炕，收拾糊的干净；第四层除了一间厨房，半间盛煤炭，后边还有一块做坑厕。

西门庆一妻五妾还不满意，又霸占王六儿，家外有家，别室藏娇。不过，这套房子并不宽大，应是当时一套普通市民的通用住宅，但它功能齐全，如同现在楼房的套间一样，由于过道占去了面积，总共算起来，有六间半房子，平均每间价格折合银子 18.5 两，比花子虚在狮子街买的房子足足小了一半，但房价大体相同，每间都在 20 两左右。毕竟属于同一地段，行情差别不大。

按理，小说作者作为一位文人，对房地产市场不会深究，那不是他的专长，自然也不会在小说中过多着墨。但实际情况是，作者对此特别关注，写得极为细致真实，仿佛行家里手一般。这说明，小说作者与房产有过太多的纠葛，有着刻骨铭心的经历，生平在房屋这件事上感受特深，才在小说创作中不惜笔墨，著之于纸。徐渭自然成为靶向。

“毫端紫兔百花开，万事惟凭酒一杯。茅屋半间无得住，牡丹犹自起楼台。”这是徐渭在穷困潦倒时作画写下的感慨诗篇。尽管自己连半间茅屋都没有，没法安身立命，但画牡丹时，还是要让它们生长在雕栏画栋的楼台之中，才能与其富贵之质相配。“五十八年贫贱身，何曾妄念洛阳春？不然岂少胭脂色，富贵花将墨写神。”作牡丹大写意画时，他以墨水替代颜料。这个时候，虽然已近花甲之年，行将老去，却连一个投宿之处都没有，既贫且贱，老无所籍，难怪他感慨万千！

纵观徐渭一生，走南闯北，居无定所，人生经历曲折坎坷，可谓颠沛流离。其实，他早年出生在官宦之家，还是比较富裕的，只是成年后，生活变故大，才将家财逐一耗尽。

二十四岁时，他刚结婚不久，老丈人就为他买下东双桥姚百户屋。次年孩子出生，到年底就出现了毛氏迁屋之变，赀财悉空。据他自己说，原因是“以卜居为豪无赖所诖误”。这是第一次家产损失。第二次是三十岁时，他买胡氏为妾，后闹翻，将其出卖，胡氏诉之于法，他几困而抑之，也就是说虽然与胡氏摆脱了关系，却在钱财上使自己陷于困顿之中。第三次是四十三岁时，他以胡宗宪所酬谢的银子，加上自己卖文物所得，买下了田庄，经修整后，名之曰“酬字堂”，并在胡宗宪的亲自张罗下娶了杭州年轻漂亮的小姐张氏为妻。“今复新居，自寄所迎，妥我考妣若诸兄嫂归于侨寓。某渐次图构，冀自今已后尚以永宁也。”移居酬字堂后，原以为就此过上安宁幸福的日子，不想他又与年轻妻子结怨，并在酒醉后失手将其杀死，换来数年牢狱之灾。他出狱后，这房子估计又被迫卖掉了。在《告先主》文中，他写道：“自观巷之宅失，而我考妣若兄嫂之主，至于今凡八迁，中间以讼寄主于人家者凡二。”总之，一路过来，就是到处迁移，不断打房产官司。此后，他便无家可居，靠租赁房屋过日子。六十二岁时，他自北回归，仍居目连巷金氏典舍。到这年冬天，两儿确定分居，他便与小儿子徐枳迁徙到范氏舍居住。六十六岁这年春天，徐枳入赘后衙池王家，到了冬天，徐枳又将徐渭从范家迁徙到王家居住，直至七十三岁去世。

徐渭一生饱尝了漂泊流离之苦，唯一一次置业就是买下田庄，改造为“酬字堂”。为此他特意写下了《酬字堂记》，文中说，以《镇海楼记》得胡宗宪酬银220两，“持归，尽橐中卖文物如公数，买城南东地十亩，有屋二十有二间，小池二，以鱼以荷。木之类，果、花、材三种，凡数十株。长篱亘亩，护以枸杞，外有竹数十个，笋迸云。客至，网鱼烧笋，佐以落果，醉而咏歌。始屋陈而无次，稍序新之，遂额其堂曰酬字”。

我们看到，用总数 440 两银子，徐渭买下了 22 间房屋，平均每间 20 两，是不是与小说中花子虚在狮子街买的宅院、西门庆为王六儿买的套间价格相同？当然，由于徐渭买的房子在郊区乡下，土地面积较大，有十亩，附带两个小池塘，还可种植一些竹木、花草，养鱼等，而在城中是不可能有这么大的空地的。这些空地正是城中与郊区房产的差价。

这从一个侧面说明了《金瓶梅》小说作者就是徐渭。只有他的房产及其漂泊情况与小说中的房产市场行情、人物购房居住具体情况相吻合。除了徐渭，再无他人的情况能解释这一切。

# 后记：追寻古代“名记”

盱南陆氏畜一牡猴，甚黠。稍长，渐逼妇人，欲杀之。猴觉，遂登屋，日夜扰其家。一日，有少年臂鹰猎郊外，无虚发。陆氏子见之，告猴故，少年许之。及纵鹰，猴屋瓦以蔽，鹰便去。越一月至，逼猴如前，猴遮瓦复如前。后一鹰继之，猴不及备，遂毙。后鹰者，少年之鹰呼与共事者也。噫，亦异矣！

这是徐渭写的《书义鹰事》，由别人的记述改编而成。他说：“以吕南公作记冗秽，故另叙如此。”故事只有130多个字，写得简洁明快，却十分生动，将一只狡诈多智，对妇人图谋不轨的公猴所作所为，以及两只鹰如何配合最终将其击毙的情节描绘得活灵活现，显示出徐渭对此类社会新闻的浓厚兴趣，以及大师一般的笔头功夫。

读《徐渭集》，笔者被这样一些“新闻作品”所深深吸引，看得津津有味，不忍释卷。

他还记述了一个风雨交加的春日，一头母牛生下“麒麟”的故事，时间、地点、人物、过程、实地调查、采访等新闻要素一应俱全。兹录如下：

汝宁府光州光山县万历十三年二月二十日，据高佰里民曹国隆同地方李章等呈称：本月十八日，当四更时，本庄偶见天光如电，一时辄黑，迨至五更，忽又光如白昼，居民毕起，又黑如前，众相惊疑，不知何谓。逡巡达晓，则有五色霞采，弥漫亘空。不意本日未时，国隆家所畜牸牛，磊叫数声，产一麒麟，胞破液流，液乃黄色，牛时舔麟，血漉于舌，麟卧微动，则见遍体迸射，并是红绿焰光。须臾，霏雾罩笼，风雨大作，群树鸣吼，尘土飞扬，雨下如墨。至十九日未时，麟绝不向乳，遂不喘息。即今马家桥至砖桥一带，黑水尚存，可验。随访知县牛应元、主簿王汝政、典史梁朴公同往视，麟之遍体及头尾四蹄，并是龙鳞，鳞却方样，凑缝所在，并衬现紫色绒毛。所据国隆等呈，麟产于牛，非常事等，奈辄不乳，无由进呈，谨具图画一本，并所呈由，均乞转达阙廷，惟复别有定夺。右乃删彼处文移，以存其实。

对这一奇特事件，徐渭大发感慨，一口气写下了八首诗，题为《麟八首》，并将上述报道作为序言附在诗前，供读者了解其背景。

徐渭还留下了《土鲁番贡狮》《纪异》等社会新闻作品。在《纪异》中他历数了亲身遭遇江中黄蛇、北国冬天绿蛇、床上大蜘蛛、房间里壁虎等异事。他还记下了并蒂黄瓜、三叉麦穗等新奇之物，特别是最早以诗歌记录了土豆、辣椒、向日葵等外来作物的珍贵史实。不难看出，徐渭被视为一名杰出的古代“新闻工作者”当之无愧。

一名杰出的记者除了拥有文才，乐于以写作作为终身职业外，还应对新生事物抱有强烈的好奇心，对新闻有非同寻常的敏感性，即具备灵敏的“新闻鼻”才行。这样他才能写出优秀的新闻作品，并使之具有永恒价值，传之后世。徐渭就是这么一位“名记”，除了诗、画、剧、文、书法等都卓有造诣外，其“新闻作品”也堪称经典。我们看他35岁担任幕府记室时写的《龛山之捷》，也是文采飞扬，于细节处展现出主人翁胡宗宪的大将风度。

明代嘉靖年间，小股倭寇经常骚扰我国东南沿海一带，朝廷派大军围追堵截，奈何倭寇打游击战，东奔西突，搞得官军奔走不遐，疲于应付。总督都御史胡宗宪作为封疆大吏、一方军政首脑，多次下死命令给诸位参将，都未能剿灭他们，不得不亲提大军来到瓜山、三界、朱家溇一带驻扎。可倭寇却人进我退，避其锋于萧山、杭湖，至陈家湾一带，并且气焰愈炽。于是胡宗宪在龛山布局扎营，要求参将卢蹚次日出战，卢蹚面有难色，说："将士们非常疲劳，需要休整几天才行。"胡宗宪表面假装应允，暗里却密嘱亲兵，要他们抓住机会，即夜出战，出其不意，免得倭寇又逃出包围圈了。众将士在另一参将吴成器的带领下奋勇出击，没走数里即与倭寇相遇。他们以一当十厮杀，倭寇大败，出海逃走，登上山坡堡内，被将士们团团围住。倭寇登屋抛掷瓦砾，抛完又继之以枪，枪完又继之以刀，刀完便死守肉搏，毫无投降之意。将士们最后攻入堡内，尽斩其首以归。其时天色将晚，胡宗宪喜极而说道："这股流寇转战千里，与官兵交手不下数十次，无人能挫其锋，今天一鼓作气荡平，真朝廷天威也！"于是命令剖其心作食，择其首20多颗置于案上，每到一颗头跟前就痛饮一盅酒，庆贺完胜。众皆失色，而胡宗宪却谈笑自若。早晨，其它将领方知倭贼已破，相继入贺，胡宗宪对卢蹚说："还要再等一二天吗？"卢蹚深为拜服。

该文没有从整体上写如何筹划破贼，将士如何厮杀，歼敌多少等内容，而是从胡与卢两人战前、战后的对话细节着手，突出了胡抓住稍纵即逝的战机，在参将感到为难的情况下，令亲兵立即出战，取得一举而歼的战果。胡运筹帷幄，决胜在须臾间，可谓"谈笑间，樯橹灰飞烟灭"。这个精彩的战例，被写成一则新闻故事，生动形象，跃然纸上，特别吸引读者，使我们对主帅指挥若定、从容不迫的雅儒风度肃然起敬！在下认为，即使到今天，这仍然是篇炉火纯青、短小精干的通讯侧记，值得我们写作时借鉴参考。

其实，徐渭还留下了多篇具有历史意义的新闻作品，如《镇海楼记》等，不一一而述。

当然，在明代，社会上还没有出现现代意义上的新闻传播，最多也就是有一份官方邸报，在邸报这样的机构中也没有发展出专业的采编队伍，如职业编辑、采访记者。但在一些热衷于科举的知识分子中，确有一小部分因种种原因放弃科举进仕后，把眼光转向了社会各个领域，从自身的职业经历中记录各种新闻事件、奇闻轶事。徐渭就是如此，他之所以能写出这些“新闻作品”，与他充当幕府记室或曰书记，跟随胡宗宪征讨倭寇息息相关。他在充当书记的五年里，不断磨砺、创新写作，文才尽情释放。他代胡宗宪起草的奏表文采媲美王勃，惊动嘉靖皇帝。军中一切公文、书信往来，胡悉委之于徐，对他格外垂青、倚重。他既是胡宗宪幕府与朝廷公文往来的执笔人，又是代表军队开展宣传鼓动的新闻发布者，还是与社会各界联络的中介纽带。以现在的机构设置和干部职责来说，他充当了兼具秘书长、宣传部长、记者等多重角色。

胡宗宪征倭时获得白鹿雄雌两只，先后进献于嘉靖皇帝，徐渭代胡写成奏表呈上，备述天降祯瑞。当然现在看来，这种白鹿仅为生物遗传突变而已，虽然数量稀少，也时有所见，不足为奇。但明代那时不似现在这样等闲视之，而认为是莫大的吉祥。嘉靖皇帝大悦，高兴到心坎里，对胡赏赐有加，认为白鹿吉祥，奏表才具，特地将奏表传与近臣观阅，让他们深入学习体会。胡宗宪获得嘉靖皇帝的信任、奖赏，要权有权，要位得位，要兵派兵，要钱钱至，兵马粮草毕备，得以放开手脚大展宏图，在剿倭上捷报频传。可以说，胡宗宪能在剿倭上一展身手，与其获得嘉靖皇帝和内阁首辅严嵩等人的绝对支持是分不开的，而徐渭的奏表则起了相当重要的纽带作用。

徐渭的奏表写了很多，他是怎样写的？我们择其短小者一窥。两只白鹿分别进献后，皇上赐胡宗宪一品俸禄，也就是全国最高工资，胡宗宪要徐渭代拟文答谢，于是徐渭写了《代再进白鹿赐一品俸谢表》，文曰：

> 湛恩波及，介士均濡；纶旨春温，海隅共庆。臣某顿首顿首上言：窃惟一岁之中，嘉符叠见；千载而上，往牒希闻。况以雌以雄之毕来，本一阴一阳之合道。天实眷德，臣则何劳？敢叨加俸之荣，益切推食之感。素尸无补，豢养何为？臣敢不扪腹思恩，举头仰秣？粟令尽石，既惭千里之才；筋以临餐，惟致万年之祝。

这种奏表采用赋体俪句方式来呈现思想内容，是一件十分艰难的事情，非一般文人所能为。没有扎实的文字功底、文学优长，难以创作，因为既要精准表达上奏者的心情想法，又要在文字上对仗工整，殊为难事。说白了，就是要以写对联的方式来写文章，即骈文，对执笔人是极大的考验。而徐渭竟在这五年中代胡宗宪写就了表疏25篇以上，写给内阁首辅严嵩、徐阶等公卿、郡王、贵人的贺启50多篇（首），足见其用力之深、作品之富。正当年富力强之际，徐渭的才华在写作这些公文中得以砥砺，如电光火石迸发，耀眼炫目。

对这五年充当书记的职业生涯，徐渭深有体会。他后来剖析代写的奏表、贺启有二大缺点：一是谀，二是不工。在《幕抄小序》中，他说："予从少保胡公典文章，凡五载，记文可百篇，今存者半耳。其它非病于大谀，则必大不工者也。噫！存者亦谀且不工矣。然有说存焉，余不能病公，人亦或不能病余也，此在智者默而得之耳。"为什么？因为这类文章只能这么作，有为之士写出来的文章都是如此，本质使然。下级有求于上级，有求于朝廷、皇上，不搞好关系则事务协调不好，工作施展不开，剿倭则不见成效，除患安民则成为一句空话。所以取得上级、朝廷信任、支持，至为重要，非作好文章不可，当然其中也必多多少少有阿谀奉承的成分。后来严嵩作为奸臣之首被拉下台后，胡宗宪失势，徐渭也受到连累，这些文章就成为其属于奸党的罪证。因此他说：“而余为公表启，中数犯忌讳，初盖为不觉也，以此见病，意者天其有意于祸予乎？不然何迷且略一至此！”真是成也在文，败也在文。

当然，对于担任幕府书记这一职位，他还是非常珍重，自我评价甚高的。首先，他认为在各种幕府书记中，以军队幕府书记的职责最为重要。没有书记承上启下，联络内外，主帅很多事情办不成；其次是这一职务事务繁杂，非其人则事情办不好。在《赠徐某保州幕序》中，他说：“古凡幕职至重，而尤重者，戎之幕。何者？幕掌文书，主画诺，以代劳宣力于堂之长。而戎之堂，则韬钤机务与宾客酧酢，飚至而雨集，其务繁而握愈重，非幕以代之，事鲜办。代之而不得其人，则难办矣，而未必理。”

五年幕府书记生涯，是徐渭一生最为辉煌的经历，他的文学才华得到上至朝廷百官，下至地方官吏首肯，名气在三教九流、科举士子中流传。以其自认一名“微且贱”的秀才，而受到如此优渥的待遇，是很难得的。他以这段人生经历为荣，在《赠中军旧职》中这样作诗：

偶叨书记混名流，况遇将军是旧游。
旅次关心供楚桂，军中留客唱凉州。
夜寒牙帐城乌集，春尽营门海气收。
万里虎头方食肉，书生抱笔不须投。

他与有名的剿倭将领戚继光结识，对其取得的大捷赋诗作贺，名之曰《凯歌二首赠参将戚公　南塘》：

一

战罢亲看海日晞，大酋流血湿龙衣。

军中杀气横千丈，并作秋风一道归。

二

金印累累肘后垂，桃花宝玉称腰支。

丈夫意气本如此，自笑读书何所为。

交游广泛的书记生涯和曲折的人生阅历为他写作《金瓶梅》提供了众多素材。今天我们翻阅《金瓶梅》时，不仅能从中看到他独特心路历程的多处投影，如对赖以栖身的房屋的看重、对媳妇生子的怀疑、对钟情姊妹的眷恋、对司法腐败的痛恨等等；还有对刚正不阿、不图钱财、为民造福等品行方正者的褒奖，如为兄报仇、杀死潘金莲的武松，上奏弹劾理刑官西门庆的御史曾孝序，看相直说、不留情面的相师吴神仙，一心扑在治水事业上的安凤山，扶危济困的王杏奄，不与春梅劈腿沆瀣一气的李安等。但这些正面人物寥寥无几，只不过是黑夜里的几豆灯火，无法将整个天空照亮，世界依旧是灰暗、无望，整部小说的色调让人感到沉重、压抑、窒息。

总之，《金瓶梅》与其说是一部世情小说，不如说是一部情节引人入胜、场面宽广恢宏、篇幅浩繁细致的报告文学巨作。作者兰陵笑笑生，即徐渭，以自身经历的重要事件与心路历程为素材，将明代嘉靖至万历年间的社会生活娓娓道来，真实再现了那个时代的人情冷暖、世态炎凉、人性善恶、腐败堕落、淫风甚炽等社会实情。其以新闻写实的自然主义手法呈现，既惊世骇俗，又让人感慨万千。作为现实主义力作，整部小说就是那个时代作者个人和社会希望归于寂灭的挽歌，给后人以深刻的启示。